순간 / 현대의 비판

키르케고르 選集 6

순간 / 현대의 비판

쇠얀 키르케고르 지음 / 임춘갑 옮김

다산글방

차례

순간 ——————————————— 007

현대의 비판 ——————————— 359

순 간

쇠얀 키르케고르 著

차례

I. 제1호 —————————————— 11

II. 제2호 —————————————— 33

III. 제3호 —————————————— 67

IV. 제4호 —————————————— 85

V. 제5호 —————————————— 113

VI. 제6호 —————————————— 155

VII. 제7호 —————————————— 189

VIII. 제8호 —————————————— 249

IX. 제9호 —————————————— 287

X. 제10호 —————————————— 313

역자후기 —————————————— 353

I
제1호

1. 조율(調律)

2. '이것만은 말해야 하겠다'에 관해서, 혹은 결정타는 어떻게 이루어지는가?

3. 가능한 한 그리스도교를 불가능하게 만드는 일은 국가 - 그리스도교 국가! - 의 책임인가?

4. 토사제(吐瀉劑)나 한 첩 드시라!

〈부록〉

1855년 5월 24일
쇠얀 키르케고르
코펜하겐

1. 조율(調律)

 주지하는 바와 같이, 플라톤은 그의 저서 『국가』의 어디에선가, 아무런 지배욕도 갖지 않는 자가 통치를 해야만 비로소 어느 정도의 정의가 실현될 것이라고 말한 적이 있다. 그 뜻은 아마도 다음과 같은 의미일 것이다. 즉 비록 능력을 구비하고 있다고 해도, 지배하고자 하는 욕심이 없어야만 참되고 훌륭하게 지배할 수 있다는 좋은 증거가 된다는 뜻이다. 반면에 권력에 급급한 자는, 그의 권력을 남용하여 전제군주(專制君主)가 되든가, 아니면 지배에만 급급한 나머지, 어느 사이엔가 자기는 자기가 지배해야 할 인간들에게 예속하고 있다는 사실을 잊어버리게 되어, 이윽고 그의 지배는 눈어림(눈대중)에 불과한 것이 되고 만다.

 이 말은 진정한 진지성이 요청되는 경우라면 어떤 상황에도 적용될 것이다. 능력이 인정되었다 하더라도, 당사자가 그 직분에 대한 욕망이 없어야 가장 좋다. 그야 속담에도 있듯이, 일이란 그 일을 좋아해야 잘 되는 것이 사실이지만, 진정한 진지성은 능력이 있는 사람이 자신의 욕망에 따르지 않고 더 고차원적인 어떤 힘에 강요받아 일을 떠맡을 때라야 비로소, 즉 능력은 있어도 자기가 그것을 원치 않을 때라야 비로소 진정한 모습이 드러난다.

 이렇게 이해한다면, 나는 순간 속에서 행동한다는 과제

에 대하여 올바른 관계에 서 있다고 말할 수 있다. 왜냐하면 하느님께서는 알고 계시겠지만, 이 일만큼 내 뜻에 반대되는 일이 없기 때문이다.

저술가로 존재한다는 것 - 물론 이 사실이야말로 나의 기쁨이다. 솔직히 말한다면, 나는 이제까지 저술 활동에 심취하고 있었다고 하지 않을 수 없다. 그러나 명심하라. 그것은 어디까지나 내가 그러고 싶어서 그랬을 뿐이다. 그리고 내가 사랑한 것은, 순간 속에서 행동한다는 것과는 정반대되는 일이었다. 즉, 내가 사랑한 것은 순간에 대하여 거리를 두는 바로 그것이고, 그 거리 안에서 마치 애인처럼 사상에 매달리는 일이고, 또 음악가가 자신의 악기에 넋을 잃듯이 말言語과 한 덩어리가 되어 사상이 그때그때 명령하는 대로의 표현을 말에서 정확하게 끌어내는 일이었다. 축복받을 소일거리! 나는 영원히 이 일에 지치지 않을 것이다!

사람들과 다투는 것 - 확실히 나는 어떤 의미에서 이런 일을 즐긴다. 나는 선천적으로 호전적이기 때문에 인간적인 범속(凡俗)이나 누더기들에게 에워싸여 있을 때라야만 본래의 나 자신의 본질을 느낀다. 그렇지만 내가 무언(無言) 중에 그것들을 경멸하고, 나의 마음속에 깃들어 있는 격정(激情)을 만족시키면서 멸시할 수 있어야만 한다는 조건이 충족되는 한에 있어서만 그렇다 - 나의 저술 생활에는 이런 멸시를 하기 위한 풍부한 기회가 부여되어 있었다.

그러므로 나는 순간 안에서 행동하는 일에 조금도 욕망

을 느끼지 않고 있다는 사실이 진정으로 해당되는 하나의 인간이라 하겠다 - 아마도 바로 이런 이유 때문에 내가 이 일을 맡게 되었는지도 모른다.

내가 순간 안에서 행동해야만 한다면, 아아! 그대 사랑하는 거리(距離)여, 나는 그대와 작별을 해야만 하겠다. 거리가 있는 곳에는 급히 뒤쫓아가야 할 것이 아무것도 없었고, 항상 충분한 여유가 있었다. 거리가 있는 곳에서는, 나는 내가 원하는 정확한 표현을 찾아내기 위하여 몇 시간이건, 며칠이건, 몇 주건 기다릴 수가 있었다. 그러나 이제 나는 이런 일체의 친절한 사랑의 대상들과도 인연을 끊어야만 한다. 그뿐 아니라 내가 순간 안에서 행동해야만 한다면, 불가불 최소한으로나마 여기저기서 언급하지 않을 수 없는 허다한 사람들을 건드리게 될 것이다. 즉 별것도 아닌 인간들이 우쭐거리며 설교나 하듯이 지껄여대는 무의미한 말이라든가, 내가 쓴 문장에서 멋대로 끌어내다가 다시 멋대로 덧붙여 놓은 허풍선이 같은 수작이라든가, 사회의 커다란 두 세력인 질투와 무지가 거의 필연적으로 공모 - 단합하여 한 인간에게 퍼붓는 거짓말과 비방이라든가 - 이런 일체의 것들에 관해서 내가 언급하는 과정에서 나는 그런 일들에 관해서 책임이 있는 많은 사람들을 건드리게 될 것이다.

그렇다면 어째서 나는 순간(瞬間) 안에서 행동하려고 하는 것일까? 내가 그런 일을 원하는 까닭은, 그 일을 내가 포기한다면 나는 영원한 뉘우침을 남기게 될 것이기 때문이다. 그뿐만 아니라 현대에 살고 있는 사람들이 그리스도교의 진정한 모습을 고작해야 재미있고 신기한 점에서 찾고, 그럼으로써 자기들이야말로 그리스도인이고, 교역자들이 벌이는 광대놀음과도 같은 그리스도교를 그리스도교라고 잘못 알고 거기에 안주하게 되고 마는 일련의 사실들에 관하여, 만일 내가 겁을 먹고 묵인하게 된다면, 나는 천추에 뉘우침을 남기게 될 것이기 때문이다.

2. '이것만은 말해야 하겠다'에 관해서, 혹은 결정타는 어떻게 이루어지는가?

내가 기성교회(既成教會)를 향하여 던진 항의는 결정타다. 만일 누군가가, "그 항의는 실로 무서운 결정타였다"고 한다면(실상 나는 내게 가장 호감을 가진 사람들마저도 그렇게 말하리라고 예상하고 있지만), 나는 이에 답하여, "그럴 수밖에 없다", 혹은 나의 가명의 저자의 한 사람의 말을 빌려서 대답한다면, "오랫동안 잠겨 있던 마음의 성문이 이윽고 열릴 때는, 경첩이 달린 샛문처럼 소리 없이 움직이지는 않는다"고나 할 것이다.

그러나 나는 더 정확하게 설명할 수도 있다. 결정타를 치는 것(이것은 나의 과제다), 이것은 다른 모든 것과 같은 방식으로는 이룩되지 않는다. 그리고 더욱이 우리 시대의 불행이 바로 '적당히'라는 모토에 있고, 모든 일을 '적당히' 처리하는 데에 있고, 또 바로 그것이야말로 고침을 받아야 할 병이라고 한다면, 무엇보다도 가능한 한 이 과제를 적당히 얼버무림으로써 일체를 상실하는 일이 생기지 않도록 조심해야만 한다.

암, 결정타는 다른 일들과는 다른 방식으로 이룩된다. 맹수가 먹이에게 달려들듯이, 또 독수리가 위에서 급강하하여 덮치듯이, 결정타도 그렇게 이루어진다. 돌연히 한 점에 집중된다. 맹수는 간사한 지혜와 힘을 더불어 갖추고 있다. 처음에는 교활하게 꼼짝도 않고 도사리고 있다 - 사람이 길들인 어떤 짐승도 그렇게까지는 꼼짝도 않고 있을 수가 없다. 그리고는 다음에 오로지 단 한 번의 도약 혹은 습격에 일체를 집중한다 - 사람이 길들인 어떤 짐승도 그렇게까지 일체를 집중하거나, 혹은 도약을 위해 날쌔게 움직일 수가 없다. 결정타도 역시 이런 식으로 이루어진다. 처음에는 고요하다 - 어떤 고요한 날씨도 그렇게까지 고요할 수는 없다. 오로지 폭풍 직전의 고요만이 그렇게 고요하다 - 다음 찰나에 그 고요가 깨진다.

이런 식으로 결정타도 이루어진다. 그러니 그대여 나를 믿어다오. 나는 이 시대의 결함이 무성격(無性格)에 있다는 사실과 일체가 '적당히' 진행되고 있다는 사실에 있음을 너무나도 잘 알고 있다. 그러나 '번뜩이는 강철로 만들어진 거울처럼 빛나는 방패'는 '햇빛을 받으면 갑절로 반사된다'는 식으로 번쩍이고, 이런 방패는 무엇보다도 가장 작은 먼지마저도 싫어한다 - 왜냐하면 가장 작은 먼지만 붙어도 그 방패는 자신의 명예가 상실되기 때문이다. 이렇듯이 결정타도 그런 '적당히'에 접촉되거나 오염되는 것을 싫어한다. 나는 이 사실을 잘 알고 있다. 어찌 내가 그것을 모르겠는가. 나야말로 모든 사람들로부터, 심지어는 길가의 아이들로부터도 '이것이냐 / 저것이냐'라는 이름으로 불리고 있는 인간이 아닌가.

   '이것이냐 / 저것이냐'란 무엇인가? 그것을 잘 알고 있는 내가 감히 이렇게 물음을 던져 본다. '이것이냐 / 저것이냐'는, 그것 앞에서 문이 활짝 열리고, 이념이 모습을 나타내는 때의 말(언어)이다 - 이 얼마나 멋진 전망(展望)인가! '이것이냐 / 저것이냐'는 절대자에게로 들어가는 문을 통과하는 출입증이다. 하느님에게 영광이 있으라! 그렇다, '이것이냐 / 저것이냐'는 천국으로 들어갈 수 있는 열쇠다.* 반면에 인간의 불행이란 무엇이며, 무엇이었으며, 또 무엇일 것인가? 악마가 지어낸 말이고, 비열(卑劣)이 지어낸 말이고, 소심한 간사(奸邪)가 지어낸 말인, '적당히'라는 말, 이것이 일단 그리스도교에 적용되면 - 터무니없는 기적, 기적적인 왜곡 - 그리스도교가 군소리로 둔갑한다! 아니다, '이것이냐 / 저것이냐'가 있을 뿐이다!

---

* 마태복음 16장 19절 참조.

무대 위에서의 일들을 보라. 남자 배우와 여자 배우가 무대 위에서 제아무리 다정하게 서로 끌어안고 애무를 한다고 하더라도, 그것은 어디까지나 다만 무대 위에서의 일치이고, 무대에서의 결혼에 불과한 것과 마찬가지로, 일체의 '적당히'는 절대자와의 관계에 있어서는 연극적인 것에 불과하고, 그런 일체의 '적당히'는 허망(虛妄)을 붙들기가 일쑤다. 오로지 '이것이냐 / 저것이냐'만이 절대자를 붙드는 포옹이다.

내가 이런 말을 하는 것은, 다시 말해서 내가 인생의 허망한 익살거리를 예로 든 이유는, 다만 다음에 언급할 것들의 대조를 분명히 하기 위해서일뿐이지 다른 뜻은 없다. 국왕의 근위부대에 속하는 장교들은 누구나가 다 남들이 알아볼 수 있는 휘장(신분을 증명하는 장식)을 달고 있듯이, 참으로 그리스도교에 봉사한 사람은 누구나가 다 남들이 식별할 수 있는 표지를 차고 있다.* 그것은 '이것이냐 / 저것이냐'고, 권위의 표지이고, 하느님의 권위에 참여하고 있다는 표지인 것이다. '적당히'로 얼버무린 일체의 것은 그리스도교에 봉사한 것이 아니라, 모르긴 해도 자기 자신에게 봉사한 것에 불과하다. 따라서 고작해야 (편지 겉봉에 쓸 수 있는) '국왕에게 봉사'라고 하는 인장(印章)밖에는 요구할 수 없다. 왜냐하면 하느님에게 봉사한 표지는 '이것이냐 /

---

* 갈라디아서 6장 17절 참조.

저것이냐 이기 때문이다.

3. 가능한 한 그리스도교를 불가능하게 만드는 일은 국가 - 그리스도교 국가! - 의 책임인가?

이 질문에 대답하기 위해서라면, 사람들은 아무런 예비적인 설명이 필요 없다. 누구나가 자기 자신을 향하여, 물론 그런 책임은 없다고 말할 것이 분명하기 때문이다.

해명이 필요한 사실은, 국가가 이제까지 해온 일과 또 현재 하고 있는 일이, 어째서 가능한 한 그리스도교를 불가능하게 만드는 결과를 초래하게 하였는가 하는 문제다. 이 질문에 대해서도 매우 쉽고도 간단하게 해명된다. 왜냐하면 그리스도교, 즉 신약성서에 기록된 그리스도교는 존재하지 않을 뿐만 아니라, 가능하다면 그것을 불가능하게 만들려고 하는 것이 이 나라의 실정이기 때문이다.

생각해 보라, 국가는 천 명의 관리를 고용하고 있고, 그들은 그리스도교를 반대하고 방해하는 일을 함으로써 가족들을 거느리고 생활하고 있기 때문에, 결과적으로 그들은 그 일을 돈을 받고 하고 있는 셈이다. 과연 이런 일이 가능하다면 그리스도교를 불가능하게 만들려는 시도가 아니고 무엇이겠는가.

그러나 그 시도는(물론 그것은 공공연하게 그리스도교를

방해하려는 점에 있어서 그 자체가 명백성을 지니고 있다) 현재 실제로 진행되고 있는 다음과 같은 사실보다는 덜 위험하다 하겠다. 현재 진행되고 있는 사실이란, 즉 그리스도교를 전도한답시고(바로 이 점에 그리스도교를 공공연하게 방해하려는 일과 비교해서 더욱 큰 위험이 있다), 사람들이 그리스도인을 자칭하고 - 양의 무리는 많으면 많을수록 좋다 - 그리스도인이라는 이름을 내세우고, 거기에 도사리고 주저앉아 진정으로 그리스도교가 무엇인지를 알려 하지도 않고, 배우려고도 하지 않는 족속들, 즉 금전적인 이해관계에 매달린 천 명의 관리를 국가가 임명한 사실이다.

이들 천 명의 관리들의 상황은 다음과 같다. 신약성서에 비추어 본다면 그들의 생활 전체가 그리스도교적으로는 하나의 부정(不正)이라는 사실을 쉽게 알 수 있다. 따라서 만일 사람들이 스스로 그리스도인이라고 자칭하지 않는다면 교역자들은 생계의 길이 막히게 되고, 반면에 만일 진정으로 그리스도교라고 하는 것이 무엇인가를 가르쳐야만 할 경우에는, 교역자들의 존재란 그 자체가 부정이라고 하는 사실과, 비록 그리스도교의 교사(敎師)들도 생활을 영위하기 위해서는 수입이 있어야만 하지만, 교역자인 한에 있어서는 국가에 봉사하거나, 출세를 한다거나, 순조로운 승진 따위에 만족하는 것은 허용되지 않는다는 사실을 사람들이 알게끔 눈을 뜨게 함으로써 결국은 같은 결과를 초래하게 되고 만다.

국가의 이런 처사는 그리스도교를 방해한다는 명목으로 이루어지는 것은 아니다. 가족을 거느린 천 명의 관리들에게 봉급이 지불되는 것은 그런 목적에서는 아니다. 그리스도교를 전도하고, 그리스도교를 넓히고, 그리스도교를 위해서 일하는 명목으로 이루어진다. 과소(過少)와 과다(過多)의 사이의 것, 즉 중간의 것이야말로 일체를 망치고 만다. 과소란 사람들 스스로 그리스도인이라고 자칭하지 않는 일이고, 과다란 사람들이 참으로 그리스도교가 무엇인지를 알고 진정한 그리스도인이 되는 일이다. 이러한 과소와 과다 사이에, 줄타기하는 광대처럼 진지하게, '그리스도교계'의 그리스도교가 - 공인된 국가 교회적이고, 국민 교회적인 그리스도교가 - 도사리고 있다. 이러한 그리스도교는 신약성서의 그리스도교와 비교해 볼 때, 다시금 철저하게 어처구니없는 결과를 초래한다. 즉 품질이 모두 똑같은 백만 명의 그리스도인을 낳는다.

이래도 이것이 우리가 생각할 수 있는, 가능한 한 그리스도교를 불가능하게 만들려는 가장 위험한 일이 아니란 말인가? '교역자'는 사람들이 자기 자신을 그리스도인이라고 자칭하는 일과 금전상의 이해관계를 가지고 있다. 왜냐하면 그리스도인은 각자가 사실상 (국가를 대표자로 내세우고 있는) 출자자(出資者)이고, 그럼으로써 동시에 '교역자 계급' 전체에 강력한 권력을 부여하는 일에 이바지하고 있기 때문이다 - 그러나 사람들로 하여금 가벼운 마음으로 그리스도인이라고 자칭하게 하고, 그리스도인이 된다는 것은 그저 그렇고 그런 일에 불과하다는 듯이, 그리스도인이 된다는 것을 너무 심각하게 생각하지 말라고 가르치는 이상으로 참다운 그리스도교에 위험스러운 일이 없고, 또 그리스도교의 본질에 위배되는 일도 없다. '교역자' 는 또 사람들이 그리스도인이라고 자칭함에 있어서, 참다운 그리스도교란 무엇인가에 관해서 배워서 알려는 일을 그만두게 하는 일과 금전상의 이해관계를 가지고 있다. 왜냐하면 그렇게 하지 않으면, 천 명에 이르는 국가의 관리와 이를 뒷받침하는 국가 권력은 그야말로 허공에 날아가 버리기 때문이다 - 그러나 그리스도인을 자칭하는 일에 안주하게 만드는 것보다, 마치 낙태수술과도 같은 행위 이상으로, 참된 그리스도교에 위험한 일은 없고, 또 그 본질에 위반되는 일은 다시 없다.

그런데도 이런 일들이, 그리스도교를 위해서 일하는 일이고, 그리스도교를 널리 전하는 일이고, 그리스도교를 위하여 활동하는 일이라고들 하다니!

하느님을 섬긴답시고 하느님을 희롱하는 그런 식의 예배란 생각만 하여도 구역질이 나고 괘씸한 일이다. 그래서 나는, 내가 할 수 있는 한 나의 전력을 다하여 그것을 뿌리 뽑고, 그런 일이 당도하지 않도록, 그리고 또 사태의 실정에 관하여 민중들의 눈을 뜨게 하여, 그렇게 함으로써 애당초 국가와 교역자들에게 돌아가야 할 허물을 자신들이 뒤집어 쓰지 않도록 억제하도록 애써야 하겠다 - 왜냐하면 민중들이란 그들이 아무리 경박하고 아무리 물질적이라고 할지라도 이런 식으로 하느님을 섬기려고 하는 일보다는 훨씬 착한 점을 그들 속에 간직하고 있기 때문이다.

그러므로 이 문제에 조명(照明)을 던져서 신약성서가 그리스도인으로 존재한다는 것을 어떻게 이해하고 있는가를 사람들에게 밝혀줌으로써 각자가 그리스도인이 되기를 원하는가, 아니면 정직하게 솔직하게 성실하게 그리스도인이 되기를 원치 않는가, 그 어느 편을 택할 수 있도록 해야 하겠다. 그리고 전 국민 앞에서 다음과 같이 소리 높여 고해야겠다. 즉, 하늘에 계신 하느님께서는, "**나는 그리스도인이 아닙니다. 그리스도인이 되기를 원치 않습니다**"라고 그대가 정직하게 고백하는 것을 - 이것이야말로 그대가 그리스도인이 될 수 있는 선행조건이다 - 무한히 가상스럽게 여기신다는 사실을 소리 높여 외쳐야 하겠다. 암, 하느님을 섬긴답시고 하느님을 희롱하는 그런 메스꺼운 일보다는 이렇게 정직하게 고백하는 것을 하느님께서는 무한히 가상스럽게 여기신다고 외쳐야 하겠다.

물론 그렇게 해야만 하겠다. 우리는 국가 교회나 국민 교회의 행사(行事)가 몸을 숨기고 있는 어둠 속에 빛을 던져서 백일하에 모든 것을 드러내야 한다. 세상 사람들은 신약성서에서는 그리스도인을 어떻게 이해하고 있는가에 대한 해석에 절대적인 존경을 베풀고, 과연 이 나라에는 그리스도인이 얼마나 될 것인가 하는 문제에 신경을 쓰지는 않고, 그

대신 핵심을 돌려서, 이 나라의 인구가 백만이다. 그러니 백만 명의 그리스도인이 있다고들 한다 - 그리고는 그리스도교로 인해서 생활을 하는 관리 천 명을 임명한다. 그리고는 한 걸음 더 나아가서, 이 결론을 역산하여 다음과 같이 결론을 내린다 - 즉, 그리스도교로 인해서 생활을 하는 천 명의 관리가 있다고 한다면(아닌 게 아니라 사실 지금 그 정도의 관리가 있다), 역시 그리스도인은 백만이 있어야만 한다. 우리들은 백만 명의 그리스도인이 있다는 사실을 명심해야 한다. 그렇지 않으면 우리들은 이들 관리 전체의 생활비를 보장할 수가 없다고 결론을 내린다.

이런 식으로, 가족을 거느리고 그리스도교로 인해서 생활해야만 하는 천 명의 관리가 있다. 그러므로 백만 명의 그 그리스도인은 있어야만 한다고 한다. 따라서 그리스도교의 전도도 이와 완전히 일치한다(사람들을 몰아넣는 특수한 결박기구와 완전히 일치한다). 그리스도교를 위하여 일한다는 것은, 앞에서도 언급한 바와 같이, 이제는 사람들을 그리스도인으로 자칭하게 하고, 동시에 그 이상으로 나가지 않고 거기에 안주시키는 일이 되고 말았다. 내가 '가능한 한 그리스도교를 불가능하게 만들려고 한다'고 한 말은 바로 이 사실을 두고 한 말이다. 이로 말미암아 민중들은 다시금(되풀이하는 바이지만) 하느님을 섬긴답시고 하느님을 희롱하는 죄를 범하게 된다. 그렇지만 않았더라면 그들은 죄를 범하지는 않을 것이다. 그래서 나는 - 확실히 나는 이제까지,

내가 민중들을 사랑한 사실에 대하여, 한 마디도 감사하다는 말을 들어본 적이 없지만 - 온갖 방법을 다 동원하여 이런 일을 저지르려고 한다.

  만일 내가 지적한 방식으로 사태를 거론한다면, 이들 관리의 생활비의 문제가 지상(地上)의 시간적인 의미에서, 중대한 문제로 등장하리라는 것은 명백한 일이다. 왜냐하면 달나라의 왕국에 관한 이야기에서와 마찬가지로, 백만이나 되는 그리스도인도 불을 내뿜는 괴수 키메라의 제물이 될 것이 뻔하기 때문이다. 나는 이 점을 잘 알고 있다. 이 점에 있어서 나는 가장 온순하고 가장 동정심이 많은 사람이므로, 어쩌면 어떤 종류의 정치가들이 꾸밀지도 모를 교역자에 대한 탄압책에 가담할 생각은 추호도 없다. 내가 마르텐센 감독이 비로소 발설한 호언장담, 즉 소위 진리의 증인 운운한 호언장담을 들고 나서지 않을 수 없었던 것도, 문제의 핵심을 파고들 수 있기 위해서였을 뿐이다. 우선 이런 구역질나는 군소리부터 추방해야 했던 것이다. 그러고 나서야 - 우리 다 같이 사이좋게 지냅시다 - 우리들은 단순히 인간적인 의미에서 진지한 일에 관해서 이성적으로 이야기 할 수가 있다. 그래야만 우리들 모두를 위하여 가장 유익하다고 나는 믿는다. 이 나라의 교역자는 진리의 증인으로 인정되기를 원하며 거들먹거리지 않아야만 가장 좋다. 그들이 그런 방자한 짓만 하지 않는다면, 어려운 문제들도 아주 쉽게 해결된다. 당장에 그들의 모든 봉급을 보류시키고, 모든 연금의 지급을 중지시키기만 하면 된다 - 진리의 증인이라면 그런 일쯤은 능히 참고 견디어 낼 방법을 알아야 할 것이다. 교역자는 곧 진리의 증인이라고 하는 식의, 진리의 증인에 관한 착상(着想)이, 만일 이 착상이 감독의 입에서 나온 것이 아니고(그의 입에서 나왔기 때문에 그것이 곧 어리석은 일이고, 또 걸림돌이 된다) 교묘한 방법으로 성직자들을 제거해 버리려는 어떤 교활한 정치가, 예컨대 문교부 장관의 입에서 나온 것이라면, 그것은 그것 나름대로 재치 있는 착상이라 하겠다.

4. 토사제(吐瀉劑)나 한 첩 드시라!

내가 「조국」에 발표한 논문에 충격을 받은 사람들이 많으리라는 것은 의심할 여지가 없다. 그렇다면 아마도 그들의 상태는 다음과 같은 것이 틀림없다. 즉, 그들은 종교계 전체가 매우 통탄할 상태에 놓여 있다는 사실을 알아차렸거나, 아니면 적어도 반성하기 시작하였다. 그러나 반면에 아직은 그들로 하여금 자진하여 그런 생각을 품게 하는 일을 방해하는 요소가 많기 때문에, 그들은 구습(舊習)에 젖어 그것을 과감히 버리는 것을 극도로 싫어하고 있다.

따라서 그들의 상태는, 마치 입맛을 잃고 혀에는 백태가 끼고 약간의 오한을 느껴서, 의사들로부터 토사제나 한 첩

드시라는 권고를 받은 상태나 비슷하다 하겠다.

　나 역시 똑같은 말을 하고 싶다 - 토사제나 한 첩 드시고 그런 어중간한 상태에서 벗어나라고.

　그렇다면 우선, 그리스도교란 무엇이며, 그리스도교는 인간에게 무엇을 요구하며, 그리스도교는 어떤 희생의 제물을 바치라고 명령하며, 또 인간들은 어떤 희생의 제물을 바쳤는가를 잠시 생각해 보라. 생각해 보라. 이야기에서 읽은 그대로, '꽃다운 처녀들' 자신까지도(그녀들은 오늘날의 그리스도인이라고 하는 처녀들처럼, 극장에 가는 데 연분홍색의 옷을 입을 것이냐, 아니면 양귀비색 옷을 입을 것이냐 하는 문제를 놓고 시간을 낭비하지는 않았다) 서슴지 않고 자신의 영혼을 하느님께 바쳤고, 그들의 '가냘픈 몸'을 인정사정없는 형리들 앞에 용감하게 내맡겼던 것이다. 우선 잠시나마 이 사실을 생각해 보라. 그러고 나서 다음과 같은 사실을 분명히 인식하고, 그야말로 완전무결하고 생생하게 인식하고 비록 그 약이 아무리 구역질이 나도 그것을 삼켜라. 즉, 예배를 드려야 할 조용한 시간이 되면, 한 사내가 광대 같은 옷차림을 하고 걸어 나와서, 서글픈 표정을 짓고 오열하듯이 흐느끼며, 영원 앞에는 갚아야 할 빚이 있다고, 우리가 향하여 걸어가고 있는 영원 앞에는 갚아야 할 빚이 있다고 설교하는 것, 이런 것을 **그리스도교적인** 예배라고 하는 생활 방식을 - 그러면서도 예배를 드리는 조용한 시간 이외의 시간에는, 승진이나 세상의 이해관계나 상전(上典)의 총애 따위는 말할 것도 없거니와, 사소한 살림살이의 온갖 배려까지도 무시해 버린다는 것은, 어느 누구도 생각지도 못하고, 물론 그 잘난 변사(辯士)까지도 생각지도 못하는 일이고, 만일 누군가가 그런 생각을 하면 미친 사람이라고 간주되어 처벌된다는 그런 생활 방식 - **그리스도교적인** 예배라고 생각할 수가 있겠는가? 자, 이래도 아직 토사제의 효험이 없단 말인가?

좋다, 그렇다면 한 첩 더 드시라! 다음과 같은 것을 **그리스도교적인** 예배라고 해야 한다고 하는 생활 방식이 그 얼마나 구역질나는 일인가를 똑똑히 인식하고, 분명히 눈앞에 그려 보라. 앞서 언급한 변사(辯士)가 죽으면, 또 다른 옷차림을 한 변사가 등장하여, 예배드리는 조용한 시간에, 강단 위에서, 그 죽은 인간을 진리의 증인, 진정한 진리의 증인의 한 사람, 거룩한 쇠사슬의 한 고리라고 찬양한다는 그 사실을 똑똑히 눈앞에 그려 보라. 아직도 토사제의 효험이 없는가?

좋다, 그렇다면, 한 첩 더 드시라! 다음과 같은 생활 방식을 똑똑히 인식하고, 완전무결하고 생생하게 눈앞에 그려 보라. 어떤 사람이 "아니다, 죽은 그 변사는 절대로 진리의 증인이라고는 부를 수 없다"고 외친다면, 이 사람을 두고, 그자는 거룩한 것을 더럽혔다 - 들어라! - 그자는 존경할 만한 사람의 추억을 더럽혔다, 그자는 무덤의 평화를 교란하였다 - 들어라! - 그자는 무덤의 평화를 더럽혔다는 등의 누명을 씌워서, 온갖 가능한 선전을 다 동원하여 계속 되풀이한다. 그리고는 이런 것을 **그리스도교적인** 열심이라고 한다.

자, 이제는 효과가 있겠지요? 그대는 이미 쾌차하였을 것이고, 고약한 입맛이 가셨을 것이다 - 요컨대 음식 전부가 썩어서 구역질이 났다는 사실을 알았을 것이다. 그렇지만 약이 참으로 효과를 발휘한 것은 뭐니뭐니해도 마르텐센 감독이 '진리의 증인' 이라는 말을 토하였을 때라고 하겠다.

그런즉 이제 약의 효력을 발휘하게 해 보기로 하자. 각별한 효력이 있는 이 토사제에 대하여서는, 하느님 다음으로는 마르텐센 감독에게 감사해야 한다.

〈부　록〉

  내 일은 이제야 현대에, 순간에 하도 가까이 육박하였기 때문에 부득불 하나의 기관지가 필요하게 되었다. 그것의 도움을 받아 내가 어떤 순간에도 현대에 대하여 나의 뜻을 전할 수 있는 기관지가 필요하게 되었다. 나는 이 기관지의 이름을

'순간(瞬間)'
이라고 부르겠다.

  이 문제에 관심을 갖고, 이어서 간행되는 것을 쉽고 확실하게 입수할 수 있는 편의를 얻고자 하는 사람은 누구든지, 출판자에게 예약을 하면 된다. 그러나 **어떤 점에 있어서도** 나는 나 자신의 **절대적인** 자유를 요구한다. 그 이외의 경우는 불가능하다.
  나는 이 기관지의 이름을 '순간'이라고 부른다. 과거에도 내가 원했던 것은 일시적인 것이 아니었던 것과 마찬가지로 현재에도 내가 원하는 것은 일시적인 것이 아니다. 그렇다, 나는 과거에도 영원한 것을 원했고, 현재에도 영원한 것을 원한다. 이념으로써 감각의 환상과 대결한다. 그러나 **어떤** 의미에서 나의 앞선 모든 저술들은 그 때를 못 만났다고

해야 할 것이다. 나는 현대와 멀리 떨어져 있었다. 그렇다, 매우 멀리 떨어져 있었다. 그러나 이런 거리가 용의주도하게 계산되어 있었고, 의미심장한 의도 하에서 취해진 것이었다는 점에 있어서는, 나는 현대와 매우 가깝게 있는 셈이다. 이제야 이와는 반대로 나는 어떤 경우에라도 순간을 이용할 수 있는 가능성을 확보해야만 하겠다.

나는 누구에게나 예약을 하라고 설득하는 것이 아니다. 오히려 나는 예약을 하기 전에 최소한 다음과 같은 사실에 충분히 반성해 주시기를 부탁드리고 싶다. 여러분은 나의 말에 귀를 기울였다는 것을 후회하지는 않을 것이지만, 그래도 일시적으로는 반드시 후회할 가능성이 있다. 따라서 여러분은 자신들이 영원한 것을 원하는가, 아니면 일시적인 것을 원하는가를 곰곰이 생각해 보아야 한다. '이것이냐 / 저것이냐' 라는 이름으로 불리는 나는, 어느 누구에게나 '이것도 / 저것도' 를 가지고 봉사할 수는 없다.

나는 책 한 권을 가지고 있다. 이 책은 아직 이 나라에서는 거의 알려져 있지는 않다고 해도 과언이 아닐 그런 책이다. 그러므로 나는 그 책의 정식 이름을 밝혀 두겠다 - '우리들의 주(主)이시고, 구세주이신 예수 그리스도의 새로운 계약서(신약성서).' 나는 이 책에 대하여 완전히 자유로운 관계에 있고, 예컨대 서약을 통한 구속도 받고 있지 않다. 그러나 이 책은 내게 커다란 힘을 주고, '이것도 / 저것도' 에 대하여 다 형언할 수 없는 혐오감을 불러일으키게 한다.

II
제2호

1. '나의 독자'에게
2. 과제는 이중 방향을 갖는다.
3. 손쉬움 - 그리고 영원한 정복(淨福)을 위한 근심
4. 인간적인 것이 신(神)적인 것은 아니다.
5. 인류에 대한 찬사, 혹은 신약성서는 이미 진리가 아니라는 증명
6. 우리는 모두가 그리스도인이다.
7. 신약성서에 관한 하나의 난점
8. 우리가 참으로 그리스도인이라고 한다면, 그렇다면 하느님은 무엇인가?
9. 우리가 참으로 그리스도인이고, '그리스도교계'와 '그리스도교의 세계'가 옳다고 한다면, 신약성서는 이미 그리스도인의 길잡이가 아니고 또 길잡이가 될 수 없다.
10. 우리 모두가 목사가 아니라는 사실은 얼마나 다행스러운 일인가!

1855년 6월 4일
쇠얀 키르케고르
코펜하겐

1. '나의 독자'에게

내가 '나의 독자'라고 부른 그대에게 나는 몇 마디 말해 두고자 한다.

만일 어떤 사람이 내가 한 것처럼, 그처럼 결정적으로 등장하고, 거기에 더하여 그 문제에다 종교에 대하는 것처럼 전심전력을 다 기울인다면, 세상의 온갖 것이 그를 반대하고, 그가 하는 말은 모조리 곡해되고 왜곡되고, 더하여 그의 인격은 온갖 방법으로 조롱당하고, 그런 자에게는 인정사정 볼 필요가 없고, 어떤 욕을 보여도 좋다고 사람들이 생각하게 되리라는 것은 당연하게 예상되는 바이다.

그런데 일반적으로 세상에서 진행되고 있는 과정을 보면, 공격을 받은 사람은 흔히 모든 비난과 곡해와 불성실에 대하여 즉석에서 대결하려고 부산을 떨며, 조만간 반격에 몰두하게 된다. 그러나 나는 그렇게 할 생각은 없다.

바로 그런 이유로 나는, 나의 독자인 그대에게 몇 마디만 해 두고자 한다. 그대는 나의 말을 잘 명심해 주기 바란다. 사람들로부터 공격을 받은 사람은 놀라울 정도로 자기변호에 열중하지만, 잠시 잘 생각해 보라. 그것은 대개의 경우 그의 말이 곡해되고 그의 인격이 중상을 받고, 지상적이고 시간적인 의미에서 손상을 입는 것을 두려워하는 나머지, 자신의 하찮은 입장에서 자기방어에 골몰하는 일과 같은 짓이 아닐까? 그리고 - 잠시 잘 생각해 보라 - 공적(公的)으로 등장한 대부분의 사람들이 결국은 지상적이고 시간적인 것에 목적을 두고 있고, 또 그렇기 때문에 낱낱의 공격에 대하여 자신들을 정당화하는 일에 열중하고 있다는 것이, 이런 상황에서는 정확한 판단이라고 그대에게는 믿어지지 않는가?

일반적으로 세상에서 볼 수 있는 이런 야단법석은, 사람들이 사태의 진상을 구명(究明)하고, 사실이 그렇다고 단정하게 되지 않도록 얼버무리고, 그렇게 함으로써 자신들이 어떤 귀찮은 일에도 말려들지 않을 뿐만 아니라 어떤 진지한 노력도 하지 않으려는 저의(底意)에서 온 것이지만, 실은 이런 일들이 곧 세상에 해악을 끼치고 있다고 그대에게는 믿어지지 않는가? 하기야 오늘날 세상의 어느 구석을 둘러보아도 진정한 교사는 이미 찾아볼 수 없고, 눈에 띄는 것이란 아첨꾼들뿐이니 어쩔 수 없기도 하다.

어떤 경우일지라도 나는 이와는 다른 식으로 대처하려고 한다. 나는 그런 온갖 곡해와 비난과 허위와 중상(中傷), 그리고 군소리와 헛소리에 대하여 오히려 훨씬 천천히 반격을 하려고 한다. 한편으로 나는 신약성서에서 다음과 같은 사실을 배운다 - 이러한 일이 생기는 것은, 그 사람이 올바른 길에 서 있다는 증거이고, 따라서 분명히 나는 서둘러서 그것을 버려서도 안 되고, 또 되도록 빨리 그릇된 길로 들어서려고도 해서는 안 된다. 한편 또 나는 다음과 같은 사실을 배운다 - 시간적으로 본다면 화(禍)라고 불리는 것이, 즉 사람들이(시간적으로 판단해서) 되도록 빨리 거기에서 빠져나가려고 하는 이런 것이 영원한 가치를 가지고 있다. 따라서 분명히 내가 영원적인 것과의 관계에 있어서 어리석게 행동하려고 원치 않는 한에 있어서는, 나는 어떻게 하면 거기에서 빠져나갈 것인가를 서둘러 애써서도 안 된다.

나의 이해(理解)는 이상과 같다. 이제 그대에 대한 결론은 다음과 같다. 그대가 나를 그 어떤 진리에 봉사하고 있는 사람이라고 생각한 일이 한 번이라도 있다면, 내가 한 말에 대한 곡해나 비난, 내 인격에 대한 모든 공격에 대하여 그대가 저항할 수 있는 무기를, 그대가 긴장하고 정신을 차리고 있는 한에 있어서, 나는 그때그때 그대에게 줄 것이다. 그러나 그대의 게으름에 필요한 것을 주려는 것은 아니다. 천만에, 나는 그런 게으름을 조장시켜줄 생각은 추호도 없다. 그대가 나를 하나의 아첨꾼이라고 생각하고 있었다면 그대는 결코 나의 독자는 아니었던 것이라 하겠다. 그대가 진정한 나의 독자라고 한다면, 그대가 나를 그 어떤 진리에 봉사하는 인간이라고 생각하였을 때, 그 생각이 곡해나 비난, 허위나 중상 때문에 소멸되어 버리기를 그대가 원하지 않는 한, 많든 적든 간에 그대에게 노력을 하게끔 한다는 것은, 그대에 대한 나의 의무라고 내가 생각하고 있다는 사실을 그대는 이해하여 주기 바란다.

2. 과제는 이중 방향을 갖는다.

그리스도교가 이 세상에 왔을 때, 그 과제는 그리스도교를 그대로 단순하게 전하는 일이었다. 이것은 그리스도교를 종교로 삼고 있지 않는 국가에 전해지는 경우에도 마찬가지다.

그러나 '그리스도교 국가'에 있어서는 상황이 다르다. 그것은 주어진 장면, 즉 상황이 다르기 때문이다. 우리들 앞에 있는 것이 그리스도교가 아니라 오히려 엄청난 착각이고, 사람들은 자기들이 이교도가 아니라 그리스도인이라고 공상하고 행복하게 살고 있다.

그러므로 이 나라에 그리스도교가 전해지기 위하여서는 우선 먼저 이 착각이 제거되어야만 한다. 그러나 이 착각이, 공상이란 자기들이 그리스도인이라고 하는 사실 바로 그것이기 때문에 그리스도교를 소개한다는 것은 실제로는 그리스도교를 제거하는 것이나 거의 마찬가지가 된다. 따라서 우선 해치워야 할 일은 바로 이 작업이다. 즉, 이 착각을 제거해야만 한다.

이것이 과제다. 그러나 이 과제는 이중의 방향을 갖는다.

첫 번째 과제는 사람들을 계몽하고, 그들을 가르치고, 이념의 도움을 받아 그들을 뒤흔들어 놓고, 정열로써 그들을 몸부림치는 상태로 몰아 놓고, 반어나 조소나 풍자 따위의 일침으로써 그들을 찔끔하게 찔러놓는 효력을 갖는 방향이 그 하나다.

두 번째 과제는, 사람들이 자신들을 그리스도인이라고 상상하는 착각이, 순전히 외면적인 면만을 가진 엄청나게 큰 착각, 즉 그리스도교와 국가를 혼동하여, 무엇이 그리스도교이며 그리고 실상 그들 자신들은 그리스도인이 아니라는 사실을 자기보전의 본능에서 사람들에게 알리기를 원치 않는 천 명의 관리를 국가가 고용한다는 착각과 결부되지 않았다면, 그런 과제는 생겨나지도 않았을 것이다. 요컨대 목사의 존재 자체가 그리스도교적으로는 비진리다. 완전히 세속화되어 국가에 대한 봉사(왕실의 관리, 사회적인 고관, 출세 등)에만 급급한다면, 분명 그런 인간들은 그리스도교가 무엇인가에 관해서 대중들에게 전할 수가 없다. 왜냐하면 그것을 전한다는 것은, 그들에게는 그들의 실직(失職)을 의미하기 때문이다.

이 착각은 첫 번째의 착각과는 그 성질을 달리하고 있다. 첫 번째의 착각은 사람들의 그릇된 관념, 즉 자기들은 그리스도인이라고 하는 공상에 사로잡혀 있는 사실과 관계되고 있다.

두 번째의 착각에 대해서는 이제 다른 방법으로 대처해야 한다. 이것을 제거하는 힘은 국가에 있기 때문에, 국가를 움직여서 이 착각을 제거하도록 작용하는 것이, 과제의 또 하나의 측면이다.

이 과제는 다른 것에 비유한다면, 그것은 정신병 환자의 의학적인 치료법과도 비슷하다고 하겠다. 의사는, 이 환자는 정신적인 치료가 필요하지만 그렇다고 해서 육체적으로 손댈 곳이 없다는 뜻은 아니라고 말한다.

여기서 언급한 사실로 인해, 독자들이 유의해 둘 몇 가지 일들이 생긴다 - 그리고 내가 말하는 투가 다른 저자들이 일반적으로 말하는 투와는 다르다는 점을 인정해 주기 바란다. 왜냐하면 다른 저자들이 독자들에게 굽실거리는 것은 돈이 필요하기 때문에 독자들의 판단을 기준으로 하고 있기 때문이다.

내가 독자들에게 유의해 달라고 원하는 것은, 「순간」의 어떤 한 권을 단지 한 번 훑어는 것으로 만족하지 말고, 거기에는 많은 기사가 실려 있으니까 먼저 목차를 훑어보고 그 다름으로 하나하나의 기사를 읽어 달라는 것이다.

3. 손쉬움 - 그리고 영원한 정복(淨福)을 위한 근심

이 두 가지는 - 도대체 이 둘이 서로 무슨 관계가 있는 것이냐고 묻고 싶은 충동을 일으키게 한다. 그렇지만 공인된 그리스도교, 혹은 공인된 그리스도교의 도움을 받은 국가가 이 둘을 뒤범벅을 만들어 놓고, 그리고는 거기에 안주하고 있다. 마치 연회석상에서 실수가 없도록 하기 위하여 여러 차례의 건배를 한 번의 건배로 대신하는 것과 마찬가지라 하겠다.

 국가 쪽에서는 아마도 다음과 같이 생각하고 있으리라 - 즉, 인간의 문화생활에 필요한 여러 가지 일들, 그리고 국가가 국민에게 되도록 값싸고 손쉽게 보장해 주려고 하는 여러 가지 일들, 예를 들어 치안이나, 급수나, 전기나, 도로나, 교량 등과 같은 여러 가지 일들 중에는 저승에 있어서의 영원한 정복(淨福)도 역시 포함되어 있고, 이것이야말로 바로 국가가 충족시켜 주어야만 하는 필수품이라고 - 이 무슨 두둑한 배짱인가! 되도록 손쉽게 말이다. 물론 돈이 들기는 한다. 왜냐하면 이 세상에서는 돈이 없이는 아무것도 손에 넣을 수가 없기 때문이다. 하물며 저승에서의 영원한 정복을 위한 보증서야 두말할 필요도 없다. 그렇다, 이 세상에서는 돈이 없이는 절대로 아무것도 손에 넣을 수가 없다. 그래서 그런지 국가도 똑같은 짓을 한다. 국가는 개개인에게 최선의 이익을 주는 것이 선(善)이라고 생각하기 때문인 모양이다. 하기야 각자가 자신의 힘으로 사사로이 흥정하는 것보다는, 국가에서 구입하는 것이 값싸고, 그러면서도 훨씬 확실하다. 요컨대 대량 구입에 따라 보장되는 손쉬움이 있기는 하다.

 그래서 그리스도교를 도입하기 위하여, 우선 먼저 자세하게 인구조사를 하고, 다음으로 전 국민을 등록한다. 여기까지는 그리스도교가 이 세상에 왔을 때와 꼭 같다 - 그리고 다음으로 천 명의 관리가 임명된다. 국가는 분명히 이렇게 생각하고 있을 것이다 - "여러분, 내 친애하는 신민(臣民)들이여, 여러분은 영원한 정복(淨福)이라는 이 크고 헤아릴 수 없는 보물에 관해서도, 일체를 되도록 힘들이지 않고 손쉽고 값싸게 입수하라. 물을 길어 나르는 데 옛날처럼 계단을 따라 힘들여 길어 올리느라고 애쓰지 않아도, 수도를 통하여 각 층에 보낼 수가 있듯이, 저승에서의 영원한 정복(淨福)에 관해서도, 여러분은 이보다도 훨씬 쉽게 소유할 수가 있다(문명 이전의 무지몽매한 시대에 있어서는 사람들이 그것을 구하려고 땅 끝까지 가서 그 밑에 무릎을 꿇었던 것이다). 이 정복은 여러분이 휘파람만 불면 즉석에서 대령한다. 아니다, 불기 전부터 이미 대령하고 있다. 여러분은 계단을 오르락내리락 할 필요가 없다. 그럴 필요가 전혀 없다. 영원한 정복은 왕의 위임을 받은 배달부들이 - 마치 오늘날 마시는 맥주와도 같이 - 여러분들에게 배달해 준다. 그들은 일에 열성적일 뿐만 아니라 능숙한 모습도 보여줄 것이다. 왜냐하면 그것이 그들이 밥벌이니까. 그뿐 아니라 값이 싸다는 것은 가톨릭 교회의 뻔뻔스러운 강요의 가면을 벗겨 버리기에 충분하다."

나는 손쉽다고 하는 것 자체에 트집을 잡을 생각은 추호도 없다! 그것은 그것에 적합한 장소에서만 통용되게 하면 된다. 즉, 손으로 붙을 수 있는 것, 따라서 붙드는 방법과는 관계가 없고, 어떤 방법으로든지 붙들기만 하면 되는 모든 것에는 적용되어도 무방하다. 아닌 게 아니라 그런 경우에는 간단하고 손쉬운 방법을 택하게 된다는 것은 부인할 수 없다. 예를 들면 물이 그렇다. 물은 우물에서 퍼 올린다는 귀찮기 짝이 없는 방법으로 얻어지기도 하지만, 또 손쉽게 수도에서도 얻어진다. 이런 경우에 나는 물론 손쉬운 편을 택한다.

그러나 영원한 것은 그럴 수가 없다. 영원한 것은 획득하는 방법과 무관하지 않다. 그렇다, 영원한 것은 애당초 거기에 존재하는 것이 아니라, 사람들이 그것을 획득하는 방법이고 수단이다. 영원한 것은 **단 하나의** 방법으로써만 얻어진다 - 그리고 독자적인 방법에 의해서만 얻어진다는 점에 있어서, 영원한 것은 바로 다른 것들과는 구별된다. **단 하나의** 방법에 의해서만 얻어지는 것, 그것이 영원한 것이다. 사람들은 그것을 **단 하나의** 방법으로써만, 영원성이 지닌 어려운 방법으로써만 얻을 수가 있다. 이 방법을 그리스도께서는 다음과 같은 말로써 가르치셨다 - "생명에 이르는 문은 작고, 그 길이 좁아 그 길을 찾는 사람이 별로 없다."*

이것은 위험천만한 도표(道標)가 아닐 수 없다. 손쉬움 - 이것이야말로 현대의 특징이다 - 이 손쉬움은 영원한 복락(福樂)과는 전혀 관계가 없다. 예를 들어 도보(徒步)로 걸어

---

* 마태복음 7장 14절.

가라고 요구되었을 경우에, 멋진 발명을 하여 더할 나위 없이 쾌적한 탈 것을 만든다고 해도, 요구된 일, 즉 그대가 도보로 걸어가는 일을 충족시키는 데에는 아무런 도움이 되지 않는다. 영원한 것이 바로 획득의 방법이고 수단이라고 한다면, 그 방법이나 수단을 깜짝 놀랄 정도로 손쉬운 것으로 바꾸려고 해도, 그것은 아무런 도움이 되지가 않는다. 왜냐하면 영원한 것은 오로지 어려운 방법으로써만 얻어지고, 그리고 획득하는 방법이 쉬우냐 어려우냐는 아무래도 좋은 일이 아니라, 오히려 영원한 것은 바로 획득의 방법이고 수단이고 그리고 이 방법은 어려운 것이기 때문이다.

고맙구려, 그대들 행정관, 법률심의관, 예산심의관, 상업심의관, 추밀고문관들이여! 귀관들은 국왕의 신하 한 사람 한 사람에게, 각별히 값싸고 손쉽게 영원한 복락을 얻게 하기 위하여, 방대한 서류를 작성하였기 때문이오. 고맙구려, 영적인 지배를 담당하는 천 명의 관리들이여! 그야 물론 귀관들은 무료로 하는 것은 아니고 수수료를 받기는 하지만, 그래도 감사를 드려야 할 정도로 싸구려이기 때문이오. 그러니 고맙지 뭡니까. 여러분 고맙구려 - 그렇지만, 그것은 우리들 신민(臣民)들이 확실히 복락을 누릴 경우에만 그렇다고 할 뿐이고, 따라서 이 세상과는 전혀 다른 나라에 그대들이 속하고 있는가 아닌가가 심판을 받을 곳에서, 국가의 보증서가 가장 비참한 추천서가 되지 않을 경우에만 고맙다는 얘기라는 뜻이다.

4. 인간적인 것이 신적인 것을 보호한다.

인간적인 것이 신적인 것을 보호한다 - 이것이 주문(呪文)에 불과하다는 사실은 자명하다. 그렇지만 국가와 같은 이성적인 존재가 이런 일을 착안하였으니, 이 어쩐 일일까?

물론 그렇게 되기까지에는 장구한 역사가 있다. 그러나 주로 시간이 흐름에 따라서, 그리스도교의 특질, 즉 신적인 것이라는 특질에 적합한 예배를 드리는 사람들이 점차로 줄어든 데 그 원인이 있다.

그리스도교가 이 세상에 들어왔을 당시에 살고 있던 어떤 정치가를 상상해 보라. 그리고 그에게 다음과 같이 물어 보았다고 하자 - "당신은 어떻게 생각하십니까? 당신은 이것이야말로 국가를 위해 유익한 종교라고는 생각지 않습니까?"라고. 그러면 아마도 그는 그대를 미치광이로 취급하고, 대꾸조차 할 필요가 없다고 생각하였을 것이다.

그러나 그리스도교가 인간적인 공포나 통속적인 것으로서나 혹은 일식적인 흥미의 대상으로 섬김을 받을 때는, 분명히 그리스도교는 어떤 색다른 양상을 띠게 된다. 그렇다, 그리스도교는(그것은 이런 식으로 섬김을 받음으로써, 점차 반신불수의 병신이 되었고, 가련한 '피조물'로 전락되었다) 국가의 보호를 받고, 그럼으로써 명예를 얻는 것을 최대의 기쁨으로 생각하는 종교로 간주되게 된다.

이렇게 보면 책임은 성직자들에게 있다. 그들은 어떤 방법을 써서, 속된 말로 국가를 코끝으로 휘둘러서, 그것으로써 국가는 자기가 할 일이 여기에 있다고 망상하게 되었다. 그러나 국가는 자신이 지나치게 높이 올라간 일에 대하여, 조만간 책임을 져야 할 것이다. 왜냐하면, 사람들이 그리스도교라고 부르는 것을 보호하는 것쯤은, 국가로서 그리 대단한 짐이 되지는 않겠지만, 그리스도교가 무엇인가를 재인식하였을 때에는, 국가는 주제넘은 짓을 했다는 어리석음을 깨닫고, 자기 자신을 위하여 한시 바삐 다시금 땅 위에 내려오기를 바라마지 않을 것이기 때문이다.

국가의 보호를 받은 그리스도교란, 동화의 전설과도 같은 존재다. 어떤 왕이 평민의 옷차림을 하고 작은 도시에 살고 있다. 그리고 시장(市長)은 친절하게 이 시민을 보호한다 - 그때 돌연 사자(使者)가 당도하여, 공손히 머리를 숙이고 엎드려, 이 일개의 시민에게 '폐하!' 라고 부른다. 만일 시장이 현명한 사람이라면, 자기가 이 시민을 보호하려고 생각한 것은 비록 친절에서 그랬다고는 하지만, 주제넘은 행위였다는 것을 깨닫게 될 것이다.

상상해 보라 - 단, 그리스도의 재림이라고 하는 하도 많이 언급되어 이미 맥빠진 것이 된 일이 아니라 - 그런 일이 아니라, 사도의 한 사람이 다시 오셨다고 상상해 보라. 그는 그리스도교가 국가의 보호 밑에 있는 것을 보고 혼비백산할 것이다. 그가 그렇게까지 타락한 그리스도교에 접근하여, 그 앞에 부복하는 광경을 상상해 보라.

그리스도교를 보호하려고 한다는 것 자체가 부정(不正)이라는 사실을 모르고, 또 국가의 보호 밑에 있는 목사들의 요구를 진정한 그리스도교로 혼동한다는 것은 충격적인 과오(過誤)임을 모를 정도로 무지몽매한 정치가가 지금의 시대에 존재해도 좋단 말인가? 그리스도교가 한 가지 요구하는 것이 있다면, 그것은 그리스도교 앞에 엎드릴 줄을 모르고 - 그리스도교 앞에 엎드리는 자는 희생을 바치고 그 가르침을 위하여 고통을 감수한다 - 오히려 왕 앞에 엎드리고, 추밀고문관의 지위를 얻거나 혹은 다네부로크 훈장을* 단 기사(騎士)가 되기 위하여 엎드리는 것밖에 모르는 목사들을 버리는 것이고, 또 그리스도교의 교사(敎師)로서 서약하고 신약성서에 매인 자가 범하는 배반, 즉 신약성서에 대한 배반이 어떤 것인지를 모르는 목사들을 버리는 일이다.

그리스도교는 분명히 다음과 같이 가르치고 있다 - '하느님을 두려워하고, 왕을 존경하라'**, 그리스도인은 되도록 이면 주인의 착한 부하가 되어야만 한다. 그러나 **그리스도교적으로 말한다면** 왕은 최고법정이 아니다. 아무리 값비싼 대가를 지불하더라도 이 세상에 속하기를 원치 않는 나라, 죽는 한이 있더라도 이 세상에 속하기를 원치 않는 나라에 관

---

* 덴마크의 국기. 뮌스터 감독도 이 훈장을 받았고, '각하'라는 칭호도 받았다.
** 베드로전서 2장 17절.

한 한*, 왕은 최고법정이 아니고, 될 수가 없고, 되어서도 안 되고, 또 되려고 원치도 않는다. 그러므로 신약성서에 대한 선서에 충실한 자는, 왕을 사랑하는 경우일지라도, 피할 수 있는 것을 피할 수가 있고, 그럼으로써 왕의 권위를 거짓된 빛 속에 놓지 않는다. 그리스도교는 항상 신(神)적일 정도로 고귀한 진지성을 지니고, 왕의 지배의 엄숙성을 인정하였다. 그러나 신약성서에 위배하면서, 또 왕에 대하여 배반까지 하며, 왕의 지배의 존엄성과 엄숙성을 소멸시키는 빛 속에 왕을 세워놓았다는 것은, 그야말로 타기할만한 그리스도교의 연극이라 하겠다.

그러므로 어느 날 갑자기 왕이 옥좌에서 일어나서, 다음과 같이 말하는 순간이 반드시 올 것이다 - "이제는 분명하다. 이 흉측한 목사 놈들아, 너희들은 내게 가장 어울리지 않게 나를 섬겼다. 그래서 나를 웃음거리로 만들었다. 왕의 명예를 걸고 말하지만, 나는 왕의 존엄성이 무엇인가를 잘 알고 있다. 그뿐 아니라 또 나는 내 권력이 어디까지 미치고 있는가도 알고 있다. 나는 황금과 재물과 지위와 위신 그리고 온갖 명예로운 훈장, 그렇다, 나라와 토지까지도 줄 수 있다. 땅의 왕들보다 위에 있는 나는, 나 자신의 힘으로 왕위에 오를 수도 있다. 그렇지만 그리스도교란 무엇이냐? 그리스도교는 위에서 말한 그런 일체를 거부하는 존재다. 그

---

* 요한복음 18장 36절.

리스도교는 그런 것들을 추구하지 않을 뿐만 아니라, 내주어도 절대로 받으려고 하지 않고, 이 세상의 사려분별이 비참이나 고난을 피하려고 할 때 이상으로 커다란 두려움을 품고 피하고, 이 세상의 사려분별이 그런 것들을 추구할 때 이상으로 몸서리치며 피한다. 내가 이런 어리석은 위인이 된 것은 어떤 까닭이란 말이냐? 황금과 재물, 칭호와 위신 그리고 지위와 훈장으로써, 이런 것들을 페스트보다도 더 무서워하며 피하는 그리스도교를 보호하다니! 나는 결국 웃음거리가 되고 말 것이다! 그리스도교를 신약성서에 기록된 것과는 정반대의 것으로 바꾸어 놓고, 그렇게 함으로써 그리스도교를 보호할 수가 있다는 망상을 나에게 품게 한 것은 누구의 책임인가. 그것은 이 흉측한 목사 놈들의 책임이 아닌가! 나는 어리석었다. 왜냐하면, 애당초 내가 보호한 것은 분명히 그리스도교가 아니다 - 그리스도교는 그의 모든 비천한 모습에서나 고난의 모습에서나 나보다는 고귀하다 - 오히려 내가 보호한 것은, 그렇게까지 보호하고 보증할 가치가 전혀 없는 몇몇 흉측한 자들뿐이었던 것이다."

5. 인류에 대한 찬사, 혹은 신약성서는
이미 진리가 아니라는 증명

우리들의 구주되시는 예수 그리스도는 신약성서에서 상

황을 다음과 같이 밝히셨다 - '생명에 이르는 문은 작고, 그 길은 좁아 그 길을 찾는 사람이 별로 없다'*고.

반면에 오늘날의 덴마크에 관해서만 말한다고 해도, 우리는 모두가 그리스도인이고, 길은 가능한 만큼 넓고, 덴마크에 있어서는 가장 넓다 하겠다. 왜냐하면 그것은 우리들 모두가 지나가는 길이고, 또 모든 점에 있어서 안락하고 쾌적한 길이기 때문이다. 또 문은 최대한 넓고, 모두가 한 집단이 되어 지나가기에는 이보다 더 넓은 문은 없다 하겠다.

그러므로 신약성서는 이미 진리가 아니다.

인류에게 영광이 있으라 - 역시 당신께서는, 구세주시여, 역시 당신께서는 인류란 완전한 존재가 될 수 있는 능력을 소유하고, 항상 노력을 계속함으로써 고귀한 것에 도달할 수 있다는 점을 미리 아시지 못한 이상 인류를 깔보고 있었던 것입니다!

그러므로 그것 하나만 보아서도 신약성서는 이미 진리가 아니다. 길의 너비는 가장 넓고, 문은 가능한 만큼 넓고, 그리고 우리들은 모두가 그리스도인이다. 그렇다면 나는 감히 한 걸음 더 전진해 보기로 하겠다 - 내 가슴은 뛴다. 왜냐하면 이것은 분명히 인류에 대한 찬사니까 - 나는 감히 다음과 같이 주장할 수 있다 - "우리들 속에 살고 있는 예수를 죽인 유태인은, 평균적으로 대다수가 그리스도인이고, 또

---

* 마태복음 7장 14절.

우리들 모두와 마찬가지로 그리스도인이다." 이것만 보아도 우리들은 모두가 그리스도인이고, 이것만으로 보아도 신약성서는 이미 진리가 아니다.

   그런즉 인류를 영광스럽게 만드는 일에 이바지할 수 있는 것이 목적이니만큼, 잘못된 말을 하지 않도록 유의하며, 그것에 관하여 더 훌륭한 증명이 될 수 있는 것, 혹은 암시라도 될 수 있는 것은 하나도 놓치지 않도록 감시해야 하겠다. 그러므로 나는 대담하게 한 걸음 더 전진한다. 물론 결정적인 의견은 삼가련다. 나에게는 그것에 관한 지식이 없으므로 단정(斷定)은 전문가에게 맡길 셈이다. 요컨대 그리스도교적인 것의 표징은, 가축들 중에서도 고등 동물에 속하는 말이나 개나 소 같은 것들에게 있어서도 인지되는 것이 아닐까 하는 점이다. 이것이 없다고는 할 수 없다.

   하여간에 일체가 그리스도교적이고, 모든 사람이 그리스도인이고, 어디를 향해서 고개를 돌려도 그리스도인과 그리스도교 이외에는 전혀 찾아볼 수 없고, 진리와 진리의 증인 이외에는 아무것도 눈에 띄지 않는 그리스도교적인 국가 안에서, 그리스도교적인 국민으로서 산다는 것이 무엇을 의미하는가를 생각해 보라 - 이런 일들이 고등 동물에 속하는 가축에게 영향을 끼치고, 더 나아가서는 그 가축들의 자손에게 영향을 끼치리라는 것은 있을 수 있는 일일 것이다. 그야 물론 이런 일에 관해서는 수의사의 판단과 목사의 판단이 가장 중요하다.

잘 알려져 있는 야곱의 계책처럼, 야곱은 얼룩진 양을 얻기 위하여, 얼룩 모양의 껍질 벗긴 나뭇가지를 물먹는 구유 위에 세워 놓았다. 그러자 어미 양은 그 얼룩을 보았을 뿐인데도, 이윽고 얼룩진 양을 낳았다고 한다.* 이런 일이 있을 수 없다고는 할 수 없다 - 물론 나는 전문가가 아니기 때문에 감히 결정적인 의견을 말하지는 않겠지만, 이 점에 관해서는 오히려 수의사나 목사의 연합 협의체에 맡기는 것이 좋을 것이다. 그리스도교적인 세계에 살고 있는 가축이, 어느 날엔가는 드디어 그리스도교적인 자손을 낳게 되리라는 것은, 있을 수 없다고는 할 수 없을 것이다. 이런 일들을 생각만 하여도 나는 눈이 돌아갈 지경이다. 그러나 그렇게 되는 날에는 - 인류에게 영광이 있으라 - 신약성서가 이미 진리가 아니라는 사실은 버젓이 통용된다.

구세주시여, 당신께서 근심하며 "그러나 인자(人子)가 다시 올 때에 세상에서 믿음을 볼 수 있겠느냐?"**고 말씀하시고, 또 죽으시며 고개를 숙이셨을 때, 인류가 이다지도 멋지고 뛰어난 방법으로 신약성서를 비진리로 바꾸어 놓고, 당신의 의의를 깡그리 의심함으로써, 당신의 근심을 제거하리라고는 미처 생각도 못하셨을 것입니다. 왜냐하면 이런 훌륭한 신분을 가지신 분들로부터 "우리는 구세주가 필요하다. 언제나 그런 분이 필요하였다"는 말을 듣고 계시니까요.

---

* 창세기 30장 31~43절 참조.
** 누가복음 18장 8절.

6. 우리는 모두가 그리스도인이다.

 우리는 모두가 그리스도인이라는 점은 일반적으로 인정되고 있는 사실이기 때문에, 이에 관해서는 증명을 할 필요가 없다. 이 명제는 오히려 하나의 역사적인 진리에서 공리(公理)로 순조롭게 승진하여, 이제는 갓난아기까지도 그것을 지니고 태어날 정도로 영위한 법칙의 하나가 되었다고 할 수 있다. 따라서 그리스도교로 말미암아 인간에게 변화가 생겨서 '**그리스도교계**'에서는, 모두가 그리스도인이라는 법칙을 몸에 지닌 갓난아기가, 그리스도교계 바깥의 인간들보다도 더 많이 태어나게 되었다고 말하지 않을 수 없다. 그러나 비록 그렇다고는 하지만, 우리 모두가 그리스도인이라고 하는 사실이 어느 정도 확실하고 참인지를 되풀이하여 분명히 해 두는 것은, 결코 해로운 일은 아닐 것이다.
 내 시도(試圖)는 다음과 같다. 나는 그것으로써, 우리들 모두가 그리스도인이라고 하는 사실은 어느 정도까지 참인가를 분명히 하게 되는 것을 즐겁게 생각하고 있다. 우리들 중의 한 인간, 한 사람의 자유사상가가 있었다고 하고, 그가 격한 어조로 맹렬하게 그리스도교 전체를 허위라고 선언하고, 마찬가지로 격한 어조로 맹렬하게 자기는 그리스도인이 아니라고 선언한다고 해도, 그것은 아무런 소용이 없고, 여전히 그는 그리스도인이고, 법률에 의하여 벌을 받았다고 해도 그것은 별개의 일이고, 여전히 그는 그리스도인이다. 우리들은 이런 일이 통용될 정도로 그리스도인이다.

"바보 천치!" 하고 국가는 말한다. "그런 소리를 그대로 버려두면 어찌되는지 아는가? 어떤 누구든지 한 사람이라도, 자기가 그리스도인이 아니라고 선언하는 것을 일단 허용한다면, 곧 모든 인간들이 그리스도인임을 부정하는 결과를 초래하지 않는다고 단언할 수가 없다. 안 되지, 안 돼. 애초부터 반대를 해야 한다. 그리고 원칙을 튼튼히 세워야만 한다. 우리들은 언제나 우리들 모두가 그리스도인이라는 점을 전제로 삼아 통계를 내고 일체를 등록하고, 일체를 이미 처리하였다 - 따라서 그도 역시 그리스도인이다. 그런 식으로 남의 눈에 띄기만을 원하는 모험은 용납할 수가 없다. 그는 그리스도인이고 영원히 그렇다" 라고.

그가 죽는다 - 그러나 그때 그가, 하느님의 사람이 목사나 장의사 혹은 온갖 부류의 인간들에게 분깃을 차지할 정도로 많은 재물을 남겼다고 한다면, 그의 항의는 몽땅 허사고, 그는 여전히 그리스도인이고 영원히 그리스도인이고 그리스도인으로서 매장된다. 우리들 모두가 그리스도인이라고 하는 사실은 이 정도로 확실하다. 만일 그가 재물을 하나도 남기지 못하였다면(조금이라도 남기면 그는 실패한다. 왜냐하면 그리스도교적인 만족을 터득한 목사는, 비록 조금밖에 없을지라도 그것으로 충분히 만족하기 때문이다), 그가 글자 그대로 아무것도 남기지 못하였다고 하면, 그때야말로 그의 항의가 사람들에게 일고의 여지를 남길 유일한 경우일 것이다. 그는 죽었을 뿐만 아니라 그리스도교적으로 장례를 치러달라고 할 수 있을 만큼의 비용도 일하여 벌 수가 없었기 때문이다. 우리들 모두가 그리스도인이라고 하는 사실은 이 정도로 확실하다. '그리스도교계'에 있어서는, 이런 사실이 엄연히 존재하고 있다. 그것은 마치 그리스도교계 이외의 세계에서는 이와는 반대되는 명제가 엄연히 존재하고 있는 것과도 같다 하겠다.

이 영원한 법칙, 즉 우리들 모두가 그리스도인이라고 하는 원칙은, 아무리 의심하여도 부동일 정도로 엄연히 존재한다.

7. 신약성서에 관한 하나의 난점

신약성서에는 모든 관계와 모든 비례가 대규모로 설정되어 있다.

진리는 이상적으로 기술되어 있다. 반면에 오류나 과실도 역시 대대적으로 기술되어 있고, 위선이나 온갖 종류의 그릇된 가르침이나 그릇된 믿음 등에 관해서도 경고하고 있다.

그러나 유감스럽게도, 이 세상에서는 엄청난 몫을 차지하고 있고, 본래가 이 세상의 내용을 이룩하고 있는 수다나

넋두리나 속물근성이나 사설이나 그리스도교에 있어서의 연기(演技) 등, 모든 것을 혀끝으로 처리해 버리는 것들에 대해서 신약성서는 전혀 언급하지 않고 있다는 점은 그야말로 놀라운 일이라 아니할 수 없다.

이런 사실에서부터 이제 다음과 같은 어려움이 생긴다. 즉, 우리들이 살고 있는 현실의 삶, 현실의 세계에 있어서는, 한 사람의 진짜 위선자에 대해서는 십만 명의 수다쟁이들이 나타나고, 한 사람의 진짜 이단자에 대해서는 십만 명의 멍청이들이 나타나는데, 신약성서의 힘을 빌려 이 현실의 삶, 현실의 세계를 쳐부수기란 거의 불가능하다고 하는 사실이다.

신약성서는 인간에 관해서 매우 높은 표상을 간직하고 있는 것 같다. 한편으로는 눈앞에 이상을 내걸고, 다른 한편으로는 역전된 고약한 행위를 묘사하는 경우일지라도, 그래도 역시 인간이란 존재에 대해서는 매우 높은 관념을 가지고 있다는 사실을 보아서 알 수 있다. 그러나 수다스러움과 멍텅구리와 속물근성에 관해서는 시종일관 관용을 베풀고 있다.

수다는 오랜 옛날부터 신약성서를 이용하여 진정한 그리스도교의 정통 신앙의 자리를 차지하였다 - 그 덕분에 수도 헤아릴 수 없는 수백만의 그리스도인이 탄생하였다. 얼[精神]은 없어도 수(數)만은 월등한 이 정통신앙은 우리가 그것을 위선이나 이단이라고는 고발할 수 없는(실제로 우리는 그럴 수가 없다) 점을 최대한 이용하고 있다. 그러므로 수다는 진정한 그리스도교의 정통신앙이라 하겠다.

그리고 다음과 같은 것은 자명한 사실이라 하겠다. 최고의 것과 최대의 것은 모든 관계에 있어서 표면상의 어떤 유사점을 지니고 있다. 즉 이 둘은 다 같이 최고의 것보다 조금도 낮지 않거니와, 또 높음과 낮음 사이에도 있지 않다. 그러므로 이 둘은 일체의 비판을 초월해 있거나 일체의 비판 밑에 있다. 물론 서로 표면상의 유사점은 가지고 있다. 그뿐 아니라 대중의 정통신앙이나 대중을 먹이로 하여 떼를 지어 살고 있는 목사의 정통신앙도 역시 마찬가지다. 그것은 명백한 이단사설(異端邪說)이 아닌 이상, 진정한 그리스도교와 닮은 점이 있다.

그럼에도 불구하고 이것은 어떤 이단사설보다도 더 진정한 그리스도교와는 전혀 닮은 데가 없다. 이 둘의 관계는 다음과 같다 - 즉, 진정한 그리스도교는 온갖 이단이나 이교나 미신보다 월등하게 뛰어난 것과 마찬가지로, 이 수다는 이단이나 이교나 미신보다도 월등하게 밑에 있다. 그렇지만 이미 언급한 바와 같이, 신약성서는 이상(理想)을 내걸고 악령들과 싸우면서도, '그리스도교계'에 있어서 항상 진정한 그리스도교의 정통신앙을 형성하여 온 이 거대한 존재에 대해서는 거들떠보지도 않았다는 바로 그 점에 신약성서에 관한 어려움이 깃들어 있다. 이 정통신앙은 진리가 이 세상에 있어서는 얼마나 고난을 겪어야만 하는가를 일요일마다 묘사함으로써 '진리의 증인'이 - 이 무슨 아이러니컬한 자기모순이란 말인가! - 이 세상에서의 행복과 영달을 산출한다는 것을 보여줌으로써, 그리스도교의 진지성을 표명하고 있다.

이 점을 주목하라. 그리고 이 점에 분명히 유의하면 신약성서는 역시 효력을 가지고 있고, 또 신약성서의 예언이 역시 사실 그대로임을 알 수 있을 것이다. 이 엄청난 '그리스도인'의 군중, 이 떼를 지어 살고 있는 '그리스도인'의 무리들 한 가운데에, 이제야 여기저기에, 몇 사람의 외톨이, 한 사람의 외톨이가 살고 있다. 그에게는 길이 좁다 - 신약성서를 참조하라. 그는 모든 사람들로부터 미움을 받는다 - 신약성서를 참조하라. 그를 때려죽이는 것이 하느님께 대한 봉사라고 한다 - 신약성서를 참조하라. 하여간에 신약성서는 주목할 만한 책이고, 이 책이 말하는 바는 옳다. 왜냐하면 이 외톨이, 이들 외톨이들은 바로 그리스도인이었기 때문이다.

8. 우리가 참으로 그리스도인이라고 한다면, 그렇다면 하느님은 무엇인가?

그러나 만일 사실이 그렇지가 않다면 - 즉, 우리가 그리스도인이라 인식하고 있는 그 인식이 하나의 공상이고, 천 명에 달하는 영적·세속적인 고문관 따위를 거느리고 있는 국가 교회의 조직 전체가, 영원성에서 본다면 우리들에게 아무런 도움을 주지 못하고, 오히려 반대로 우리들을 고발하는 데 도움이 될 무서운 눈속임에 불과하다고 한다면… 그렇다면 우리들은 (영원성을 위하여) 하루속히 이를 제거해야 할 것이다.

…만일에 그렇지가 않다면, 만일에 우리들이 생각하고 있는 그리스도인이 진정한 그리스도인이라고 한다면, 하늘에 계신 하느님은 도대체 무엇인가?

하느님은 일찍이 생존한 자 중에서도 가장 우스꽝스러운 존재고, 하느님의 말씀은 일찍이 햇빛을 본 것 중에서도 가장 우스꽝스러운 책이라 하겠다. (말씀으로써 하느님이 그렇게 하셨듯이) 하늘과 땅을 진동시키고, 지옥과 영원한 형벌이라는 말로 위협을 한 것은… 그것은 우리가 생각하고 있는 그리스도인(확실히 우리는 진정한 그리스도인들이다)을 얻기 위함이었던가? 아니다, 일찍이 이렇게 우스꽝스러운 일은 없다!

생각해 보라. 어떤 사람이 권총에 탄환을 장전하고 다가와서, "너를 쏘아 죽이겠다."고 했다고 하자. 혹은 그보다도 더 무서운 말을 했다고 하자. 즉, "너를 붙잡아서 가장 잔인한 방법으로 죽이겠다. 만일 네가(다음의 말에 주의하라) 이 세상에서 되도록 돈을 많이 벌고, 이 세상에서 즐겁게 살지 않는다면 말이다" 라고 말했다고 하자. 그러나 이런 일이란 그야말로 우스꽝스러운 설교라 하겠다. 왜냐하면 그런 것을 요구하기 위해서라면, 권총에 탄환을 장전하거나, 가장 잔인한 방법으로 죽이겠다는 협박을 할 필요가 전혀 없기 때문이다. 반대로 탄환을 장전한 권총이나 가장 잔인한 사형으로써도 그런 생활을 반대할 수가 없는 것이 실정이다. 그리고 영원한 형벌(무서운 협박)에 대한 공포나 영원한 복락(福樂)에 대한 소망을 불러일으킴으로써 그런 생활로 이끌어 가려고 하는 것, 즉 이미 우리가 누리고 있는 상태로 우리들을 이끌어가서(왜냐하면 우리가 말하는 그리스도인이 참다운 그리스도인이기 때문에), 현재 상태에다 우리들을 머물게 하고, 가장 만족할 만한 식으로 우리들이 생활할 수 있게 한다는 것 - 이것 역시 마찬가지로 가장 우스꽝스러운 짓이라 하겠다. 왜냐하면 조금만 머리를 쓰면 표면상의 죄 같은 것을 벗어날 수가 있기 때문이다.

하느님을 경멸하는 가장 무서운 방법은 '그리스도교계'가 범하는 그것이다. 그리스도교계는 성령이신 하느님을 우스꽝스러운 수다로 바꾸어 버린다. 그러나 하느님의 이름을 내세우고 수다를 섬긴다는 것은 가장 어리석은 예배이고, 이교에서 현재 이루어지고 또 이루어졌던 일체의 것보다도 더 어리석은 일이고, 돌이나 도끼나 벌레를 신(神)으로 섬기는 일보다도 더 어리석은 일이다.

9. 우리가 참으로 그리스도인이고, '그리스도교계'와 '그리스도교의 세계'가 옳다고 한다면, 신약성서는 이미 그리스도인의 길잡이가 아니고 또 길잡이가 될 수 없다.

이상에서 언급한 가정 밑에서는, 신약성서는 그리스도인의 길잡이가 아니고, 또 길잡이가 될 수도 없다. 왜냐하면 길이 바뀌어서, 신약성서에서 말하고 있는 길과는 전혀 달라졌기 때문이다.

그러므로 이 가정 밑에서는 그리스도인의 길잡이인 신약성서는 역사적인 기념물이 되고 만다. 그것은 이미 모든 것이 깡그리 달라져서 쓸모가 없어진 지방의 여행 안내서와도 같은 것이다. 그런 안내서는 그 지방을 여행하는 사람들에게는 이미 제대로 이용할 수가 없고, 고작해야 흥미 있는 읽을거리로서의 가치밖에 없다.

철도로 쾌적하게 여행하고 있는 사람이, '여기는 무서운 늑대들의 골짜기고, 밑바닥까지는 7만 피트에 이른다'고 씌어져 있는 안내서를 읽는다. 아늑한 커피숍에 앉아서 담배를 피우며 안내서를 열면, '여기는 산적들의 은신처이며, 나그네들이 습격을 받고 변을 당하는 곳'이라고 씌어 있다. 여기가 그런 곳이라고 기록되어 있는 것은, 여기가 그런 곳이었다고 하는 뜻이다. 왜냐하면 이제는 - 지난 날을 회상하면 매우 흥미롭다 - 늑대의 골짜기가 아니라 철도가 통하고 산적은 없고 아늑한 커피숍이 있기 때문이다.

그런즉 우리가 참다운 그리스도인이고 '그리스도교계'와 '그리스도교적인 세계'가 그리스도교적으로 옳다고 한다면, 나는 하늘에까지도 도달할 수 있도록 큰 소리로 외치고 싶다 - "무한하신 분이여, 당신께서는 다른 일에서는 당신 자신을 사랑으로 보여 주셨지만, 신약성서가 이미 그리스도인의 길잡이가 될 수가 없어졌다는 것을 우리들에게 알려주지 않으신 것은 참으로 사랑이 없는 처사였습니다! 일체가 깡그리 반대의 것으로 바뀌었음에도 불구하고 아직 우리가 그리스도인이라는 것이 참이고, 당신의 말씀이 아직 취소되지 않고 변경도 되지 않았기 때문에, 약한 자들이 괴로움을 겪는다는 것은, 이 무슨 참혹한 일입니까!"

그러나 나는 하느님을 그런 분이시라고는 생각할 수가 없다. 그러므로 다른 설명을 찾아야만 하고, 또 물론 그 편이 한층 진실에 가깝다고 생각한다. 그런 '그리스도교계'와 '그리스도교적인 세계'란 모두가 인간의 기만행위다. 우리가 참으로 그리스도인이라고 하는 것은 그런 기만 때문에 생긴 공상이다. 이와는 반대로 신약성서는 시종일관 변함없이 그리스도인의 길잡이다. 그리스도인에게는 신약성서에 기록되어 있는 그대로가 이 세상에서는 항상 이루어진다. 그리고 신약성서가 사기꾼의 세계인 이 세상에서 사기꾼인 그리스도인들에게, 그 진실과는 다른 방법으로 통용되었다고 해도, 그런 일에 속아서는 안 된다.

10. 우리 모두가 목사나 아니라는 사실은 얼마나 다행스러운 일인가!

금주운동(禁酒運動)을 목적으로 한 단체가 결성되었다고 생각해 보라.

그 단체의 임원들은 몇몇 사람들을 파견원이나 변사(辯士)나 설교사로 위촉하여 지방을 돌게 하여, 사람들을 그 단체에 가입시키는 것이 효과적이라고 생각할 것이다.

이 안(案)을 결정하는 자리에서 그 단체의 임원이 발언한다 - "그러나 설교자에게 인색하게 굴어서는 안 된다. 그에게 한 모금도 마시지 말라고 요구해 보았자 도움이 되질 않는다. 그렇게 되면 설교자는 맹숭맹숭한 맥빠진 얘기밖에는 할 수가 없고, 따라서 아무도 우리 단체에 가입할 생각을 하지 않을 것이다. 그렇다, 설교사를 인색하게 대해서는 안 된다. 그에게는 매일 포도주를 배당하고, 또 열심인 정도에 따라서 그 양을 늘리는 것이 좋다. 그렇게 하면 일에도 신바람이 날 것이고 열과 힘과 무서운 설득력으로 사람들을 매혹시켜, 많은 사람들이 우리 단체에 가입하게 될 것이다."

어쨌든 이 단체의 회원이 아닌 사람이, 이 단체를 위하여 일하는 설교사가 되었다고 가정해 보라!

그리스도교와 국가에 관해서도, 이와 꼭 같은 상황을 생각할 수 있다.

그리스도교, 즉 체념과 수고와 이 세상의 것이 아닌 것을 가르치고, 저승의 것이 아닌 어음을 발행하지 않는 것을 가르치는, 이 가르침을 국가가 도입하려고 한다. 국가는 말한다 - "그러나 목사들에게 인색하게 굴어서는 안 된다. 그렇게 하면 맹숭맹숭한 맥빠진 얘기밖에는 할 수가 없고, 아무도 그 가르침에 찬동하지 않을 것이며, 오히려 모든 사람을 몰아내게 된다. 그렇다, 목사 자신과 그의 가족이 그 가르침을 전파하는 일에 만족을 찾을 수 있도록 목사에게는 삯을 주고 온갖 수단을 다하여 생활을 정돈해 주어야 한다. 그래야만 이 지상의 것을 단념하라고 하는 가르침에 대한 사람들의 찬동을 얻을 수 있는 소망이 생긴다. 왜냐하면 그래야만 목사는 열과 힘과 무서운 설득력으로써, 이 단념이 얼마나 행복한가, 저승에서만 통용되는 어음을 갖는 것이 얼마나 행복한 일인가, 그것이 얼마나 - 그의 말에 귀를 기울이라 - 행복하고, 행복하고, 행복한가를 사람들에게 묘사해 줄 기분이 내킬 것이다."

우리 모두가 목사가 아니라는 사실은 얼마나 다행스러운 일인가!

하늘에 계시는 하느님께서는 그리스도교를 세상에 전하려고 하셨을 때, 이와는 다른 방법으로 하셨다. 하느님께서는 온갖 어려움을 물리치고 적어도 한 사람은 그리스도인이 되게끔 배려하셨다. 이 한 사람은 그리스도교의 교사(敎師)다. 하느님께서는 이런 식으로 이 가르침을 위하여 인간을 획득하는 일을 시작하셨다. 다음으로 거기에 모이는 자는 극히 적다. 이 교사가 그리스도인이라고 하는 사실이 확실함과 같은 정도로, 이 교사가 피살됨으로써 끝나는 것도 역시 확실하다. 일체가 이 한 사람, 이 교사로부터 시작되고 끝난다.

하늘에 계신 하느님께서는 간사한 재간 따위는 가지고 있지 않으신다. 더욱이 고도의 국가 정책 따위는 가지고 있지 않으신다. 그분은 낡은 학파(學派)에 묶여 있는 어리석은 분이고, 바느질을 할 때에는 실 끝에 매듭을 지어야만 한다는 것 따위를 진정으로 믿고 있을 정도로 단순하신 분이다. 그리고 이런 어리석은 일에 가담하지 않고, 진지하게 일을 벌이기만 하면, 매사가 신속하게 진행되고, 그리스도인이 아닌 교사들의 도움을 받으면, 순식간에 백만의 그리스도인을 획득할 수 있다는 따위의 국가 정책의 기밀 사항에 관해서는 하느님께서는 아무것도 아시는 바가 없으시다.

오호라, 인간의 어리석음이여! 그리고 그것이 진지성이라고 불리다니! 이 값비싼 어리석은 일 때문에 몇 세기라는 시간이 소비되어 온 것이다. 또 많은 돈이 지불되었다. 그뿐 아니라, 더 귀중한 것이 지불되었다. 영원한 것이 상실됨으로써 말이다!

제3호

1. 국가 - 그리스도교

2. 그리스도교적으로 보아서, 국가가 젊은 학생들을 유혹하고 있는 사실에 대하여 국가는 책임을 져야 하는 것이 아닐까?

3. 국가는 지켜지지도 않을 뿐만 아니라, 받는 것 자체가 자기모순인 서약을 받는 일에 책임이 있는 것이 아닐까?

4. 그리스도교적으로 본다면, 국가는 국민을 오도하고 있거나, 혹은 그리스도교의 본질에 관해서 국민의 판단을 오도하고 있다는 사실에 책임이 있는 것이 아닐까?

5. '국가'로 하여금 이 문제를 검산하게 해 보면, 당장에 그 계산은 완전한 잘못이었음이 밝혀질 것이다.

6. 국가가 참으로 그리스도교에 봉사할 의사가 있다면, 천 명에게 급료를 지불해서는 안 된다.

1855년 6월 27일
쇠얀 키르케고르
코펜하겐

1. 국가 - 그리스도교

'국가'는 수(數)에 정비례한다. 그러므로 국가가 쇠퇴하면 국민의 수는 점점 적어져서 그 국가는 없어지고, 국가라는 개념이 소멸해 버리고 만다.

그리스도교는 수(數)에 대하여 이와는 달리 관계한다. 그리스도교가 참으로 존재한다고 주장하기 위해서는 단 한 사람의 참다운 그리스도인만 있어도 충분하다. 그렇다, 그리스도교는 수에 반비례한다 - 모든 사람이 그리스도인이 되어버릴 때는, 그리스도인이라는 개념은 소멸되기 때문이다. 그리스도인이라는 개념은 전투적인 개념이고, 사람들은 오로지 대립에 있어서만, 혹은 모순이라는 방식에 있어서만 그리스도인이 될 수 있기 때문이다.

신약성서에 있어서도 하느님이 인간의 사랑을 요구하실 때는 이와 마찬가지다. 그것이 대립의 관계인 것은 바로 사랑이 고차원적인 힘으로 제고되기 위해서이고, 그 결과 하느님을 사랑하는 그리스도인이 다른 사람들의 미움과 박해를 받게 되어, 그런 의미에서 남들과 대립되는 관계에 놓이게 되기 때문이다. 대립이 지양되는 순간, 그리스도인으로 존재한다는 것은 곧 무의미한 말이 되고 만다 - 마치 우리 모두가 그리스도인이라고 사칭하여 그리스도교를 망쳐놓은 것이 그리스도교계 안에 있듯이….

그러므로 '그리스도인' 이라는 개념은 수에 반비례하고 - '국가'는 수에 정비례한다. 그럼에도 불구하고 그들은 그리스도교와 국가를 서로 동일화하고 말았다 - 이것이 곧 수다쟁이나 목사들에게는 더할 나위 없는 요행이 된다. 왜냐하면 국가와 그리스도교를 그런 식으로 결합시킨다는 것은 50센티미터의 버터라고 말하는 것과 마찬가지의 의미밖에 없을 뿐만 아니라, 설령 가능하다고 해도 그 이하의 의미밖에 없다. 버터와 50센티미터는 아무런 관계도 없지만, 국가와 그리스도교는 서로 반비례하고, 정확히 말하자면 저마다 서로 다르다.

그러나 '그리스도교계'에 있어서는 이 사실이 이해되기가 매우 어렵다. 그리스도교계에 있어서는, 사람들은 - 당연한 일이지만 - 그리스도교란 무엇인가 하고 생각해 본 일도 없고, 또 그리스도교는 **팽창**을 통하여, 수백만 명의 이름뿐인 그리스도인 때문에 **괴멸**되었다는 사실은 전혀 알지도 못하고, 또 그렇다고 말해도 무슨 뜻인지도 모른다. 이 수백만이라고 하는 숫자는, 거기에는 그리스도인이라고는 한 사람도 없다는 사실, 그리고 그리스도교는 전혀 존재하지 않는다는 사실을 숨기는 것에 불과하다. 왜냐하면 장광설을 늘어놓고 있는 동안에 이야기의 본줄기를 얼버무린다는 말이 있듯이, 인류와 그 속에 들어 있는 개인은, 그 이름만의 그리스도인의 무리나 그리스도교적인 국가나 그리스도교적인 세계의 도움을 받아, 그리스도교적인 것을 회피하고 얼버무리기 때문이다. 그리고 이 숫자는 하느님께서 이 수백만이라는 숫자에 현혹되어, 인간들이 당신(하느님)을 골탕 먹이고 있다는 사실을 알아차리지 못하게 하고, 거기에는 그리스도인이 하나도 없다는 사실을 알아차리지 못하게 만들려는, 인간들의 간사한 계교인 것이다.

2. 그리스도교적으로 보아서, 국가가 젊은 학생들을 유혹하고 있는 사실에 대하여 국가는 책임을 져야 하는 것이 아닐까?

'유혹한다'는 이 말은 보통 여성들에 관해서 사용된다. 젊은 여성을 유혹한다고 말할 때, 이때는 지상적인 것이거나 허영된 것에 대한 동경이 생기는 나이의 가난한 처녀에게 그녀가 원하는 모든 것을 얻을 수 있는 길을 열어준다. 단, 안된 말이지만 그녀의 순결을 대가로 해서라는 뜻이다. 그래서 세상 사람들은 젊은 처녀를 유혹한다는 것은 전적으로 용납될 수 없는 일이라고 생각한다. 왜냐하면 그런 또래의 처녀에게는 인생의 쾌락이나 허영에 대한 동경이 마음속에 너무나도 강해지기 때문에, 그녀들에게는 외부로부터 반대 방향으로 끌어당기는 각별한 영향력이 필요하기 때문이다. 껑충껑충 뛰기를 좋아하는 자는 덫에 걸리기 쉽다는 속담이 있지만 바로 그런 이유로 그런 또래의 처녀를 이용한다는 것은 용납될 수 없다.

이와 마찬가지로, 그리스도교적으로 말한다면, 국가는 신학을 배우는 청년들에 대해서 똑같은 죄를 범하고 있다고 말할 수 있다. 왜냐하면 그리스도교의 인생관은, 일반적으로 순결이나 순수라고 불리는 것들마저도, 그 요구를 충족시켜 줄 수가 없을 정도로 고귀한 것이기 때문이다.

신약성서의 그리스도교에 의하면, 그리스도교의 교사(敎師)는 말할 것도 없거니와, 그리스도인이라고 하는 존재는 그야말로 단념과 수고(受苦)뿐이다. 이러한 교사의 생활 태도란* 자연적인 인간에게는 전적으로 매력적인 것이 되지는 못한다.

그러나 청년이 이 세상에 있는 것을 지나치게 다부지게 추구하는 바로 그 순간에, 또 그가 그것과는 정반대의 강한 영향을 받아, 그 길을 걷기를 애당초 주저하거나, 혹은 그가 진정 부름[召命]을 받고 있다면, 성장하였을 즈음에는 그 길을 걷기로 결심하는 바로 그 순간에, 국가는 그 순간을 이용하여 덫을 놓고, 그를 사로잡고, '유혹한다'. 그 결과로 유혹에 눈이 어두운 청년에게는, 그리스도교의 교사라는 직업은 바로 자기가 바라는 모든 것을, 풍부하고 확실하게, 더하여 해마다 증액되는 노동의 보수를, 가족들에게 둘러싸인 즐거운 가정생활을, 아마도 출세를, 아마도 화려한 출세까

---

* 고린도전서 4장 10절 이하 참조.

지도 가져다주는 길 같이만 보인다 - 그러나 그리스도교적으로 본다면 전적으로 사실이지만, 오호라, 전적으로 사실이지만 그의 순결을 대가로 요구한다. 왜냐하면 그가 신약성서를 두고 한 맹세가 분명히 존재하고, 그 맹세는 유혹을 당한 그에게 원하는 것들을 얻을 수 있는 길을 열어 주지만, 그러나 후에 이르러 그 맹세는 복수를 하기 때문이다.

그러므로 그리스도교적으로는, 다음과 같이 요구하는 것이 타당할 것이다. 국가는 신약성서에 맹세하고 의무를 부여받은 그리스도교의 교사들에게, 정한 날짜가 다가오면 해임이 된다는 것을 되도록 빨리 통고해서 알게 해 주어야 한다. 국가는 현재 임명된 목사와 계약을 맺고 있지만, 내가 보기에는 재학 중인 신학생 전부와도 계약을 맺고 있는 것이다. 그러므로 국가는 그리스도교의 교사로서의 임기가 언제 끝나는지에 대한 분명한 연한(年限)을 알려 주어야 한다.

3. 국가는 지켜지지도 않을 뿐만 아니라, 받는 것 자체가 자기모순인 서약을 받는 일에 책임이 있는 것이 아닐까?

인간은 환상을 각별히 좋아하고, 그 환상 속에서 쾌적한 보금자리를 찾고 있다 - 이런 사실을 확인하기 위해서는, 그것을 볼 수 있는 눈을 가지고 있고, 그것을 이용하기만 하면, 구태여 연륜을 쌓을 필요가 없다.

  단체에 이런 저런 중대한 문제가 생기면, 사람들은 보통 위원회를 설치하는 일에 노력을 기울인다. 그리고 위원회가 설치되면, 사람들은 그것으로 만족해 버리고, 위원회가 무엇을 하는지는 관심조차 기울이지 않고, 그래서 결국은 모든 것을 잊어버린다.

  마찬가지로 사람들은 진지하게 생각해야 할 일이 생기면, 서약이 필요하다고 생각한다. 그 서약은 서약이 중대한 일이라는 것과, 계속 중대한 일이라는 것을 우리들에게 보증해 준다. 즉 서약을 하는 일 그것이 중요하지, 그것이 지켜지느냐 그렇지 않느냐에 대해서는 그리 관심이 없다.

  실상 일이 하도 중요하다 보니, 사람들은 가끔, 서약을 하는 그것 자체가 자기모순을 내포하고 있는지 아닌지 조차도 생각해 보지 않는다.

  목사가 신약성서를 두고 서약을 하고, 국가가 그 선서를 받는 것이 바로 그런 경우다. 서약이 지켜지지 않을 뿐이라면, 그다지 신경을 쓸 필요도 없겠지만, 그러나 실상은 선서를 한다는 것 자체가 자기모순을 내포하고 있다. 그럼에도 불구하고 그리스도교의 교사가 되는 일과 같은 진지한 문제에 관해서는, 그 진지성이 선서로 보증되지 않으면, 아마도 사회건 개인이건 안심이 안 될 것이다 - 물론 선서를 한다는 그 자체는 자기모순을 내포하고 있는 것이지만, 사람들은 그 선서로써 만족하고, 하나의 환상으로써 만족한다.

그리스도교는 이 세상의 것이 아닌 왕국에 관계하고 있다* - 그런데 국가는 그리스도교의 교사들로부터 선서를 받는다. 그러므로 이 선서는 그가 국가와는 대립하는 것에 대하여 충성을 맹세하였다는 뜻이 된다. 이런 선서는 자기모순이고, 그것은 '맹세하지 말라' 고 쓰여 있는 신약성서에다** 손을 얹고 사람들에게 선서를 요구하는 것이나 마찬가지라 하겠다.

목사가 신약성서를 두고 맹세함으로써 자기에게 지워진 의무를 어떤 방식으로든 수행하려고 한다면, 즉 그리스도의 제자가 되건, 일생을 두고 그리스도를 본받으려고 한다면, 그가 관리의 자리에 있다는 사실이 최대의 방해가 될 것이다. 그가 신약성서를 두고 맹세한 선서에 따른 의무를 그대로 따르려고 하는 순간, 그는 관리라는 자리를 버려야만 한다. 그러므로 사람들은 그를 관리로서의 선서로써 구속하지만, 그가 신약성서를 두고 맹세한 선서를 지키는 한에 있어서, 그는 전자를 버리지 않을 수 없다. 이 무슨 자기모순이란 말인가! 선서를 하는 자체가 자기모순인 그런 선서를 한다는(얼마나 엄숙한 일인가!) 것은, 이 무슨 기묘한 진지성이란 말인가! 그리고 국가에게나 그리스도교에게나 이 무슨 파멸이란 말이냐!

---

* 요한복음 18장 36절.
** 마태복음 5장 34절.

국가에 대한 그리스도교의 요구는 다음과 같아야만 한다. 국가는 모든 성직을 신약성서를 두고 맹세한 서약으로부터 풀어주고, 그 선서를 그들에게 돌려줌으로써, 자신이 관여해서는 안 되었던 일에 손을 댄 것이 잘못이었다고 밝히라. 그러면 그것이 동시에, 하느님께서는 - 나의 이런 표현을 용서해 주시길 - 목사들의 현재의 지위를 모두 해제하고, 그들에게 그들의 선서를 돌려주게 된다는 진정한 사실이 밝혀지게 될 것이다.

4. 그리스도교적으로 본다면, 국가는 국민을 오도하고 있거나, 혹은 그리스도교의 본질에 관해서 국민의 판단을 오도하고 있다는 사실에 책임이 있는 것이 아닐까?

우리들이 인간적인 것에만 국한하여 언급하고, 신적인 것(그리스도교)을 도외시한다면, 상황은 다음과 같다 - 국가는 인간의 최고법정이고, 인간적으로 말해서 국가는 최고의 권위인 것이다.

그러므로 국가와 그 안의 개인은, 국가의 보증과 증명과 인가를 보여주는 일체의 것, 군주국가에 있어서 '왕실의' 라는 표지가 붙어 있는 일체의 것을, 같은 것이지만 그 형용사가 붙어 있지 않는 것보다 월등히 웃도는 그 무엇이라고 간주하고 살고 있다. 이 형용사는, 국가를 개재시킴으로써,

여기에 신뢰할만한 것, 존경할만한 것이 있다는 확증(보증)을 마련해 주고 있다.

어떤 국민들은 그런 방식으로 살고 있다. 그리고 국민들이 그런 확신을 가지고 생활해야 한다는 것은 바람직한 일인지도 모른다. 왜냐하면 그것이 항상 국가를 신뢰하고 평화롭고 조용하게 사는 국민을 의미하기 때문이다. 어떤 국민은 사실상 그런 식으로 생활하고 있다. 국민들 속의 개인은 아침부터 밤중까지 항상 이런 느낌을 지니고, 그가 생각하는 것은 모두가 '왕실의'라고 불리는 것이거나, 국가의 보증필(保證畢)이라고 불리는 것과 결합되어 있다. 가장 하찮은 일에까지도 이런 사고방식이 스며들고 있다. 그들은 상인이나 기술자들까지도 '왕실의'라는 형용사를 붙여도 좋다는 허락을 받자마자, 이 형용사가 없는 자들보다 더 월등하다고 생각한다.

그렇다면 이제 우리는 그리스도교를 살펴보기로 하자. 그리스도교는 신적인 것이고 이 신적인 것이 신적이라고 하는 이유는 바로 어떤 대가를 지불한다고 해도 이 세상의 왕국이 되는 것을 막기 위하여 그리스도인은 피와 생명을 걸려고 하기 때문이다.

그럼에도 불구하고 국가는 천 명의 관리를 그리스도교의 교사로 임명하려고 계획하고 있는 것이다!

그리스도교적으로 볼 때, 이 무슨 망측한 오도(誤導)란 말인가! 앞서 말한 바와 같이, 국민들은, 국왕의 인가를 받은 것은 국왕의 인가를 받지 못한 것보다도 월등하다고 생각하면서 호흡하고 살고 있는 것이다. 따라서 국민은 여기에서도 역시 같은 이유로, 국왕의 인가를 받은 그리스도교의 교사들에게는 그것을 받지 못한 자보다 더 큰 존경을 표시하고, 그리고 국왕이 인가한 자들 중에서도, 국가의 후한 대우를 받고, 보다 높은 자리에 오르고, 보다 많은 훈장과 더 많은 수입이 있는 자들에 대해서, 그만큼 더 큰 존경을 표시하는 것이다. 이 무슨 근본적인 혼란이란 말인가! 언어를 잡쳐 놓고 있다는 말과 마찬가지로 이것은 그리스도교를 잡쳐 놓는 일이고, 거꾸로 돌려놓는 일이고, 거꾸로 세우는 일이고, 혹은 그럴싸하게 병신을 만들어 놓는 일이다. 그리스도교의 가면을 쓰고 사람들은 이교도처럼 살고 있는 것이다!

아니다, 그리스도교는 이 세상의 왕국과는 정반대이고, 이질적(異質的)인 것이기 때문에, 국왕의 인가가 없는 편이 훨씬 진실한 것이다. 국왕이 인가한 목사에게는 보다 마음에 들고 쾌적하고 편리한 것일지는 몰라도 그런 것은 문제가 되지 않는다. 그리스도교적으로 보아서는 국왕의 인가란 비난을 받아 마땅한 일이다. 국가가 주는 지위가 더 높아지고, 보다 많은 훈장과 더 많은 수입이 있으면 있을수록 더욱 그렇다.

5. '국가'로 하여금 이 문제를 검산하게 해 보면, 당장에 그 계산은 완전한 잘못이었음이 밝혀질 것이다.

검산은 아주 간단한다. 국가는 일체의 그리스도교의 전도를 개인에게 맡기면 된다. (그리고 이것은 단 하나의 참된 그리스도교의 요구이고, 동시에 또 단 하나의 합리적인 방법이다) - 그러면 이 나라에 백 오십만의 그리스도인이 있는지 없는지, 또 이 나라에 가족을 거느린 천 명의 목사가 필요한지 어떤지를 곧 알게 될 것이다.

그러면 아마도 백 명의 목사도 실제로는 필요하지 않다는 것이 입증될 것이고, 아마도 이들 모든 감독, 부감독 및 목사들 중의 단 한 사람도 자기 힘으로는 전도할 수 없다는 사실이 입증될 것이다.

국가시험을 라틴어 대신 모국어로 치르게 되었지만, 그 때문에 시험은 오히려 어려워졌다. 왜냐하면 수험생들은 라틴어 때문에 자기가 지니고 있는 지식을 충분히 발휘할 수가 없다는 변명을 이제는 더 뇌까릴 수가 없어졌기 때문이다. 이와 전적으로 마찬가지로, 종교의 영역에서 자기 힘으로 전도를 한다는 것은, 왕실의 관리들이 설교랍시고 얼렁뚱땅 넘겨버리는 것과는 그 진지성에 있어서 차원이 다르다. 왕실의 관리로서의 교역자는 결국 자신이 자신의 종교를 가질 필요가 전혀 없고, 다만 관리의 자리에 앉아 급료를 받고, 국가의 보호를 받고, 왕실의 관리로서의 존경을 보장받아 설교를 하기만 하면 그만이다.

'그리스도교적인 국민'이라는 착각을 지탱하고 있는 것은 구습에 젖어 있기를 즐겨하는 인간의 일반적인 나태와 안일이기도 하지만, 또 주로 자신의 이해가 걸려 있는 이들 천 명의 인사이고, 그들 중의 어느 한 사람일지라도 금전상의 이유 때문에 이 착각을 유지하려는 데 관계를 갖지 않는 사람이 없다. 이 착각이 제거되면, 아마도 구백 명은 완전히 호구지책을 잃게 될 것이다. 그리고 자기 힘으로 전도할 수 있는 나머지 백 명은 자신들의 일이 국가가 보증하는 착실한 승진 - 그것은 엄청난 금액이 될 수도 있다 - 이 뒤따르는 현재의 관리로서의 근무와는 전혀 이질적이라는 사실을 너무나도 잘 알고 있다.

어떤 사람이 의사의 도움이 필요한가 아닌가는, 본인 자신이 육체적으로 느껴서 알 수 있고, 이런 경우에 국가는 국민들에게 그것을 알려주기 위하여 원조를 줄 필요가 없다. 그러나 사람들이 종교적으로 자유롭게 될 경우에는, 그들에게 그들의 영적 욕구를 명시해 주기란 매우 어렵다. 그래서 여기서 국가가 도움을 준다 - 그러나 이것은 가장 비그리스도교적이다. "도대체 그대는 어째서 그리스도교에 대한 욕구를 느끼지 않는가 - 그대는 형무소에 가고 싶은가?" "도대체 그대는 어째서 그리스도교에 대한 욕구를 느끼지 않는가 - 그러고 보니 그대는 쓸모없는 인간이 되고 싶은 모양이로군, 왜냐하면 그대가 그리스도인이 되지 않으면 사회에서는 그대를 향한 일체의 길이 막힌다" - 오호라, 목사가 하는 일이란 이런 도움을 주는 일이다 - 그리고 목사의 대부분은 그런 일을 하며 살아가고 있다. 이는 서사시 「페델파아스」에 묘사된 바와 같이, "파산을 하고 나서… 나는 그리스도인인 체하고 살고 있다"는 식이 아니고 무엇이랴!

이런 일이란 아무런 쓸모가 없다. 일체의 위장이나 속임수나 거만을 제거해야만 사실이 드러난다 - 기성 교회의 존속 여부의 문제는 금전상의 문제에 불과하다는 바로 그 사실과 성직자의 엄숙한 침묵이란 지극히 단순한 이유에서이고, 그것은 마치 지불을 재촉받으면 처음에는 대개 못들은 척 하고 있다가 빠져나갈 궁리나 하는 장사치의 상투적인 수단과도 흡사한 것이라는 그 사실 말이다. 그러므로 성직자는 자진하여 진상을 밝혀야만 한다. 이런 식의 침묵의 비호를 받고만 있으면, 사태는 점점 더 악화될 뿐이다.

어떤 사람이 근엄하게 거드름을 피우고 길거리를 걸어간다고 하자. 그러면 사람들은 금방 고개를 갸우뚱하며, "좀 이상한데?" 하고 생각한다. 그러나 그는 약간 술이 취해 있다. 그 때문에 (시궁창에 빠지지 않기 위해서) 그런 거드름을 피우며 걷지 않을 수 없었다는 것을 사람들이 알아차릴 수도 있다 - 그렇다면 그는 차라리 약간 비틀거리는 것이 훨씬 상책이다. 그러면 사람들은 아마도 약간의 미소를 지으며 바라볼지는 몰라도 그의 그런 꼴을 염두에 두지 않을지도 모른다. 그러나 그와는 반대로 그가 거드름을 피우며 걸어가기 때문에, 사람들은 그를 주목하게 되고 조소를 하게 된다. 그리고 그가 더욱 거드름을 피우고 걸으면 걸을수록, 그에 대한 조소는 그만큼 극성스러워진다. 성직자의 침묵도 이와 같다. 까놓고 솔직하게 직선적으로 말해 버리는 편이, 근엄한 체하고, 더할 나위 없이 근엄한 체하고, 그것이 금전 문제라고 하는 사실을 숨기려는 침묵보다는 훨씬 유익하다. 그런 짓을 하기 때문에 풍자의 대상이 되고, 성직자의 정체가 그의 근엄함과 그럴싸한 침묵 때문에 한층 관심의 대상이 된다.

6. 국가가 참으로 그리스도교에 봉사할 의사가 있다면, 천 명에게 급료를 지불해서는 안 된다.

덴마크에 그리스도교의 교사를 위한 천 개의 일자리가 있는 한, 그리스도교를 방해할 수 있는 최상의 가능성이 있다고 할 수 있다.

천 개의 공직이 있는 한, 그만한 숫자에 대응하는 인간이, 그 직책으로 밥을 먹으려고 신청을 한다.

그들 중에는 그리스도교를 전파하는 일에 참으로 소명감을 느끼고 있는 사람들이 몇 명은 될 것이다. 그러나 그들이 오로지 하느님만을 의지하고, 자기 일에 위험을 무릅쓰고, 교사로서 나서려고 하는, 말하자면 그들에게는 엄숙한 일에 직면하는 바로 그 순간에 - 국가는 그들에게 그들을 왕실의 관리로 받아들이겠다는 제안을 한다. 그런 식으로 국가는 그 적은 그리스도교적인 무리를 망쳐 놓는다.

  대다수의 인간들은 그리스도교를 전파한다는 사명감이 없이, 오로지 빵을 얻는 수단으로 간주하고 있다. 이리하여 국가는 나라 전체를 타락한 그리스도교로 꽉 채우는 일에 성공한다. 그것은 진정한 그리스도교를 전하는 일에 최대의 장애물이 되고, 완전한 이교도보다 더 큰 장애물의 구실을 한다.

  한 예를 들어보기로 하자. 국가가 일체의 참다운 시(詩)를 탄압하려고 생각한다면, 필요한 것은 - 하기는 시란 그리스도교가 그러하듯이, 이 세상과는 그다지 이질적인 것이 아니다 - 단지 왕실 시인, 즉 관리라는 천 개의 일자리를 마련해 주는 일이다. 그렇게 되면 그 나라는 항상 엉터리 시로 가득차서 참다운 시란 불가능해질 것이기 때문에, 목적한 바가 당장에 성취될 것이다. 시인이 된다는 참다운 사명감을 느끼고 있는 소수의 시인들은, 바로 결정적인 순간에, 위험을 무릅쓰고 행동하려는 노력을 포기하고, 그 안이한 길을 택하고, 왕실의 관리가 되고 말지도 모른다. 그러나 위험을 무릅쓰고 행동하려는 노력이야말로 그의 시인으로서의 사명감에서 그 무엇이 탄생할 수 있는 조건인 것이다. 대다수의 인간들은 시인이 되어서도 빵을 얻는 일만을 생각한다 - 그야 물론 빵을 얻는 일도, 시험 준비라는 고통을 참고 이김으로써만 보증되는 일이기는 하지만.

IV
제4호

1. 의사의 진단

2. 패씸하기 짝이 없는 일

3. 진리와 밥벌이

4. 참다운 그리스도인 - 허다한 그리스도인

5. '그리스도교계'에 있어서는 모든 사람이 그리스도인이다. 모든 사람이 그리스도인이라면, 바로 그런 까닭으로 인해서 신약성서의 그리스도교는 존재하지 않는다. 그렇다, 그것은 불가능하다.

6. 나의 과업의 어려움

7. 공적인 것과 개인적[人格的]인 것

1855년 7월 7일
쇠얀 키르케고르
코펜하겐

1. 의사의 진단

1)

올바른 진단(병에 대한 진단)이 내려지면, 치료는 반 이상 끝났다고 해도 과언이 아니라는 사실은, 모든 의사들이 인정할 것이다. 이와는 반대로 진단이 정확하지 못하였을 경우에는, 의사가 아무리 유능하고, 제아무리 조심성이 있고, 주의가 깊어도 아무런 소용이 없다.

종교에 관해서도 이와 마찬가지다.

'그리스도교계' 라는 이 말로써, 우리들은 모두가 그리스도인이라는 것이 당연지사가 되고 말았고, 또 앞으로도 그럴 것이다. 그리고 그 때문에 어떤 때는 이 가르침의 일면이, 또 다른 때는 다른 면이 강조되어 왔고, 앞으로도 그럴 것이다.

그러나 진실은 다음과 같다. 우리들은 그리스도인이 아닐 뿐만 아니라, 그리스도교의 교리를 순순히 받아들이는 이교도도 아니다. 오히려 어떤 착각, 어떤 엄청난 착각('그리스도교계', 그리스도교적인 국가, 그리스도교적인 국토, 그리스도교적인 세계) 때문에 우리들은 그리스도인이 될 수 있는 길을 저지당하고 있다.

그래서 사람들은 이 착각을 덮어두고, 즉 그 효력이 그대로 유지되도록 남겨 두고, 그 대신 그리스도교 교리의 새로운 서술을 제공하려고 한다.

세상 사람들은 그러기를 원하고 또 어떤 의미에서는 그것이 지극히 당연하다. 왜냐하면 그들은 이 착각 속에 빠져 있고(그들이 결과적으로 이 착각의 수혜자라는 점은 언급하지 않기로 하자), 바로 그 때문에 세상 사람들은 병이 악화되는 것을 원치 않을 수 없다 - 환자가 가장 원하는 것이 오히려 병을 악화시키는 일은 흔히 있는 일이다.

2)

어떤 병원을 생각해 보라. 환자들이 파리떼처럼 죽어간다. 처방을 이리저리 바꿔 보아도 소용이 없다. 원인이 무엇일까? 원인은 건물에 있다. 건물 전체에 독이 가득 차있다. 어떤 환자는 이런 병으로, 또 다른 환자는 저런 병 때문에 죽었다고 하지만 그것은 사실이 아니다. 그들은 모두가 건물에 차있는 독 때문에 죽은 것이다.

종교에 관해서도 사정은 이와 마찬가지다. 종교의 현상이 통탄스럽고, 종교적으로 사람들이 비참한 상태에 있다는 것은 엄연한 사실이다. 그래서 어떤 사람들은 새로운 찬송가가 있으면 도움이 될 것이라고 하고, 다른 사람들은 새로운 예배 규정이 있으면 도움이 될 것이라고 하고, 또 다른 어떤 사람들은 음악 예배를 올리면 도움이 될 것이라고 하고… 따위의 궁리를 해본다.

소용이 없다. 왜냐하면 원인은 건물에 있기 때문이다. 까

마득한 옛날부터, 즉 영적으로 말해서, 환기가 된 적이 없는 국교(國敎)라는 폐옥 - 이 폐옥에 도사린 공기에서 독이 발생한 것이다. 그 때문에 종교적인 생명이 병에 걸렸고, 혹은 숨을 거둔 것이다. 오호라, 세상에서는 건강으로 간주되는 것이 그리스도교적인 의미에서는 병이고, 이와 반대로 그리스도교적으로 건강하다고 생각되는 것이 세상의 눈으로 보면 병으로 간주되고 있다.

이 폐옥을 헐어버리고 없애버리자. 안식일에 관한 엄격한 규정이 유일한 예외로서 인정한 이 점포나 노점을 깡그리 닫아버려야 한다. 이 공인된 정체불명의 존재를 무력화시키고, 이 돌팔이 의사들의 횡포를 막고, 감시하라 - 만일 국왕의 면허가 있는 의사만 정당한 의사이고, 면허가 없는 의사는 돌팔이 의사라고 하는 것이 사실이라면, 그리스도교적으로는 그와는 정반대로, 국왕의 면허를 받은 목사야말로 돌팔이 목사이고, 국왕의 면허가 있다는 바로 그 이유로 돌팔이 목사인 것이다.

그러므로 이제 우리는 어마어마한 건물 속에서 하느님을 바보 멍청이로 취급하는 일은 그만하고, 다시 한 번 간소한 가운데 하느님께 예배하도록 하자. 다시 한 번 성실해지고 노름을 집어치우자. 왜냐하면 그리스도교가 국가에서 보수를 받고 보호되고 타인에 대한 사법권을 가진 왕실 관리들에 의하여 전파된다고 한다면, 그런 그리스도교와 신약성서의 그리스도교와의 관계는, 코르크로 만든 판자나 튜브를 사용하는 수영과 그렇지 않은 수영의 관계와도 같은 것으로, 이를테면 그것은 유희에 불과하다.

암, 그렇게 되어야 한다. 그리스도교가 요구하는 것은 국가의 질식할 정도의 보호와 보장이 아니다. 천만에, 그리스도교가 요구하는 것은 신선한 공기와 박해, 그리고 - 하느님의 보호와 보증뿐이다. 국가는 화를 초래할 뿐이다. 국가는 박해를 저지할지도 모른다. 그러나 국가는 하느님의 보호와 보증을 얻을 수 있게 할 수 있는 매개체가 아니다. 우선 그리스도교를 국가로부터 해방시켜라. 국가는 국가의 보호와 보증으로써 그리스도교를 압살(壓殺)하였다. 그것은 마치 산모(産母)가 그의 몸의 무게로 유아를 압살하는 것과도 같다. 국가는 또 그리스도교에게 가장 수치스러운 악습을 가르쳤다. 그것은 그리스도교의 이름으로 사법권을 행사하는 일이다.

3)
어떤 사람이 날로 여위고 쇠약해져 간다. 어째서일까? 그는 결코 먹을 것이 부족하지는 않다. 의사는 다음과 같이 말한다 - "물론이죠. 결코 그렇지는 않습니다. 먹을 것이 부족해서 그런 것이 아닙니다. 바로 먹는 버릇 때문에 그런 것입니다. 때도 아닌데 먹고, 배가 고프지도 않은데 먹고, 억지로 식욕을 돋우려고 자극제를 사용합니다. 그런 식이니까 소화가 되질 않고, 마치 먹을 것이 없어서 그런 것처럼 말라가는 것입니다."

　종교적으로도 이와 마찬가지다. 가장 위험한 것은, 욕구가 생기기도 전에 그것을 채워주는 일이다. 그래서 욕구가 나타날 때까지 기다리지 않고, 오히려 앞질러 가며, 더하여 자극제까지 상용해 가며 욕구라고 예상되는 그 무엇을 끌어내서 그것을 채워주고 있다. 이 무슨 괘씸하기 짝이 없는 일이란 말이냐! 게다가 그들은 이런 방식을 종교의 영역에서도 자행하여, 바로 그렇게 함으로써, 생명에다 의미를 부여하는 것을 사람들로부터 빼앗고, 생명을 낭비하도록 사람들을 조장한다.

　왜냐하면 국가 교회와 천 명의 관리를 거느린 기구 전체가 그 일에 이바지하고 있기 때문이다. 이 기구는 사람들의 영혼을 구한다는 구실로 사람들로부터 생명이 지닌 가장 고귀한 것을 사취(詐取)하고, 사람들 속에 움튼 싹을 사취한다. 즉 자기 자신들에 관한 근심이나 자신의 의지에 따라서 한 사람의 교사, 한 사람의 목사를 진정으로 찾아내려는 욕구를 사취한다. 그러나 이제는 그런 욕구가(이 욕구가 생기는 현상, 이것이야말로 생명이 지닌 가장 고귀한 의미다) 전혀 생기지 않는다. 그 욕구는 생기기도 전에 충족되어 있고, 그런 욕구의 움트는 일 자체가 방해를 받고 있다. 그리고 이런 일이, 인류를 망쳐놓는 이런 일이, 인류의 구주께서 하신 일의 계승이라고 생각한다. 왜? 이제는 그렇게도 많은 관리가 있고, 그들은 '영혼의 구원을 위하여'라는 명목으로 가족을 거느리고 생활을 해야 하기 때문이다.

2. 괘씸하기 짝이 없는 일

 신약성서의 그리스도교란 우리 인간들과는 가장 거슬리고 모순되는 종교라는 사실(이것이 유대인에게는 걸림돌이 되고 희랍인에게는 어리석음이 된다),* 이 종교는 본디 사람들이 그것을 전해 듣자마자 곧 가장 심한 증오와 가장 가혹한 박해의 신호가 되고, 우리 인간들을 선동하여 그것에 반대하게 하는 종교라는 사실, 신약성서는 분명히 이 사실을 숨기지 않고 있다. 오히려 반대로 그리스도교는 그 사실을 가능한 한에 있어서 분명히 그리고 결정적으로 말해 주고 있다. 그리스도께서 사도들에게 실족하지 말라고** 말씀하셨을 때, 이 사실이 점차 명확해졌고, 그들은 장차 닥쳐올 일에 대하여 충분한 준비를 해야 한다는 것을 되풀이하여 명심하였다. 사도들의 말은*** 자기들에게 예고된 이 말씀을 참으로 인정하게 되었다는 사실을 잘 증명해 주고 있다.

 그러므로 그리스도교적으로 자신을 인식하는 자는 누구라도 자신이 그리스도교란 본디 이렇다고 남에게 말했을

---

* 고린도전서 1장 23절 참조.
** 마태복음 24장 9절 이하 참조.
*** 고린도전서 4장 5절 참조.

경우에, 증오와 분노의 대상이 된 일이 있었다고 해서 남을 원망하는 일이 있을 수 없다. 결코 그럴 수 없다. 왜냐하면 그가 자신을 그리스도교적으로 인식하고 있는 한, 그는 그것을 당연한 일로 생각할 것이기 때문이다.

그러나 그에게 크게 분노한 사람일지라도 다음과 같은 일을 괘씸하게 생각하는 점에서는 역시 그와 동감일 것이고 또 이해할 것이다. 즉, 기생동물에 속하는 어떤 종족 전체가 대대로 살아오고 있고(이 종족은 그리스도교의 교사라고 불리고 있고, 신약성서를 두고 한 선서에 매여 있다), 그들 자신의 구미에 맞는 것에 불과한 것을(이것이 신약성서의 그리스도교가 아니라는 완전하고도 결정적인 증명이다) 그리스도교의 이름을 팔아 사람들에게 지껄여대는 일을 하면서 살고 있고, 신약성서의 그리스도교와는 정반대의 것을 그리스도교의 이름을 팔고 선전하는 일을 하며 살고 있다. 이때 그들은 국왕의 임명을 내세운다. 그렇지만 그것은 그리스도교적인 의미에서는, 마치 트럼프 놀이를 하려는 자가 엉뚱한 카드를 내놓는 것이거나, 혹은 늑대가 준 증명서를 가지고 자기를 양치기라는 것을 증명하려는 것과 마찬가지로 우스꽝스러운 일이다.

괘씸하기 짝이 없는 일이란 바로 이것이다. 어떤 종교가 번영을 누림으로써 멸망하였다는 사실은 역사상 아마도 그 유례를 찾아보기 힘들 것이다. 그러나 명심하라. 사람들은 그리스도교를 신약성서가 해석하는 것과는 정반대의 것으로 풀이하고, 고난의 종교를 행복의 종교로 바꾸고, 이름만 바꾸지 않고 있다는 사실을 말이다.

패씸하기 짝이 없는 일이란 바로 이것이다. 지금의 그리스도교의 상황은 그리스도교가 이 세상에 왔을 때의 상황보다 곱절이나 어렵게 되어 있다. 왜냐하면 오늘날에는 그리스도교에게 분노하는 자가 이교도나 유대인이 아니라 오히려 그리스도인이고, 그리스도교는 당시 이교도와 유대인의 분노를 산 것과 같은 의미로 그리스도인의 분노를 사고 있는 것이다. 종교적인 사기꾼들은 그들이 그리스도인들이라는 사실과, 그리스도교라는 권주가(勸酒歌)의 가락에 맞춰서 연주되고 있지만, 그것보다도 약간 더 즐거운 것이라는 사실을 사람들에게 믿게 만들었다. 권주가란 결국 항상 애조(哀調)를 띠게 마련이고 이윽고는 쇠퇴하여 '백년만 지나면 잊혀지게 되어 있지만', 그리스도교의 즐거운 권주가는 (목사의 보증에 따르면) '영원히 계속된다'는 것이다.

3. 진리와 밥벌이

주지하는 바와 같이, 하이베르가 쓴 희곡에 나오는 추밀고문관 치리히는, 부인복과 신사복이 같은 장롱 속에 걸려 있는 것만 보아도 추잡스럽다고 느낄 정도의 예절 관념을 가지고 있다.

그것은 그런대로 치리히에게 맡겨두기로 하자. 그러나 오늘날과 같은 무성격(無性格)의 시대에서는, 다음과 같은 사실만은 명심해 두어야 한다. 즉, 무한(無限)과 유한(有限), 무한으로의 노력과 유한으로의 노력, 어떤 것을 **위하여** 사는 것과 어떤 것에 **의하여** 사는 것을 구별하고 분리하는 일이다. 그런데 우리들의 시대는 - 추잡하도다 - 그것들을 같은 장롱에 쑤셔 넣고, 뒤섞어 놓고, 혹은 이어서 하나로 만들어 버리고 만 것이다. 이와는 반대로 그리스도교는 영원의 정열과 가장 가공할 '이것이냐 / 저것이냐'를 가지고 큰 심연(深淵)으로써* 이들을 서로 갈라놓고 있다.

그리스도교는 인간을 너무나도 잘 알고 있다. 인간이 얼마나 치사한 녀석인가, 그리고 빵을 얻는 법이나, 출세하는 법이나, 신부를 얻는 법 따위를 가르쳐 주기만 하면, 어떤 일에든 종사시킬 수가 있고, 또 어떤 일도 선서를 시키기가 아주 쉽다는 것을 잘 알고 있다. 그렇기 때문에 그리스도교는 검찰관과 같이 신중하게, 그리스도교와 밥벌이, 그리스도교와 출세, 그리스도교와 약혼 따위를 죄다 하나로 만드는 일이 없도록 모든 것을 될 수 있는 대로 구별해 놓았다.

국가는 이와 전적으로 다르다. 국가는 그리스도교를 밥벌이나, 신학석사나, 약혼 등과 같은 것으로 만드는 데 성공하였다. 그래서 국가가 그리스도교를 수중에 넣은 그 순간

---

* 누가복음 16장 26절.

부터, 그리스도교는 전혀 다른 종류의 것이 되고 말았다. 더욱이 그리스도의 노력이나 사도들의 일생 동안의 노력으로도, 극히 소수의 그리스도인을 만들어 냈을 뿐인 소매업 대신에 이제는 백만 단위로 거래가 이루어진다. 백만의 그리스도인과 십만의 월급쟁이 - 그리스도교는 완전히 승리를 거둔 것이다.

그렇다, 아니면 엄청난 속임수가 그리스도교의 이름을 팔아 승리를 거둔 것이다. 왜냐하면 단순한 어휘인 '트로이' 대신에 '이곳이 트로이가 되어야 한다'라는 유명한 비명(碑銘)과도 같은 일이, 혹은 아무런 말도 쓰여 있지 않은 책과도 같은 일이, 그리스도교계에 관해서도 모두 그대로 해당되기 때문이다. 사람들은 이런 방식으로 그 어떤 종교라도 이 세상에 끌어들여 번창시킬 수 있다. 그리고 이런 방식으로 이 세상에 끌려 들어온 그리스도교는 불행히도 그리스도교와는 정반대의 것이다.

과연 현대와 같은 총명한 시대에 있어서도 다음과 같은 사실을 곧 이해하지 못하는 청년이 있을 것인가? 즉 국가가, 예컨대 달(月)은 진짜 치즈로 형성되어 있다고 주장하는 종교를 도입하려는 생각을 가지고 그 일을 위해 확실한 승진을 보장한, 가족이 있는 천 명의 인사를 고용한다면 - 국가가 그 생각을 바꾸지 않고 고수하는 한 - 달이 치즈로 되어 있다는 이 종교가 그 나라의 지배적인 종교가 되는 것을 몇 세대 후의 통계학자는 반드시 증명해내고 말 것이란 사실

말이다.

  밥벌이 - 아아, 그리스도교의 진리를 제시하기 위하여 이루어진 여러 증명, 그리고 국가가 군대를 자랑하듯이 그리스도교가 자랑하는 대형 서적을 꽉 메운 굉장히 박식하고, 심오하고, 설득력이 넘치는 모든 증명도, 밥벌이에 비하면 과연 무슨 효력이 있을 것인가 - 그것도 출세를 약속하는 밥벌이와 비한다면 말이다.

  밥벌이 - 다음에는 유리아네다. 프리드리히와 유리아네는 한 몸이 될 수 있다. 오호라, 그리스도교의 진리를 제시하기 위하여 이루어진 증명, 그리고 굉장히 박식하고 심오하고 설득력이 넘친 모든 증명도 유리아네에 비하면, 다음으로 유리아네와 프리드리히가 결합한다고 하는 사실에 견주어 본다면 그 무슨 효력이 있단 말인가! 프리드리히의 마음속에 비록 단 한 순간일망정, "잠깐만, 애당초 나는 이 가르침 따위는 믿고 있지 않다. 그런데 그것을 남들에게 전해야 하는 것이다"라는 생각이 들었다면 - 프리드리히가 이런 생각 때문에 갈등이 생겼다면 유리아네에게로 가보는 것이 좋다. 그녀는 그런 마음의 갈등을 몰아낼 줄 것이다. "프리드리히 씨, 우리는 우리가 하나가 된다는 일만을 생각해요. 어째서 당신은 그런 것을 생각하고 고민하세요. 당신 외에도 목사는 천 명이나 있어요. 당신도 다른 사람과 같은 한 사람의 목사에 불과해요"라고 말할 것이다.

  그렇다, 분명 유리아네는 국가에 목사를 공급하는 커다

란 역할을 다하고 있다. 그러므로 밥벌이를 마련해 주듯이, 유리아네가 결혼할 수 있도록 배려를 해야 한다. 돈 주앙이 쩨르되네에게 말한 것과 같이, 천진난만한 아내의 부드러운 포옹 속에만이 진정한 행복이 깃들어 있다는 사실은 확실히 그럴 것이다. 또 시인들과 문필가들이 증명하였듯이, 이 부드러운 팔에 안길 때는, 이 세상의 근심이나 괴로움도 잊는다는 것도 사실일 것이다. 그러나 이 부드러운 포옹 속에서 너무나도 속절없이 잊어버리고만 그 무엇이 있지나 않을까 하는 것이 문제이다. 그것은 그리스도교란 무엇인가 하는 문제다. 나이를 먹어갈수록 내게 분명해진 것은, 특히나 프로테스탄트의, 그 중에서도 특히 덴마크의 그리스도교가 빠져 들어간 수다의 대부분은, 이 부드러운 팔이 무서운 힘을 발휘한 사실과 관계가 있다는 사실이다. 따라서 그리스도교를 위해서라면, 이 부드러운 팔의 소유자가 조금만 더 뒤로 물러서 주기를 요청해야 할 것이다.

이 나라의 그리스도교의 진상을 알기 위해서는, 밥벌이와 유리아네를 옆으로 물리쳐서 사태를 잘 볼 수 있도록 하는 것이 중요하다. 국가와 일단 계약을 맺은 목사들이 그 직책을 버려야만 하겠다고 생각하였을 때, 그래도 국가가 급료를 지불하는 것을 자신의 의무라고 생각한다는 사실을 목사들에게 알려주는 태도를 취한다면, 이 얼마나 소망스러운 일일 것인가! 인간적으로 말하면, 그럼으로써 양심이 퍽이나 가벼워졌다고 느끼는 정직하고 존경할 만한 사람들도 많을 것이다 - 그러나 책임을 져야 할 자는 애당초 국가이고, 국가는 젊고 경험이 없는 신학 석사와 그의 약혼자에 대하여, 유혹자와도 같은 몸짓으로 그리스도교적으로는 전적으로 용납될 수 없는 것을 제시한 것이다. 후에 이르러서는 (그가 한 집안의 가장이 되고 난 후에는), 그렇다, 후에 가서는 너무 늦다. 그때에는 사람들은 모르고서 빠져 들어간 이 부정(不正)을 극복할 힘이 이미 없고, 양심의 가책을 받아가면서도 그 속에 머물게 된다.

4. 참다운 그리스도인 - 허다한 그리스도인

그리스도교의 관심사, 그리스도교가 가지려고 원하는 것은 참다운 그리스도인이다.

목사 계급의 사욕(私慾)은 금전상의 이득을 위해서이건 권력을 위해서이건, 허다한 그리스도인들과 관련을 가지고 있다.

"그런 일이란 아주 쉬운 일이다. 아무것도 아니다. 어린애들을 붙들어다 놓고, 어린애마다 머리에 물 한 방울씩을 떨어뜨려 준다 - 그러면 그 애는 그리스도인이 된다. 물방울을 떨어뜨려 주지 못한 애들이 있다고 하더라도 별일이 없다. 그들이 상상만 하면, 그들이 그리스도인이라고 항상 상상만 하면 그리스도인이 된다. 이리하여 우리들은 짧은 시간 안에 고기잡이철의 청어보다도 많은 그리스도인을 획득할 수가 있다. 그리스도인은 백만을 헤아리게 된다. 그러면 우리는 금력(金力)을 통하여 일찍이 이 세상에서 볼 수 없었던 큰 세력이 된다. 영원한 것에 관한 이런 일은 모든 발명 중에서도 결정적으로 가장 슬기로운 것이고, 장차도 그럴 것이다. 그것이 적격자의 손, 즉 실천력이 있는 사람들의 손에 들어갈 때는 말이다. 왜냐하면 창시자는 비실제적인 인물이었으므로, 그는 그리스도교가 무엇인지에 관해 잘못 생각했기 때문이다."

아니다, 국가가 징역으로 벌하는 일도, 즉 세관의 인장을 위조하거나 유명한 공장의 상표를 도용하여 사욕(私慾)을 채우는 일도, 이런 일에 비하면, 그야말로 천사와도 같이 순결한 일이니, 우리들로서는 차라리 그런 일에 집착하는 편이 좋다! 그러나 결국은 하느님으로부터 버림을 받을 때까지 고난을 통하여 이루어진 것에 관하여, 위조 상표를 사용하여 권력과 지상적(地上的)인 것을 얻는다.

십자가 위에서 죽으신 분이 뒤따르는 인간적인 성실에다 위탁하신 것에 관하여 위조 상표를 붙인다. 그리고 나서는 그분께서는 사랑 때문에 고난을 받으시고 사랑 때문에 죽음에 즈음하여 그것을 인간적인 성실에 위탁하신 사실에는 감동됨이 없이, 또 이런 식으로 가장 높고 가장 거룩한 것을 빼앗긴 수백만 명의 사람들이 있고, 그리스도인이라고 믿게끔 됨으로써 그것을 빼앗긴 수백만 명의 사람들이 있다는 사실에는 아무런 감명도 받음이 없이 위조 상표를 붙인다. 이 무슨 가공할 일인가! 범죄가 크고 악질적이고 얽힐 대로 얽혀 있으면, 형사들을 더욱 분발하게 하고 열중하게 하는 것은 일반적으로 진실이다. 그러나 거기에는 한계가 있다. 범죄가 한도를 넘어서면 형사는 현기증을 일으킨 사람처럼 그를 부축해 주는 그 무엇을 붙들지 않을 수 없을 것이고, 일찍이 경험치 못한 것으로부터 빠져나와 눈물을 흘리며 안정을 찾으려 할지도 모른다.

  이리하여 몇 백만 명의 그리스도인과 그리스도교 국가들과 왕국과 국토와 그리스도교의 세계가 출현하였다. 그러나 그 수효는 그리스도교적인 형사 사건의 절반에 불과하다. 이제 그 범죄의 노련한 수법을 폭로하련다. 그 수법은 지극히 독특하여 달리 그 유례를 찾아볼 수 없다. 그도 그럴 것이 세관의 도장이나 이름난 공장의 상표를 위조하여 사욕을 채운 자들은 그 세관이나 공장의 충실한 벗으로서의 대우나 존경을 받으려는 일 따위는 요구하지 않을 것이다. 그렇지만 그리스도교적인 위조꾼들은 그런 요구를 한다.

  그런 열성, 그리스도교적으로는 진정 마음속으로부터 가장 증오할 방식으로 허다한 그리스도인을 만들려는 이기적인 열성, 이 열성이 참다운 그리스도교적인 열성이라고 사칭하고, 가르침을 전하는 정열이라고 사칭하고, 또 이런 식으로 사람들이 봉사하는 것이 그리스도교라고 사칭하고, 그리고 사람들이 자신에게 봉사하는 한 그리스도교를 배반하는 일이 없다고 사칭한다.

그러나 이 이기적인 열성에 그리스도교적인 열성이나 정열이라는 도장이 찍힌 것은 위조에 의한 것이다. 이 위조꾼은 자신이 그리스도교의 참다운 벗으로 간주되는 것을 요구한 것이다. 이리하여 저 불행한 기백만 명의 사람들, 자기들의 돈을 사취당하고 육체적인 노동력을 혹사당하고 쓸모없는 허풍을 떠맡은 대가로 영원한 것을 사취당한 기백만 명의 사람들은, 이 그리스도교적인 위조꾼들을 그리스도교의 진정한 봉사자로서 존경하고 명예를 부여한 것이다.

어린애들의 장난이나 실수라면 종아리를 때려서 벌할 수도 있다. 그런 실수에 대한 벌로서 부모나 교사가 어린애를 종신형에 처하려고 한다면 그것은 미친 짓이다. 한편 또 국가가 당연히 종신형으로 벌해야 할 범죄를 종아리를 때려서 끝내려고 한다면 그것 역시 미친 짓이라 하겠다. 그런데 오늘날 모든 목사는 진리의 증인이라고 불리는 이 그리스도교적인 국가와 국토에는 한 번도 들어본 적이 없는 범죄가 있다. 이 범죄에 종신형의 처벌을 한다는 것은(어린애의 장난의 경우와는 이유가 다르지만), 그런 처벌 자체가 범죄에 어울리지 않기 때문에 정당하지 않다고 간주되는 것이다.

내가 오래 살면 살수록 진정한 범죄는 이 세상에서는 처벌을 받지 않는다는 사실이 나에게는 더욱 분명해졌다. 어린애들의 과실은 처벌을 받는다. 그러나 그것은 진정한 범죄가 아니다. 국가는 범죄를 처벌한다. 그러나 진정한 범죄에 비한다면, 국가가 벌하는 범죄 따위는 거의 범죄라고도 불릴 수 없는 것이다. 진정한 범죄는 지금의 시대에 있어서는 처벌되지 않고 있다.

5. '그리스도교계'에 있어서는 모든 사람이 그리스도인이다. 모든 사람이 그리스도인이라면, 바로 그런 까닭으로 인해서 신약성서의 그리스도교는 존재하지 않는다. 그렇다, 그것은 불가능하다.

신약성서의 그리스도교에 의하면, 그리스도인은 **대립관계**에 있고, 그리스도인이란 대립관계에서 하느님을 믿고 하느님을 사랑한다고 한다. 신약성서의 그리스도교에 의하면, 그리스도인은 세상을 버리고 자신을 미워하라는 등의 요구가 수반하는 온갖 노력과 싸움과 괴로움을 지니고, 동시에 그는 신약성서의 그리스도교가 되풀이하여 말하듯이 타인과의 대립관계에서 오는 고통을 받아야 한다. 즉, 타인들로부터 미움을 받고, 박해를 받고, 교리를 위하여 고통을 당한다고 한다.

그러나 '그리스도교계'에 있어서는 우리는 모두가 그리스도인이고, 바로 그 까닭으로 인해서 이 대립관계는 소멸되어 있다. 이러한 무의미한 뜻에서 모두가 그리스도인이 되어버렸고, 모든 것이 그리스도교적인 것이 되고 말았다 -

이리하여 우리는 (그리스도교의 이름 밑에서) 이교도로서 살고 있다. 아무도 그리스도교를 향해서 공개적으로 용감하게 감히 항의하려고 하지 않는다. 아니다, 그들은 그리스도인이란 무엇인가 하는 규정을 위조하여 위선적이고도 사기꾼의 수법으로 그리스도교를 폐기하고 말았다.

이상과 같은 까닭 때문에 나는 ① 그것은 그리스도교적인 범죄 사건이다, ② 그것은 그리스도교의 연극이다, ③ 그것은 하느님을 우롱하는 일이라고 말하고자 한다.

이러한 제도가 계속되는 한, 범죄는 계속될 것이다. 이런 식으로 일요일마다 예배가 진행되는 한, 그리스도교는 하나의 연극의 상연이 될 것이고, 하느님은 우롱될 것이다. 거기에 참여하는 자는 누구나가 그리스도교의 연극 상연에 있어서 한 몫을 하게 되고, 하느님을 우롱하는 일에 한 몫 끼게 되고, 그리하여 그리스도교적인 범죄 사건에 끼게 되는 것이다.

그렇습니다, 하느님이시여, 만일 영원이라는 것이 존재하지 않는다면, 당신께서는 이 세상에서 말로 표현된 것 중에서도 가장 진실하지 못한 말을 하신 것이 됩니다. 진리이신 하느님이시여, 당신께서는 '속이지 말라, 하느님을 조롱하지 말라'고 말씀하셨습니다.

6. 나의 과업의 어려움

 우리들이 그리스도교라고 부르는 공인된 그리스도교는, 신약성서의 그리스도교도 아니고, 그것을 향하여 노력도 않고, 또 닮은 데라고는 조금도 없다 - 이보다 알아보기 쉬운 일은 없다. 그리고 만일 거기에 일종의 지극히 각별한 어려움이 없다고 한다면, 나는 아주 쉽게 이 사실을 사람들에게 분명히 보여줄 수 있을 것이다.
 그리스도교와 그리스도인이라는 뜻으로 신약성서가 생각하고 있는 것이, 인간의 구미에 안성맞춤의 것이고 자연적인 인간에게 전적으로 호소력이 있고 쾌적한 것이고, 인간 자신의 마음속에서 우러나온 듯이 인간 자신이 만들어낸 그런 것이라면, 그렇다, 그때는 모든 일들이 수월해질 것이다.
 그러나, 그러나, 어쩌랴! 바로 어려움이 도사리고 있다. 신약성서가 그리스도교와 그리스도인이라는 뜻으로 생각하고 있는 것은 - 신약성서는 이것을 숨기려 하지 않고 결정적으로 강조하고 있다 - 자연적인 인간에게는 그 무엇보다도 거슬리고 실족케 하는 것이다. 자연적인 인간은 그것에 대하여 격렬한 마음으로 반항심을 가지고 격분하든가, 아니면 교활하게도 무슨 대가를 치러서라도 제거해 버리려고 하지 않을 수 없다. 예를 들면 속임수를 써서라도 그리스도교와는 정반대의 것을 그리스도교라고 부르고, 그리고는 그 그리스도교 때문에 하느님에게 감사하고, 또 자신이 그런 그리스도교의 그리스도인이 된 크고 헤아릴 수 없는 은혜에 대하여 하느님께 감사한다.

그러므로 나는 우리들이 그리스도교라고 부르는 것, 즉 공인된 그리스도교라고 부르는 것이 신약성서의 그리스도교와는 판이한 것이라는 사실을 명백하게 보여주고자 한다. 이런 목적으로 내어놓는 신약성서가 그리스도교와 그리스도인이라는 뜻으로 생각하는 것은 고통과 번민과 비참 이외의 아무것도 아니라는 사실(물론 그것으로 말미암아 영원한 것도 역시 보증된다), 한편 우리가 그리스도교라고 부르는 것은 만족과 향락이라는 사실(이 경우에는 영원한 것에 관해서도 물론 목사가 주는 것 이외에는 아무런 보증도 없다), 이 사실을 보여주고자 한다 - 그렇지만 내가 그렇게 할 때에는, 거의 모든 사람이 다음과 같이 전적으로 판이한 두 가지 일을 혼동하는 것을 피할 길이 없다.

즉, 그들은 내가 그리스도교라고 제시한 것에 대한 불쾌감과, 신약성서의 그리스도교는 무엇인가라는 물음은 쾌-불쾌(快-不快)와는 아무런 관련도 없다는 사실을 구별하지 못한다. 그들이 불쾌해지는 것은, 내가 신약성서의 그리스도교라고 부르는 것이 참다운 신약성서의 그리스도교라고 하는 증거라고 보아도 틀림이 없다. 왜냐하면 신약성서 자신이 되풀이해서 말하고 있듯이, 그것은 인간에게는 쾌적한 것이 아니고, 오히려 걸림돌이기 때문이다.*

내가 이 사실을 '그리스도교계'에 관한 범죄 사건이라고 부른 것은, 결코 이유가 없는 것이 아니다. 공인된 그리스도교의 선전은 최초부터 예상되었던 대로 쉴 새 없이 진행되었고 철저하게 속임수로 진행되었다. 이리하여 주요 관심사는 사람들을 획득하는 일이고, 그리스도교 자체도 대수로운 관심사가 아니었다. 그 차례는 다음과 같다 - 우선 인간적인 정념을 불러일으키고, 다음으로는 주지하는 바와 같이, 이 정념에 어울리는 것을 그리스도교라고 부르고, 그것을 그리스도교로 만든다 - 이리하여 그들은 사람들을 그리스도교로 끌어들인다.

이와는 반대로 신약성서의 그리스도교는 사람들을 불쾌하게 만드는 것, 극도로 사람들을 격분하게 하는 것이다. 그것이 사실 그대로 선교될 때에는 그리스도교는 기백만 명이라는 그리스도인을 획득하거나, 지상적인 보수나 이익을 얻을 수가 없다. 어느 시대를 막론하고, 자기에게 불쾌한 것을 원할 수가 있고, 자기에게 불쾌한 진리를 꽉 붙들 수가 있고, 자기에게는 불쾌할망정 진리는 진리라고 인정하고, 자기에게 불쾌하기 때문에 바로 진리라고 인정하고, 더 나아가서 자기에게 불쾌할망정 진리와 관계하려고 하는 의지를 가질 정도로 자기를 강하게 지배할 수 있는 인간이란 드

---

* 고린도전서 1장 13절 참조.

물다. 대다수의 사람들은, 의식적이건 무의식적이건 간에 그로 말미암아 혼란에 빠지고 만다. 그들이 관련을 가질 수 있는 것은, 자기에게 쾌적하고 구미에 맞는다는 사실이 확증된 것이어야만 한다.

그리스도교의 위조꾼들도 이것을 목표로 하고 있다. 그들은 그리스도교가 무엇인가를 가르칠 때, 언제나 일을 다음과 같은 식으로 슬쩍 바꿔놓는다. 즉, 이러저러한 것이 그리스도교라고 하는 사실은, 그것이 당신의 마음에 든다는 사실만으로도 확신할 수 있고, 또 거꾸로 이러저러한 것이 그리스도교라고 불리고 있지만 그것이 그리스도교가 될 수 없다는 사실은, 그것이 당신의 마음속에 분노를 불러일으키는 것만으로 곧 확신할 수 있을 것이라고.

이런 식으로 사람의 수를 맞추는 투기사업을 벌려놓은 목사협회는 사람들을 획득하고, 그리스도교의 이름을 팔아서 그들의 마음에 드는 것을 그리스도교라고 믿게 만들고, 그럼으로써 자기들은 그리스도인이라고 믿게 만들었다. 기백만 명의 사람들이 그것으로 쾌히 만족하고 있다. 왜냐하면 그렇게 값싸고 마음에 드는 방식으로 그리스도인이 되었을 뿐만 아니라 30분 안에, 눈 깜짝할 사이에 영원에 관한 일체의 것을 얻었고, 덕택에 이 세상의 삶을 철저하게 향락할 수가 있었기 때문이다.

보라, 여기에 어려움이 도사리고 있다. 어려움은 결코 공인된 그리스도교가 신약성서의 그리스도교가 아니라는 사실을 밝히는 데 있는 것이 아니라, 오히려 신약성서의 그리스도교와 신약성서의 그리스도인에 관한 신약성서의 이해가 인간에게는 최고로 불쾌한 것이라는 점에 있다.

이제 그렇다면 기만적인 그리스도교의 선전 때문에 무력화되었고, 마음에 드는 것이 그리스도교적인 것이라는 가르침을 받아 응석받이로 자란 사람들, 이런 무리들에게 신약성서가 말하는 그리스도교를 알고자 하는 의욕을 일으키게 한다는 것, 한 걸음 더 나아가서, 천 명의 영혼의 목자(목사)들이 양들을 잃지 않으려고 온갖 수단을 동원하고, 양들에 대하여 온갖 정념을 불러일으키는 때에, 이 양들을 신약성서가 말하는 그리스도교에 데리고 간다는 것이 무엇을 의미하는가를 생각해 보라. 그들은 언제나 다음과 같이 말한다 - 이러저러한 것이 그리스도교가 될 수 없다는 사실은, 그것이 그대에게 심한 불쾌감을 일으키게 한다는 것만 보아도 쉽게 확인될 수 있을 것이라고.

그렇다, 그대들 영혼의 목자들이여, 당신들은 천국에 이민을 보낸 것이다! 만일 당신들이 없었더라면, 천국은 그 얼마나 쓸쓸한 곳이 되었을 것인가! 그러나 당신들이 영혼을 보살펴줌으로써 천국이라는 곳에 이송된 기백만 명의 사람들은 거기서 당신들에게 얼마나 감사를 하며 당신들을 축복할 것인가! 정확히 글자 그대로의 뜻으로 사용되고 있는 것은 아니지만, 세상에는 영혼판매(靈魂販賣)라는 말이 있다. 이 표현은 정확하게 말해서 그대로의 뜻으로는 통하고 있지 않다. 왜냐하면 팔릴 수 있는 것은 진정 육신뿐이기 때문이다. 글자 그대로의 '영혼판매'는 '영혼의 목자'를 위해서 유보(留保)되어 있다. 글자 그대로의 이 영혼판매는 이 세상에서는 처벌을 받지 않고 오히려 존경받고 숭배까지도 받고 있다! 범죄의 크고 작음은 범행 시간의 장단(長短)에도 비례하고 있고, 진정한 범죄는 이 세상에서는 처벌을 받는 일이 없다. 왜냐하면 그것이 완료되기까지는 이 세상 시간의 전부가 필요하기 때문이다. 그리고 이 세상에서 처벌받는 것은 진정한 범죄가 아니다. 진정한 범죄는 오로지 영원에 의해서만 처벌된다.

7. 공적인 것과 개인적인 것

이 소책자를 읽는 독자여, 다음과 같은 사실을 생각해 보라. 어떤 사람이 그대에게 와서(그를 미친 사람이라고 생각해서는 안 된다) 조용히 진지하게 깊은 슬픔을 가지고 그대에게 다음과 같이 말했다고 하자 - "나를 위하여 기도해 주세요. 아아, 나를 위해 기도해 주세요"라고. 이런 일은 그대에게 무서운 인상을 줄 것이다. 왜냐하면 다른 사람에게 "나를 위해 기도하라, 나를 위해 기도하라"고 말할 정도로 인격적인 하느님과의 싸움에서 죽음에 이르기까지 싸우지 않을 수 없었던 한 사람의 인간에게 그대 자신이 강한 감동을 느꼈기 때문이다.

그러나 예를 들어 어떤 '감독회장(監督回腸)'에서 "형제들이여, 우리들이 밤낮을 가리지 않고 항상 여러분을 위하여 기도하고, 우리들의 기도 속에서 여러분을 기억하고 있듯이, 여러분도 역시 기도에서 우리들을 기억해 주기 바란다"라는 말을 읽을 때, 아마도 그것이 그대에게 아무런 인상도 주지 않는 것은 무슨 까닭이겠는가? 그대는 부지불식간에 그것이 인도서(引導書)에서 따온 것이거나, 아니면 오르골에서 나온 소리거나, 판에 박힌 문구가 아닌가, 공식으로 쓰이는 관용어구가 아닌가 하는 의아심을 품게 되기 때문일 것이다. 아아, 공적인 것은 불쾌한 뒷맛을 남긴다는 말조차 할 수 없을 것이다. 오히려 공적인 것은 구역질을 느끼게 한다. 그렇기 때문에, 혹은 거기에 더하여 공적인 것은 전혀 맛을 느낄 수 없는 것이다. 왜냐하면 공적인 것에는 아무런 맛이 없기 때문이다. 낡은 표현을 빌린다면, 혀를 창밖으로 내밀고 날씨의 맛을 느끼려고 할 때의 그것이기 때문이다.

그리하여 이제 예수 그리스도께서 가난 속에서 살고 '나를 따르라'고 가르치신 바를, 비로드를 입은 목자로 하여금 선전하게 하기 위하여 최근에 국가가 고용한 인물인 마르텐센 감독은 전력을 다하여 - 공적인 것을 위하여 - 분파나 이단에 대하여 싸우려고 결심한 모양이다. 그 사람 외에도 공적인 것을 위하여 봉사하는 사람은 수백 명이나 있다. 그렇다면 공적인 것을 적으로 삼는 자가 적어도 한 사람쯤은 있을 필요가 있지 않겠는가?

   이런 이유 때문에 나는 국가의 임명을 기대할 생각은 추호도 없다. 오히려 - 이건 우리끼리의 얘기지만 - 우리 주님으로부터의 임명을 감히 기대한다. 왜냐하면 - 나를 믿어 주시오 - 어떤 이단이건 어떤 죄이건 간에 공적인 것처럼 하느님을 거역하는 것이 없기 때문이다. 그대는 이 사실을 잘 이해할 수 있을 것이다. 왜냐하면 하느님께서는 개인적[인격적]인 분이시므로 사람들이 틀에 박힌 말로 하느님의 입을 닦거나, 공식적인 의식이나 공식적인 말투로 하느님을 모신다는 것이 가장 하느님을 거역하는 일이라는 것은 자명한 일이기 때문이다. 그렇다, 하느님께서는 가장 뛰어난 의미에서 인격이시고, 인격 자체이시기 때문에 바로 그런 까닭으로 인해서 공적인 것은 하느님에게는 무한히 불쾌한 것이다 - 어떤 여자가 서간 문집에 있는 말을 자신의 연애 편지에 쓴 사실을 발견하였을 때 이상으로 무한히 불쾌하신다.

V
제5호

1. 우리는 모두 그리스도인이다 - 그리스도교가 무엇인가를 조금도 모르고서
2. 천재 - 그리스도인
3. 영(靈)의 사람의 그리스도교와 우리 인간의 그리스도교
4. 신약성서의 그리스도교와 '그리스도교계'의 그리스도교
5. 누구나가 그리스도인이라면, 바로 그런 까닭으로 인해서 그리스도교는 존재하지 않는다.
6. 노골적인 반항과 위선적인 반항, 혹은 그리스도교로부터의 배교(背敎)
7. 서약, 혹은 공적인 것과 사적인 것
8. 최신 유행의 종교적인 보증(擔保)
9. '긴 옷을 입고 다니기를 좋아하는 자들을 조심하라.'

1855년 7월 27일
쇠얀 키르케고르
코펜하겐

1. 우리는 모두 그리스도인이다 - 그리스도교가 무엇인가를 조금도 모르고서

나는 이 사실을 단 하나의 관점에서 밝혀 드러내 보기로 하겠다. 그리스도교가 '너희의 원수를 사랑하라'고 요구할 때, 이 요구는 어떤 의미에서는 그렇게 요구할 만한 충분한 근거가 있다고 말할 수 있다. 왜냐하면 하느님께서는 사랑받으시기를 원하시고 또 하느님께서는 - 순전히 인간적인 표현이긴 하지만 - 바로 인간의 가장 무서운 원수이고, 그대의 불구대천의 원수이고, 그대의 죽음과 멸망을 원하시고, 그대의 자연적인 생명의 원천과 그대의 삶의 온갖 기쁨의 대상을 미워하시기 때문이다.

하느님과 아무런 관련을 가지고 있지 않는 사람들은 - 무서운 사람들이로다! - 이 세상에서 하느님께서는 그들을 괴롭히지 않는다는 특권을 향유하고 있다. 그러나 하느님의 사랑을 받고 하느님과의 교제 관계에 들어간 사람, 그 사람에게는 하느님은 - 순전히 인간적인 표현이지만 - 불구대천의 원수라 하지 않을 수 없다 - 그러나 그 까닭은 전적으로 사랑으로 말미암은 것이다.

하느님은 그대의 불구대천의 원수이다. 사랑이신 하느님은 그대에 대한 사랑 때문에, 그대의 사랑을 받기를 원하신다. 이 사실은 그대의 죽음과 멸망을 의미한다. 그리고 그렇지 않고서는 그대는 하느님을 사랑할 수가 없다.

하느님께서는 본디 그런 분이시지만, 지금도 어디에나 현재하시고, 일체를 아시고, 그대를 지켜보시고, 그대의 마음속에서 일어나는 어떤 사소한 것이라도 아신다 - 그대의 불구대천의 원수가 그것을 아시는 것이다! 그러므로 그대는 그대가 원하는 것을 조심하라. 그대는 그대가 두려워하는 것을 조심하라. 왜냐하면 그대가 원하는 것은 채워지지 않고, 오히려 그 반대가 될 것이고, 또 그대가 두려워하는 것은 그대가 두려워 할수록 그대를 엄습할 것이기 때문이다. 그 까닭은 하느님께서는 그대를 사랑하시고, 그대의 사랑을 받기를 원하시기 때문이다. 이 모두가 사랑 때문이다.

그대가 원하는 것이 현존하는 한, 그대는 하느님을 생각하지 않는다. 또 그대가 두려워하는 것이 현존하는 한 역시 마찬가지다. 혹은 그대가 그대의 소원이나 두려움을 하느님과 연결시킨다면, 그대는 결코 하느님을 하느님 자신으로서 생각하고 있는 것이 아니다. 즉, 그대는 하느님을 사랑하고 있는 것이 아니다. 그러나 하느님께서는 사랑받으시기를 원하시고, 그것을 사랑 때문에 원하신다.

한 사람의 예언자를 예로 들어보기로 하자. 그 전에 우선 예언자란 무엇을 의미하는가를 생각해 보자. 우리들 인간이 일반적으로 소중한 것이라고 생각하는 거의 모든 것을 단념한 사람의 생애가 얼마나 혹사당하고 희생당하였는가를 생각해 보라. 그러고 나서 예언자 요나를 생각해 보라! 그렇게까지 혹사당하고 괴로움을 당한 사람이 잠시 동안 어떤 나무그늘 밑에서 쉬고 싶은 겸손한 소원을 품었다. 그는 그 나무그늘을 찾았고, 그 그늘 밑에서 쉬었다. 그것이 그에게는 하도 고마운 위안이어서, 그는 아마도 그 휴식이 계속되기를 **원하였을** 것이고, 또 그것을 빼앗기는 것을 **두려워하였을** 것이다 - 아니나 다를까, 전능하신 하느님께서는 이 나무가 눈에 띄자마자 벌레에게 명하여 그 나무의 뿌리를 씹어 시들게 하셨던 것이다.*

순전히 인간적인 말투이지만 하느님께서는 당신의 사랑으로 말미암아 이렇듯이 무서운 분이시고, 하느님의 사랑을 받고 하느님을 사랑한다는 것은 이다지도 무서운 일이다. '하느님은 사랑이시다' 라는 명제의 귀결은 '하느님은 불구대천의 원수다' 이다.

…그렇다고 한다면, 우리들은, '우리 모두가 그리스도인이고, 모두가 하느님을 사랑한다' 라고 하는 연극을 상연하고 있는 셈이다. 오늘날 사람들이 하느님의 사랑이니, 하느님을 사랑하느니 하는 말로써 이해하고 있는 것들은 모두가 진리의 거짓된 증인들이 팔아넘기는 달콤한 과자에 불과하다.

하느님도 없고, 영원도 없고, 최후의 심판도 없다고 가정

---

* 요나서 4장 5절 이하 참조.

해 보라. 그렇게 되면 공인된 그리스도교는, 재간을 부려서 이 세상을 되도록 즐거운 것으로 만들고, 이교도가 누리는 것보다도 더 즐거운 것으로 만들기 위한, 완벽에 가까운 매력적이고 고상한 발명품이다. 왜냐하면 이교도가 환락을 즐기면서도 항상 고민하고 있는 것은 다름 아닌 영원에 관한 일이기 때문이다. 그러나 공인된 그리스도교는 이 영원에 관한 것을 슬쩍 방향을 돌려놓고, 영원이란 우리에게 고상한 취미를 부여하고, 이 세상을 즐기고 삶을 향락하려는 소망을 부여해주기 위해 존재하는 것으로 만들었다.

어떤 작곡가가 장송곡의 한 소절이나 두 소절의 변주곡을 작곡하면서 템포가 빠른 시적인 왈츠 풍으로 작곡하였을 경우와 마찬가지로, 공인된 그리스도교는 신약성서에서 몇 군데를(십자가나 영원 앞에서의 고민과 고통과 두려움에 관한 교리 등) 골라내서, 이것을 출생의 축제의 춤에 맞춘 즐거운 가락을 만든 것이다. 이리하여 거기에서는 온갖 것이 즐겁고, 또 즐겁고, 또 즐겁고, 또 거기에서는 목사가(이 사람은 일종의 신적인 국가의 공인을 받은 가수다) 그리스도교를(사멸하는 교리를) 돈을 위하여 결혼식이나 유아 세례의 음악으로 바꾼다. 요컨대 거기에는 일체의 환희가 이 세상에 - 그리스도교의 가르침에 의하면 눈물의 골짜기이고 잡혀간 곳에 - 이 영광된 세상에 있다. 신약성서에 의하면 이 세상은 시험의 때이고, 최후의 결산과 심판에 관련되는 때로, 더욱 환희에 넘친 영원의 시식(試食)이다. 목사의 역할은 영원한 것에 관심이 있다는 태도를 보인 가족에게 그것을 보증해 주는 일이다.

2. 천재 – 그리스도인

천재가 보통사람과 다르다는 사실은 누구나 다 인정하는 바다. 그러나 그리스도인이 천재보다는 훨씬 드물다는 사실 - 사람들은 이 사실을 속임수로 완전히 망각의 세계로 끌어가 버렸다.

천재와 그리스도인의 차이는 천재는 자연의 세계가 낳은 예외이고, 되려고 해도 아무나 될 수 없는 데 반해서, 그리스도인은 자유의 세계가 낳은 예외이고, 정확히 말해서 오히려 자유의 세계가 낳은 보통의 것이다. 왜냐하면 그것은 단지 예외적으로 드물게밖에는 찾아볼 수 없는 것이기는 하지만, 누구나가 그렇게 되어야만 하는 것이기 때문이다. 그러므로 하느님께서는 그리스도교가 모든 사람들에게 무조건 전파되기를 원하시고, 그렇기 때문에 사도들은 전적으로 단순한 사람들이고 수범자(垂範者)는 천한 종의 모습을 취하셨다. 이런 사실은 모든 예외적인 것이 보통의 것이고, 모든 사람이 도달할 수 있다는 것을 보여주기 위해서이다 - 그럼에도 불구하고 그리스도인은 천재보다 훨씬 드문 존재이다.

그러나 그것이 모든 사람들에게 도달할 수 있는 것이라는 사실, 모든 사람에게 가능한 것이라는 사실 때문에 그것이 쉬운 것이고, 그리스도인이 많다는 따위의 결론을 내려서 자신을 속여서는 안 된다. 그것이 모든 사람들에게 가능해야만 한다고 하는 것은, 만일 그렇지 않다면 그것은 자유의 세계가 낳은 예외가 되지 않기 때문이다. 그러나 그럼에도 불구하고 그리스도인은 천재보다 훨씬 드문 존재다.

이 백만의 백만 배라는 그리스도인의 엄청난 무리가 정당한 것이라고 한다면, 여기에 참으로 의미심장한 반대가 나타난다. 즉, 그리스도교의 출현이라는 이 경우는 달리 전혀 유례가 없는 것이 된다. 왜냐하면 다른 경우에는 반드시 생존에 고유한 엄청난 수적 불균형이 존재하기 때문이다. 기백만의 식물의 생명이 꽃가루로 바람에 흩어지고, 기백만의 동물의 생명이 속절없이 낭비되고, 또 한 사람의 천재를 만들어내기 위하여 천의 천 배의 인간이 필요하다는 등, 언제나 엄청난 낭비가 뒤따른다. 그런데 유독 그리스도교의 경우만은 사정이 다르다. 그리스도인은 천재보다 훨씬 드문 존재임에도 불구하고, 태어난 자는 모두가 그리스도인이라는 요구가 그대로 통하고 있다.

기백만이라는 그리스도인의 존재가 진리라야만 한다면, 또 하나의 반대 역시 의미심장한 것이 된다. 즉, 지구는 우주 속의 미미한 한 점에 불과함에도 불구하고, 그리스도교는 전적으로 그런 것을 위하여 예약되어 있을 뿐만 아니라,

태어난 누구나가 곧 그리스도인이라는 하는 식으로 엄청난 헐값으로 매수되고 있다.

그러나 다음과 같은 사실을 안다면, 즉 그리스도인이라는 것은 고도의 이상(理想)이므로 그리스도인은 그리스도교계나 그리스도교의 1,800년의 역사에 관해서 왈가왈부 수다를 떨거나, 그리스도교는 아직 완성된 것이 아니라는 주장을 할 것이 아니라, 그리스도교는 애당초 이 세상에 온 적이 없으며, 그것은 수범자(垂範者)들까지로, 아니면 고작해야 사도들까지로 그쳤다 - 그런데 결국은 사도들이 팽창시키는 방향으로 강력히 추진하였기 때문에 말썽이 빚어졌다는 사실을 안다면 사태는 일변한다.

왜냐하면 아침 일찍부터 저녁 늦게까지 쉬지 않고 모든 사람에게 가르침을 전파하여 팽창을 도모하는 것과, 지나치게 성급하게 수백 명 수천 명씩 민중에게 그리스도인이라는 이름을 허용하고, 예수 그리스도의 제자라고 자칭하는 것을 허용한다는 것은 별개의 것이기 때문이다. 수범자(垂範者 - 그리스도)의 전도는 이와는 달랐다.

그분께서는 모든 사람들에게 가르침을 무조건 가르쳤고, 또 그 일만을 위하여 사셨지만, 그분의 제자가 되는 것, 또 제자라고 칭할 수 있는 자격을 얻으려는 일은 무조건 물리치셨던 것이다. 비록 군중이 그리스도의 설교에 도취되었다 할지라도, 그분께서는 그로 말미암아 이 수천 명이 그리스도의 제자라고 자칭하는 것을 결코 용납지 않았을 것이다.

아니, 그분께서는 오히려 더 엄하게 그것을 금하셨다. 그래서 그분께서는 삼년 반 동안 단지 열한명의 제자를 얻었을 뿐이다 - 그런데 어떤 사도는 하루에, 그렇다, 아마도 한 시간 동안에 삼천 명의 그리스도의 제자를 얻었던 것이다.* 그렇다면 제자가 스승보다 위대하든가, 아니면 그 사도가 약간 지나치게 서둘러 흥정을 끝냈고, 약간 지나치게 서둘러 확장을 꾀하였기 때문에 여기서 이미 말썽이 시작되었든가 둘 중의 하나일 것이다.

오로지 신(神)의 전능만이 인류에게 영원에 대한 존경심을 일으키게 하고, 절대적인 진지성을 지니고 인류가 그 영원을 절대적으로 갈망하게끔 마련해 주신다. 오로지 신인(神人; Gotta-Mensch)만이 절대적으로 팽창시키는 일을 할 수 있고 동시에 제자가 되는 일을 절대적으로 금지하실 수가 있다. 오로지 신인(神人)만이(만일 그것을 상상할 수 있다면), 천년이고 이천 년이고 전도를 통하여 가르침을 전파하실 수 있고, 비록 한 사람의 제자도 얻지 못할지라도(조건을 바꾸면 얻을 수 있겠지만) 그것을 하실 수 있으시다. 그러나 사도는 추종자들을 획득하고 수를 늘림으로써 안심하고 싶은 이기적인 욕망을 가지고 있다. 신인께서는 그런 생각이 없으시고, 그분께서는 자신의 이익을 위하여 추종자를 바라시지 않으신다. 따라서 그분께서는 시중의 값은 염두에 두

---

* 사도행전 2장 41절. 베드로의 전도를 말함.

지 않으시고 오로지 영원의 값만을 간직하고 계신다.

그리스도께서 그리스도교를 전도하실 때 인류에게 절대적인 존경심을 일으키는 일이 생겼다.

타고난 것은 창으로 내쫓아도 곧 되돌아온다. 인간은 이런 관계를 뒤집어 놓으려고 한다. 마치 억지로 두 발로 걸어다니게끔 훈련된 개가 기회만 있으면 곧 네 발로 걸으려고 그럴 뿐만 아니라, 또 그 기회를 노리고 있는 것과 마찬가지로 그리스도교계 역시 다시 네 발로 걸으려 하고, 그리스도교에서 떨어져 나가려고 애쓰고, 그것이 그리스도교라고 사칭하고, 그것이 그리스도교의 완성이라고 주장한다.

우선 사람들은 '수범자(垂範者)'의 다른 면을 드러내 보임으로써 '수범자'를 이미 수범자가 아니고, '화해자(和解者)'로 만들어 버렸다. 그리고는 그분을 따르는 대신 그분의 선행(善行)을 장황하게 떠들어 대고, 그 선행이 베풀어진 사람들에게 아첨하기를 원했다. 그것은 마치 어떤 사람이 자선(慈善)의 수범자(垂範者)로서 칭찬을 받으면, 그 사람의 자선을 따를 생각은 않고, 오히려 자선이 베풀어진 사람에게 아첨할 생각으로 그를 존경하는 것과 마찬가지로 어리석은 것이다.

이리하여 수범자(垂範者)는 무시되고 말았다. 다음으로는 수범자로서의 사도들을 제거해 버렸다. 그리고는 계속하여 수범으로서의 초대 그리스도교의 시대도 같은 식으로 제거했다. 이리하여 이윽고 성공을 거두고, 목표에 도달하고, 이것이야말로 그리스도교라고 주장하며, 다시금 네 발로 걷는 일에 성공하였다. 사람들은 다소나마 그리스도교적인 수범이라고 생각되는 것에 대해서는 교의(敎義)의 힘을 빌려서 자신들의 안정을 도모하고, 순풍에 돛을 달고 완성이라는 항구를 향하여 매진하였다.

3. 영(靈)의 사람의* 그리스도교와 우리 인간의 그리스도교

비록 내가 이런 식으로 하나의 그리스도교를 다른 그것과 대비(對比)시켜 보았다고는 하지만, 나는 수의사 포그 목사의 주장에 동의함으로써 두 가지 종류의 그리스도교가 존재한다고 생각하고 있다는 식으로 오해받기를 원하고 있는 것은 결코 아니다. 내가 그것들을 대비시켜 본 것은, 신약성서의 그리스도교야말로 그리스도교이고, 그 이외의 것은 속임수에 불과하고, 이 둘은 네모꼴과 동그라미 정도만큼도 닮지 않았다는 확신을 가지고 대비해 본 것이다.

그뿐만 아니라 내가 이 둘을 대비시켜 본 것은, 내가 「조국」에 실은 논문 속에서 표명한 질문에 간단히 대답하기 위해서이다. 즉, 우리들 인간이라는 종족은 신약성서의 그리스도교와 같은, 이미 신성한 것을 짊어질 수 있는 인간을 낳

---

* 디모데전서 6장 11절. 갈라디아서 6장 1절 이하 참조.

을 수 없을 정도로 퇴화해 버린 것이나 아닐까. 그리고 사실이 그렇다고 한다면 공인된 그리스도교가 신약성서의 그리스도교라고 한다거나, 그리스도교는 여기에 존재하고 있다고 하는 따위를 목사가 서약을 하고 아무리 증명하였다고 해도 그런 따위는 지극히 간단한 방법으로 몰아낼 수가 있다.

영의 사람과 우리들 인간 사이에는 두 가지 다른 점이 있다. 나는 이제 이 점에 각별한 주의를 환기시키고, 그렇게 함으로써 다시 한 번 신약성서의 그리스도교와 '그리스도교계'의 그것과의 차이점을 밝혀 보려고 한다.

1) 영의 사람은 - 이런 표현이 용납된다면 - 자기 속에 이중성을 지닐 수 있을 정도로 완강하게 지음을 받고 있다는 점에서 우리들 인간과는 다르다. 그 사람과 비교한다면 우리들 인간은 주춧돌이 아니고 벽돌에 불과하며 하도 엉성하고 약해서 이중성을 지닐 수가 없다. 그러나 신약성서의 그리스도교는 바로 이 이중성과 관련을 가지고 있다.

영의 사람은 자기 속에 이중성을 지닐 수가 있고, 오성(悟性)에 거역하는 것이 있다는 사실을 오성으로써 파악할 수 있고, 그럼에도 불구하고 그것을 원할 수도 있다. 그는 실족이 있을 수도 있다는 사실을 오성으로써 파악할 수 있고, 그럼에도 불구하고 그것을 원할 수도 있다. 인간적으로 말해서는 그것이 그를 불행하게 하는 것이지만 감히 그것을 원할 수도 있다. 신약성서의 그리스도교는 바로 이런 것들로 성립되어 있다. 이와는 반대로 우리들 인간은 자기 속에 이 중성을 지탱할 수도 감당할 수도 없다. 우리들의 욕망이 우리들의 오성을 바꿔버리기 때문이다. 우리들의 그리스도교('그리스도교계'의 그것)는 그것을 노리고, 그리스도교로부터 실족이나 역설을 제거하고, 그 대신 그럴싸한 것이나 직접적인 것을 도입한다. 요컨대 그리스도교를 신약성서 속의 그것과는 전혀 다른 것으로 바꾸고, 바로 정반대의 것으로 바꾼다. 이리하여 그것이 우리들 인간의 것이고, '그리스도교계'의 그리스도교이다.

2) 영의 사람은 외톨이(단독자)를 감당해 낼 수 있다는 점에서 우리들 인간과는 다르다. 그는 얼마나 외톨이를 감당할 수 있는가에 비례하여 영의 사람으로서 등급이 매겨진다. 한편 우리 인간들은 항상 '남(他人)'이 필요하고, 군중이 필요하다. 군중 속에 숨어서 군중과 의견을 같이 하지 못하면 죽든가 절망해 버린다.

신약성서의 그리스도교는 바로 영의 사람인 이 외톨이를 지향하고, 그것과 깊은 관련을 갖고 있다. 신약성서의 그리스도교는 인간을 증오하고, 자기 자신과 동시에 남을 증오하고 양친과 자식과 아내를 증오함으로써* 하느님을 사랑

---

* 누가복음 14장 26절 참조.

하라고 한다. 이 말은 가장 고민에 넘친 외톨이를 최고로 강하게 표현한 말이다 - 이러한 사람, 이런 품성을 지닌 사람이 다시는 이 세상에 태어나지 않을 것이라고 내가 말한 이유는 바로 여기에 있다.

그러나 우리들 인간의 그리스도교는 남을 사랑하고 남에게서 사랑을 받고, 언제나 남들과 군중을 포함한 남들의 동의를 받아서 하느님을 사랑하고 있다.

한 예를 들어보자. '그리스도교계'에 있어서의 그리스도교는 다음과 같은 것이다. 어떤 남자가 어떤 여자의 손을 붙들고 제단 앞으로 걸어 나간다. 거기에는 비단옷을 입은 목사 - 문학과 신약성서를 반씩 어설프게 배운 목사가 기다리고 있다가, 에로틱한 그리스도교적인 설교를 하고는 결혼식을 주례한다. 이것이 '그리스도교계'에 있어서의 그리스도교이다.

신약성서의 그리스도교는 다음과 같은 것이리라. 만일 한 남자가 처녀를 진정으로 단 한 사람의 사람으로서 사랑하고, 영혼의 모든 정열을 기울여서 사랑하였다고 한다면 - 그러나 그런 인간은 이미 존재하지 않는다 - 자기 자신을 미워하고, 또 애인을 미워함으로써 그 애인이 하느님을 사랑하게끔 만들 것이다 - 이런 품성을 지닌 인간은 다시는 태어나지 않을 것이라고 내가 말한 이유가 바로 여기에 있는 것이다.

4. 신약성서의 그리스도교와 '그리스도교계'의 그리스도교

그리스도교의 본래의 의도는 일체를 바꿔놓는 일이었다. '그리스도교계'의 그리스도교가 초래한 결과는 절대적으로 일체의 것이 옛날 그대로 남아 있고, 오로지 일체의 것이 '그리스도교적'이라는 명칭을 얻었을 뿐이다 - 이제는(악단이여, 연주를 시작하라!) 우리는 이교도다, 즐겁게 즐겁게 덩실덩실 춤을 추자. 아니다, 더 정확히 말해서, 우리는 영원에 의하여 잘 다듬어진 이교도의 삶을 살고 있고, 일체가 그리스도교적이라는 사고방식의 도움을 받아 이교도의 삶을 살고 있는 것이다. 어떤 일이든 당신이 원하는 것을 예로 들어 보라. 그러면 내가 말하고 있는 그대로라는 사실을 알 수 있을 것이다.

그리스도교가 원한 것은 순결이었다 - 그렇다면 매음굴을 없애야 한다. 매음굴도 이교도의 세계에 있었던 그대로 있고, 음탕한 일들도 그와 못지않게 남아 있지만, 변한 것이 있다면 그것이 '그리스도교적인' 매음굴이 되었다는 사실이다. 매음굴의 포주는 '그리스도교적인' 매음굴의 포주이고, 그는 모든 사람들과 같이 그리스도인이다. 그를 은총의 집(교회)에서 추방하는 일에 대해서 목사는 다음과 같이 말할 것이다 - "안 될 말입니다. 돈을 내는 사람을 한 사람이라도 추방한다면 어떤 일이 벌어질지 모릅니다"라고. 그가 죽으면 그는 그가 지불한 금액과 완전히 일치하는 찬사를 무덤에서 듣게 된다. 목사는, 그리스도교적으로 말해서, 이렇듯이 추잡하고 수치스러운 방법으로 돈을 벌고 나서 - 그리스도교적으로 말하건대, 차라리 그 돈을 훔치는 것이 목사에게는 오히려 좋았을 것이다 - 그 목사는 부리나케 집으로 돌아간다. 그는 서두르고 있다. 그는 교회에 가서 웅변을 토해야만 한다. 아니면 마르텐센 감독의 말을 빌린다면, 증인이 되어야만 한다.

그리스도교가 원한 것은 정직과 공정(公正)이었다. 그렇다면 사기(詐欺)를 없애야 한다. 그러나 이교도에 있어서와 꼭 마찬가지로 사기는 그대로 남아 있고, '사람(그리스도인)을 보면 도둑이라고 생각하라'는 속담이 생겼다. 사기라는 말에는 '그리스도교적'이란 형용사가 붙어서 '그리스도교적인 사기'가 되었다. 이 점이 이전과 다른 점이다. 그리고 목사는 이 그리스도교적인 사회와 그리스도교적인 국가를 축복하지만, 여기서는 이교의 세계에서와 마찬가지로 사기가 성행하고 동시에 사람들은 '목사'라고 칭하는 최대의 사기꾼에게 돈을 지불함으로써, 이것이 그리스도교라고 생각하고 자신을 속이고 있다.

그리스도교가 원한 것은 삶에 있어서의 성실성이었다. 그렇다면 헛된 명예를 없애야 한다. 모든 것이 본래의 그대로 있지만, 달라진 것은 단지 '그리스도교적'이란 형용사가 붙어 허울뿐인 훈장이나 칭호나 계급 따위가 그리스도교적인 것이 된 것뿐이다 - 그리고 목사(엉터리 중에서도 가장 엉터리, 가소로운 존재 중에서도 가장 가소로운 존재)는 십자가로 단장하고 기뻐서 어쩔 줄을 모른다. 십자가를 달고 말이다! 그렇다, '그리스도교계'의 그리스도교에서는 십자가가 어린아이들의 목마(木馬)나 나팔과도 같은 존재가 되어 버렸다.

만사가 이런 식이다. 자연적인 인간에게는 자기 보존의 본능 다음으로 강한 것이 생식의 본능이다. 그러므로 그리스도교도 이런 본능을 진정시키려고, 결혼을 않는 것이 더 좋으나 부득이한 경우라면 정욕에 시달리느니보다는 결혼을 하는 편이 좋다*고 가르치고 있다. 그렇지만 그리스도교계에 있어서는 그리스도교와 함께 종족의 보존이 인생의 중요사가 되고 말았다. 그리고 목사(긴 옷을 두른 난센스의 표본!), 그리스도교의 교사고 신약성서의 그리스도교의 교사라는 목사의 수입은 사람들이 번식을 촉진시키고, 이야기 하나마다 일정한 금액을 받아들이는 데 비례하고 있다!

앞서도 언급한 바와 같이, 예를 들어 고찰해 보면 모든 것이 내가 말한 대로라는 것을 알 수 있을 것이다. 즉, 이교도와의 차이는 아무것도 다른 것이 없지만, '그리스도교적'이라는 형용사가 붙어 있다는 점이 다를 뿐이다.

---

* 고린도전서 7장 9절.

5. 누구나가 그리스도인이라면, 바로 그런 까닭으로 인해서 그리스도교는 존재하지 않는다.

 이 사실은 일단 분명해지면 쉽게 알 수 있는 일이고, 일단 안 이상 잊어버릴 수 없는 일이다.
 일체의 것에 타당한 규정이 있다고 한다면, 그런 것은 현실 존재에게는 의미가 없고, 단지 현실 존재 밑바닥에 놓여 있거나, 아니면 그 바깥에 머물러 있어야만 한다.
 인간이라는 규정을 예로 들어보기로 하자. 우리는 모두가 인간이다. 그러므로 이 규정은 인간의 현실 존재와는 아무런 관계가 없다. 왜냐하면 인간의 전체가 우리들은 모두 인간이라는 전제 밑에 포함되어 있기 때문이다. 이 규정은 현실 존재의 밑바닥에 있다는 의미에서 출발점보다 앞서 있다. 우리들은 모두가 인간이다 - 그리고 문제는 여기서 시작된다.
 이것은 모든 것에 타당하고, 그 밑바닥에 놓여 있는 규정의 한 예이다. 또 다른 한 예는 모든 것이 관련되고, 혹은 그런 까닭으로 그것은 모든 것에 관련되며, 출발점보다도 앞서 있고, 그러면서도 무의미한 것으로서 그 바깥에 있는 그런 규정이다.
 다음과 같은 일을 생각해 보라 - 우리는 사실 그 자체를 밝히려는 것이니, 이것이 좀 이상한 예라는 점은 헐뜯지 말고 덮어두기로 하자 - 우리 모두가 무뢰한, 즉 경찰의 용어를 빌리면 전과자라고 하자 - 우리 모두가 그렇다고 한다면 이 규정은 바로 그런 까닭으로 인해서 인간 전체의 상황에는 아무런 효과도 없다. 우리는 지금 우리가 살고 있는 바로 그대로 살아갈 것이고, 누구나가 다 지금과 같은 얼굴을 하고 있을 것이다. 따라서 두 세 사람의 전과자는 도둑이라든가 강도라고 불리겠지만, 그것은 우리들 모두가 전과자라는 규정 안에서의 일이다. 또 개중의 어떤 전과자는 매우 존경을 받을 것이다. 요컨대 우리들은 모두가 전과자이기 때문에 매사가 지금과 조금도 다를 것이 없다. 그렇다고 한다면, 이 개념은 지양(止揚)되고 만다. 모든 것이 그렇다고 한다면, 그것은 의미가 없다. 우리들 모두가 전과자라면, 전과자라고 하는 것은 아무런 의미가 없을 뿐만 아니라, 하나마나한 소리가 된다.

우리들 모두가 그리스도인이라고 할 때도, 역시 이와 꼭 마찬가지다. 우리들이 모두 그리스도인이라면, 이 개념은 지양되었고, 따라서 그리스도인이라는 것은 출발점보다 앞서 있는 것, 그 바깥에 있는 것이다 - 그래서 문제는 여기서 시작된다. 우리는 이교도의 세계에서와 꼭 같이, 단지 인간적인 생활을 하고 있는 셈이다. 그리스도인이라는 규정은 아무런 효력을 지니지 못한다. 왜냐하면 우리들 모두가 그렇다는 까닭으로 인해서 이 규정은 문제 바깥에 놓이기 때문이다.

하느님께서 그리스도교를 통하여 원하시고 계시는 것은, 감히 이런 말을 할 수 있다면, 우리들 인간 앞에서 책상을 세차게 두들기는 일이었다. 이런 목적을 위하여 하느님께서는 '개인'과 '인류'를, 그리고 또 외톨이와 군중을 대립시켜 놓았고, 서로 반발케 하였고, 상극의 규정 밑에 두신 것이다. 왜냐하면 하느님께서 원하시는 바에 의하면, 그리스도인이라는 것은 바로 상극의 규정 밑에 있다는 것이고, '외톨이'가 '인류'나 기백만의 사람들이나 가족이나 부모와 대립하는 것을 말하기 때문이다.

하느님께서 이렇게 하신 것은 한편으로는 사랑 때문이시다. 왜냐하면 사랑이신 하느님께서는 사랑받으시기를 원하시지만, 그러나 그럼에도 불구하고 대부대가 당신을 사랑하는 일이거나, 혹은 '하나 둘 셋' 하는 호령에 따라, 교회에 참석하는 전 국민이 당신을 사랑한다는 것이 무엇을 의미하느냐는 것을 충분히 식별하고 계신다. 아니다, 사랑의 형식은 항상 타인과 대립한 외톨이에 의한 사랑이다. 또 한편으로는 하느님께서는 고삐를 붙들고 인간을 인도하기 위하여 지배자로서 그렇게 규정하신 것이다.

감히 이런 말을 할 수 있을지 알 수 없지만, 아마 우리들 인간은 다음과 같이 중얼거릴지도 모를 일이다 - 즉, 이것은 하느님께서 품으신 생각 가운데서도 가장 악의에 찬 생각이다. 왜냐하면 하느님께서는 그런 식으로 우리들을 함께 묶어 놓았고, 혹은 그런 식으로 우리들 동물에게는 진정한 행복, 즉 누구나가 언제나 남과 같은 무리 속에 참가하는 것을 방해하셨기 때문이다'라고 - 그렇지만 그것이 하느님의 의도였던 것이다.

이제야 하느님의 의도는 성취되었다. 하느님께서는 참으로 인간을 압도하신 것이다.

그러나 인류는 그 후 점차로 본성은 드러내어, 본래처럼 영리해졌기 때문에 힘으로 그리스도교를 이긴다는 것은 불가능한 일이라는 사실을 깨달았다 - 그래서 그들은, "술책을 써야겠다. 우리가 모두 그리스도인이 되면, 그렇게 되면 바로 그런 까닭으로 인해서 그리스도교는 소멸된다"고 외쳤던 것이다.

이상이 이제 우리가 도달한 곳이다. 전체가 속임수이다. 이 2,000개의 교회는(그 수가 아무리 많다고 해도), 그리스도교적으로 보아서는 속임수다. 비로드나 비단옷을 걸치고 활보하는 이 2,000명의 목사도 역시 같은 속임수인 것이다. 왜냐하면 전체가, 우리들은 모두가 그리스도인이라고 하는 사칭(詐稱) 위에 도사리고 있고, 그것은 그리스도교를 발본색원하는 것이기 때문이다. 따라서 또, 우리는 모두가 축복받을 수 있다라든가, 혹은 '나도 다른 사람들과 같이 축복받을 수 있다'고 하며 자기만족에 젖어 있다면 그것은 일종의 허식(虛飾)이다. 왜냐하면 봉투 바깥에 이렇게 씌어 있다고 해서 천국에서는 받아주지 않기 때문이다. 그것은 마치 육로로는 호주에 갈 수가 없는 것이나 마찬가지다.

6. 노골적인 반항과 위선적인 반항, 혹은 그리스도교로부터의 배교(背敎)

　인간이 반항하는 동물이라는 사실을 우리는 잘 알고 있다. 그러나 인간이 혈육이나 지상의 행복에 관한 한 지극히 영리한 동물이라는 사실은 잘 모르고 있다. 사람들이 인간의 어리석음을 개탄하는 것도 이유가 없지도 않지만, 그렇더라도 인간은 역시 영리한 동물이다.

　인간은 마음에 들지 않는 어떤 것에 부닥치면, 명령하는 상대의 힘이 강한가 어떤가, 자기는 그것에 대항할 수 있는가 없는가를 약삭빠르게 살핀다. 그리고는 대단치 않다고 생각되면, 노골적으로 그것에 반항한다.

　그러나 마음에 들지 않는 상대가 명하는 힘이 강하고, 노골적으로 반항해도 소용이 없다는 판단이 생기면 이번에는 위선적인 방법을 취한다.

　이제 그리스도교에 관해서도 이런 일이 일어났다. 그리스도교로부터의 배교(背敎)는 옛날부터 있었던 일이지만, 사람들은 그것을 알아차리지 못하고 있다. 왜냐하면 배교가 생길 때는 인간은 위선적인 방법으로 반항하기 때문이다. 그리스도교계는 바로 그리스도교에 대한 배교이다.

　그리스도 자신의 가르침에 따르면, 신약성서에 있어서는 그리스도인이 되다는 것은 - 순전히 인간적인 표현을 빌린다면 - 고민 그 자체이고, 그 고민에 비한다는 다른 인간적인 고민 따위는 모두가 아이들의 놀이에 불과하다. 그리스도께서 말씀하신 바는 - 그분께서는 결코 숨기시지 아니하신다 - 육신을 십자가에 못 박는 것, 자신을 미워하는 것, 가르침을 위하여 고통을 받는 것, 이 세상이 즐거워할 때 울고 슬퍼하는 일들이다. 그분께서는 부모와 처자를 미워함으로써 야기되는 마음이 찢어지는 듯한 고통에 관해서 말씀하셨다. 성서는 수범자(垂範者)에 관해서(그리스도인이 된다는 것은 실로 수범자를 본받는 일이 아닐 수 없다) 다음과 같이 말하고 있다 - 그분은 사람이 아니라 벌레라고.* 그러므로 이 말은, 최고로 신적인 의미에서의 구원과 도움이, 인간적으로 말하면 이런 무서운 것일지라도, 이에 실족해서는 안 된다는 것을 되풀이해서 경고하고 있는 것이다.

그리스도인이 된다는 것은 이런 것이다. 그러나 보라! 그것은 우리들 인간에게는 되도록 피하고 싶은, 거의 불가능한 일이다. 그렇다, 만일 어떤 인간적인 힘이 그런 강요를 해 온다면 인간은 즉석에서 노골적인 반항을 하였을 것이다. 그러나 불행히도 하느님은 인간이 노골적으로 반항할 수 없는 힘이시다.

그래서 인간은 위선에게 도움을 청한 것이다. 사람들은, "나는 그런 것에는 동의할 수 없습니다"라고 정정당당하게

---

* 시편 22장 7절 참조.

하느님을 향하여 말할 수 있을 정도의 용기와 성실성과 정직성을 가지고 있지 못하였던 것이다. 그래서 그들은 위선에게 도움을 청하였고, 그러고 나서 이제는 완전히 안전하다고 생각하였다.

인간들은 위선에게 도움을 청하고 그리스도인에 관한 규정을 위조하였던 것이다. 이리하여 이제는 그리스도인이 된다는 것은 순수한 축복이라고 그들은 떠들어댔다 - "아아, 만일 내가 그리스도인이 아니었더라면 나는 어찌 되었을까? 그리스도인이라는 것이 이 얼마나 고마운 행복이랴. 그렇다, 그리스도인이 되어서 비로소 인생에는 진정한 의미가 부여되었고, 생활에는 기쁨이 더해졌으며, 고통이 덜어졌다."

이런 식으로 우리는 모두가 그리스도인이 되었다. 장중한 말과 오만한 표현과 하늘을 향한 응시, 그리고 넘쳐흐르는 눈물로써 이제 만사는 활기를 띤다. 이 모든 것들이 월급을 받고 있는 목사들에 의하여 감행된다. 그들은 우리 모두가 그리스도인이라고 하는 이 엄청난 특권에 대하여 하느님께 아무리 감사를 드려도 부족할 것이다 - 그러나 그 내막은 다음과 같다. 즉, 우리는 그리스도인이라고 하는 개념을 변조하였으나, 사기 같고 위선적인 아첨과 감언이설로 우리들이 그리스도인이라고 - 그것은 하느님께서 생각하시는 그리스도인과는 정반대의 것이다 - 거듭거듭 감사를 드리려고 한다. 이렇게 함으로써 자신들을 속여 가며 그 사실을 하느님의 코앞에서 휘저어 보려고 한다. 요컨대 이런 식으로 우리들은 우리들이 그리스도인이라고 하는 사실을 그렇듯이 열렬히 하느님께 감사드리며, 실은 그리스도인이 되는 일에서 도망치려고 하는 것이다.

보라, 바로 이런 까닭으로 인해서 교회는 겉과 속이 다른 곳인 것이다. 물론 '겉과 속이 다른 곳'이라고 불리는 데가 없지는 않다. 그러나 그런 겉과 속이 다른 곳은 본질적으로 겉과 속이 다른 곳이 아니라, 오히려 일의적(一義的)인 곳이다. 겉과 속이 다른 곳이라고 불리고 있다는 사실이 본질적으로 표리가 부동하다는 것을 막아주고 있는 것이다. 그러나 교회는 진실로 겉과 속이 다른 곳이고, '그리스도교계'에 있어서 국왕의 인가를 받은 교회는 일찍이 존재한 곳 중에서도 가장 겉과 속이 다른 곳이다.

왜냐하면 하느님을 우롱한다는 것은 겉과 속이 다른 것이 아니지만, 하느님을 경배한다고 하면서 하느님을 우롱한다는 것은 겉과 속이 다른 것이기 때문이다. 그리스도교를 망치려고 한다는 것은 겉과 속이 다른 것이 아니지만, 그리스도교를 확장한다고 하는 미명 하에 그리스도교를 망치려고 하는 것은 겉과 속이 다른 일이다. 그리스도교를 공격할 목적으로 돈을 주는 것은 겉과 속이 다른 것이 아니지만, 그리스도교를 위하여 일한다고 하면서 그리스도교를 공격할 목적으로 돈을 받는다면 그것은 겉과 속이 다른 짓이다.

7. 서약, 혹은 공적인 것과 사적인 것

범죄 사회에서 하나의 작은 그러면서도 심리학적으로는 주목할 만한 사건을 얘기하겠다.

그것은 이른바 서약을 하고 '석방되는', 요컨대 일시적으로는 석방이 되지만, 거짓 서약 때문에 영원히 자기 자신을 구속하는 경우이다. 문제의 인물은 당국에 잘 알려진, 많은 전과를 가진 자였다. 당국은 그가 거짓으로 서약을 하리라는 것쯤은 알고도 남음이 있었지만 서약을 하겠다는 것을 막을 수도 없었다. 그래서 그는 서약을 한다.

재판이 끝난 후, 재판관이 그를 구치소로 찾아가서 마주앉아 그에게 다음과 같이 말했다 - "그대의 서약이 진실이라면 그 증거로 나와 악수를 하세." 그러자 그는 "천만에요, 재판장님. 저는 못 합니다"라고 대답하였다.

보라, 이것은 공적인 것과 사적인 것은 다르다는 것을 말해주는 하나의 예이다. 범법자의 세계에서 찌들은 자에게는 서약을 해야만 석방이 된다는 것이 하나의 공적인 일로 되어 있다. 그는 서약하는 일에 순간적이나마 주저하지 않고, 서약에 대한 책임 따위는 전혀 생각지도 않는다. 왜냐하면 이 점은 그가 오랜 실제 경험을 통하여 익히 알고 있는 일이기 때문이다. 그에게는 서약 그 자체가 절차상의 문제에 불과하기 때문에 사무적이고 비인격적으로 처리한다. 서약이란, 서약을 함으로써 자신이 석방될 수 있게끔 재판을 멋지게 돌리는 기술에 불과하다. 그러므로 서약을 한다는 것은 재채기를 한 사람에게, "시원하겠습니다"라고 한다거나, 편지에다 '…귀하'라고 쓰는 것이나 마찬가지의 일이다.

서약이나 서약을 할 때의 엄숙한 분위기는 그것이 사적(私的)인 일이라는 사실을 순간적으로나마 생각하게 하지만 결국 그것도 허사다. 허사라는 이유는 그 자신이 사무적이고 - 서약은 사무적인 일이다! - 그들이 그에게 시키려고 하는 일을 그가 미리 알고 있으므로 그는 이미 그것에 대하여 공적으로 무장하고 있기 때문이다. 이리하여 그는 공적으로 서약을 한다. 그가 이해하고 있듯이 일체가 사무적으로(ex officio) 진행된다.

그러나 사적으로는 그렇지가 않다. 사적으로는 엄숙하게 거짓말을 재확인할 생각은 추호도 없다 - "그 증거로 나와 악수를 하세." "천만에요, 재판장님, 저는 못 합니다."

사소한 경험이라도 가지고 있는 사람이라면, 다음과 같은 경우가 드물지 않다는 것을 반드시 인정할 것이다. (이야기는 전혀 다른 영역으로 옮아간다.) 즉, 어떤 사람은 목사와 숨김없는 얘기를 주고받은 결과, 공적으로 말한 바와는 다른 확신을 가지고 있다고 고백하게끔 결심하게 하고, 혹은 '확신을 가지고' 공적으로 말한 것을 사적으로는 의심스럽게 생각하고 있다고 말하게끔 결심하게 할 수가 있다. 더욱

이 마음속으로는 그렇게 느끼게끔 할 수가 있다. 그러나 목사는 서약에 묶여 있고, 그가 하는 말은 그의 확신이라는 것을 보증해 주는 서약을 한 것이다! 암, 그렇다, 그는 서약을 함으로써, 공적으로 목사들의 세계에 들어간 것이다 - 요컨대 그는 그런 생활에 들어가기 위해서는 그런 일을 피할 수가 없었던 것이다. 그는 공적으로 서약을 하고, 서약에 묶여 있다는 사실을 공적으로 언명한다 - "그러나 친애하는 목사님, 숨김없이 대답해 주세요. 그것이 당신의 확신이라면 그 증거로 저와 악수해 주세요. 아니면 돌아가신 당신의 부인을 두고 저에게 보증해 주세요. 저로서는 저 자신을 위해서라도 저의 의심을 풀고 싶으니까요. 당신의 진심을 아는 것이 저에겐 중요합니다." "천만에, 여보게, 그건 못 하네. 그런 요구는 말아주게."

서약 - 서약은 사적인 것이라는 사실을 확실히 보증해 주어야 한다! 그럼에도 불구하고, 서약이란(밥벌이 따위를 얻기 위한 조건에 불과한 서약, 오, 하느님! 우리를 시험에 들게 하지 마옵소서) 공적으로 한 것에 불과하다 - "그렇지만 당신이 가르치는 것은 진정 당신의 확신입니까? 돌아가신 당신의 부인을 두고 부탁합니다만, 저를 도와주는 셈 치고 당신의 진심을 말해 주세요." "천만에, 여보게, 그건 못 하네."

8. 최신 유행의 종교적인 보증[擔保]

옛날에는 일을 다음과 같이 이해하고 있었다. 즉, 그리스도교의 교사(教師)가 되려고 하는 자는, 그가 가르친 바에 대한 담보로서 자신의 생명을 제공해야만 한다고.

지금은 이런 일이 깡그리 없어지고 말았다. 인류는 훨씬 약아졌고 훨씬 철이 들어서, 개인적인 일에 관하여 편협해진다거나 병적이 되는 것을 경멸하고, 오로지 객관적인 것만 원하는 것을 배웠다 - 오늘날에는 사람들이 교사로서 살아가는 자들에게 요구하는 담보는, 그의 얘기에 해학이 있어야 하고, 드라마틱한 화려함이 있어야 하고, 막간(幕間)의 여흥과 같은 것이 있어야 하고, 더하여 객관적이어야 한다는 것이다.

몇 개의 예. 그리스도교, 즉 신약성서의 그리스도교에 의하면 독신 상태가 좋다*고 말했다는 사실은 그대가 언급하려고 한다 해도, 벗이여, 만일 그대가 독신이라면 오히려 언급하지 않는 편이 좋을 것이다. 왜냐하면 신도들이 진정 그것을 중대사로 믿고 불안해질지도 모를 일이고, 혹은 그대가 그런 식으로 그대의 개인적인 문제를 엉뚱하게 설교에 끌어 넣음으로써 신도들에게 불쾌감을 줄지도 모르기 때문

---

* 고린도 전서 7장 1절 참조.

이다. 아니다, 그대가 엄숙하게 신도들을 참으로 만족하게 끔 말할 수 있게 되려면 아직도 상당한 시간이 필요한 것이다. 그대가 최초의 아내를 이미 장사지내고, 두 번째 아내와 상당한 기간을 보냈을 때까지* 기다려야만 한다. 그때 비로소 그대에게 때가 이른 것이므로 그대는 신도들 앞에 나서서, 그리스도교는 독신 상태를 좋게 보라고 가르치고, '증언하고', 완전히 신도들을 만족시켜 줄 수가 있다. 왜냐하면 그대의 생애 자체가 이 가르침을 우롱한 것이고, 농담이라는 보증이고, 또 그대의 말이 재미있다는 보증이기 때문이다. 그렇다, 이 얼마나 재미있는 일이냐! 왜냐하면 남편이 아내에게 혹은 아내가 남편에게 부정한 짓을 할 때 결혼생활은 지루한 것이 아니라 재미있는 것이 되는 것과 마찬가지로, 진리도 사람들이 그것에 사로잡혀서, 매혹되고 홀리게 되어 - 그러나 물론 그것과는 정반대의 행위를 하고, 열광만으로 만족하고 마는 교활성을 확보하게 되면 재미있는 것, 엄청나게 재미있는 것이 된다.

그리스도교는 직함이라든가 훈장이라든가 하는, 모름지기 명예욕에서 나온 광대놀음을 경멸한다고 가르치는 그리스도교의 한 측면을 그대가 말하고 싶더라도 그대 자신이 고관대작이 아니라면, 나의 벗이여, 오히려 언급하지 않는 편이 좋다. 왜냐하면 신도들이 그것을 진정 중대사로 믿을

---

* 1851년에 그룬트비가 재혼한 사실을 가리킨다.

지도 모르지만, 혹은 개인적인 일을 그런 식으로 주제넘게 강요하는 버릇없는 짓을 불쾌하게 여길지도 모르기 때문이다. 아니다, 그대는 우선 그대 자신이 훈장을 달 때까지 기다려야 한다. 그리고 그것은 많으면 많을수록 좋다. 그대가 허다한 직함을 질질 끌고 다니며 그것이 너무나 길어서 자신의 이름마저도 잊어버릴 정도가 되기까지 기다려야 한다. 그때 비로소 그대에게 때가 이른 것이므로 그대는 신도들 앞에 나서서 설교를 하고 '증언'을 할 수가 있다. 그러면 그대는 틀림없이 신도들을 만족시킬 수가 있을 것이다. 왜냐하면 그대의 생활은 그리스도교가 연극처럼 재미있고, 즐거운 아침의 여흥이라는 것을 보증하기 때문이다.

가난 중에서 그리스도교를 전도하는 것이 진정한 그리스도교의 전도라는 사실을 그대가 믿고, 그 사실을 말하려고 한다면… 그리고 그대가 글자 그대로 가난뱅이일 경우에는, 벗이여, 그대는 그 사실에 관해서 언급하지 않는 편이 좋다. 왜냐하면 신도들이 진정 그것을 중대사로 믿고 불안해져서 낙심천만한 끝에, 가난이 이다지도 신변 가까이 임박하였음을 느끼고는 매우 불쾌하게 느낄지도 모르기 때문이다. 아니다, 그대는 우선은 수입이 두둑한 직책을 얻어야 한다, 그리고는 장구한 기간 그 직책을 수행하고, 곧 더 많은 수입이 있을 자리로 승진할 전망이 생겼을 때, 그때 그대는 신도들 앞에 나서서 설교를 하고 '증언'을 하라 - 그때는 그대도 그들을 완전히 만족시켜 줄 수 있을 것이다. 왜냐하면 그대의 생활은 모든 일이 오락에 불과하다는 보증이 되기 때문이다 - 근엄한 사람도 경우에 따라서는(돈을 벌기 위한) 새로운 힘을 집중시키기 위해서 극장이나 교회에서 그런 것을 찾으려고 한다.

교회에서는 이런 식으로 하느님께 봉사한다! 거기에서는 비로드나 비단옷을 걸친 설교자가 눈물을 흘린다. 그들은 흐느껴 울며, 눈물로 목이 메어 말도 막힌다! 오호라, 하느님께서는 괴로워하는 자의 눈물을 세시고, 그것을 병에 간직하신다*는 것이 사실이라면(하느님께서 그렇게 말씀하시니 의심할 여지가 없다), 그런즉 이들 설교자들에게는 화가 미치리로다. 하느님께서 그들의 일요일의 눈물을 세시고, 그것을 병에다 간직하셨으니 말이다! 그렇다, 우리 모두에게 화가 미치리로다.

하느님께서 이 일요일의 눈물, 더욱이 설교자들의 눈물, 그러나 동시에 청중들의 눈물도 역시 사실로 눈여겨보실 경우에는 말이다! 왜냐하면 일요일에 설교자들이 하는 말은 당연한 말일 것이다. (더욱이 눈물에 목이 메어 흐느낄 때에는 그의 웅변은 한층 찬란한 효과를 나타낼 것이다.) 그가 청중들을 향하여, "나는 여러분이 교회에서 헛되이 흘린 눈물을 모아서, 심판날에 그것을 들고 하느님 앞에 나가서 그대들을 고발하겠소"**라고 말한다 해도 그것은 당연한 일이다

---

* 시편 56장 9절 참조.
** 뮌스터 감독의 말.

- 그는 옳다. 그러나 설교자 자신의 연극적인 눈물이야말로 청중들의 지각없는 눈물보다도 훨씬 치명적인 것이라는 사실을 잊지 말아야 할 것이다.

9. '긴 옷을 입고 다니기를 좋아하는 자들을 조심하라.'*

1855년 6월 15일

'진리의 증인들'은 공공연히 내 앞에서 내게 경고를 하느니보다는 숨은 곳에서 활발하게 활동하는 편이 진정한 '진리의 증인들'에게 합당한 일인 것으로 생각하는 모양이다. 그래서 나는 그들의 소임을 떠맡아서 전 국민들 앞에서 소리 높여 '증언'을 하련다. 목사들을 조심하라고!

무엇보다도 목사들을 조심하라! 그리스도인이란 가르침을 위하여 고난을 받았다는 표시인 것이다. (만일 사람들이 그런 의미에서 그리스도인이 되려고 한다면 심판을 감당해야 한다. 그렇지 않다면 그리스도인이란 무의미한 말이 된다.) 나를 믿으라. 내 이름은 틀림없이 쇠얀 키르케고르다. 그대는 공인된 목사가 이렇게 말하는 것을 보지 못한다. 그것은 당연하다. 왜냐하면 가르침을 위하여 고난을 받는다는 것은

---

* 마가복음 12장 38절. 누가복음 20잘 46절 참조.

목사에게는 자살을 의미하기 때문이다. 평신도가 되기 위하여서도 가르침을 위하여 고난을 받아야만 한다고 말하는 순간 천 명의 성직자와 수많은 관리를 거느리고 있는 기구(機構) 전체는 파괴되고, 이들 천 명의 성직자들은 모두가 거지가 될 것이다. 그렇기 때문에 그대는 이런 말을 하는 목사를 보지 못한다. 그렇지만 그대는 걱정할 것이 하나도 없다. 목사들은 전력을 다하여 이와는 반대되는 것을 설교하여 그대가 그런 생각을 하지 않게끔 막아줄 것이고, 그래서 그가 생각하는 그리스도인의 상태에 그대를 붙들어 둘 것이다. 그 그리스도인이란 유순한 양이고 영원으로부터 추방당한 온건한 속물이다.

이제 나를 믿으라. 나는 내 생명을 걸고 그대가 요구하는 안전을 그대에게 주련다. 나는 유한한 의미에서 그대와 교제할 생각은 추호도 없으려니와 그대를 끌어들여서 결사(結社)라든가 그 밖의 그런 유사한 것을 만들 생각도 없다. 아니다, 나는 단지 종교적인 의미에서 내 의무를 다할 뿐이다. 그것만 다하고 나면 내가 말한 것을 그대가 지키든 말든, 어떤 의미에서는 아무런 상관이 없다.

"긴 옷을 입고 다니는 자들을 조심하라." 그리스도께서 이렇게 말씀하셨을 때 그분이 그들의 옷을 비난하려고 하신 것이 아니라는 사실은 말할 필요도 없다. 확실히 옷을 문제로 삼으신 것이 아니다. 그리스도께서는 옷이 길다는 것을 항의하신 것이 아니다. 만일 목사들의 제복이 짧은 것이었더라면 그리스도께서는 '짧은 옷을 입은 자들을 조심하라'고 말씀하셨을 것이다. 이것이 옷에 대한 비판이 아니라는 사실을 말해주는 극단적인 경우를 들어주기를 원한다면 다음과 같다. 만일 성직자들의 제복이 겉옷이 없는 모양이었다면 그리스도께서는 '겉옷 없이 다니는 자들을 조심하라'고 말씀하셨음이 틀림이 없을 것이다. 그분께서 문제로 삼으신 것은 계급이고(왜냐하면 그분께서는 교사라는 존재를 전혀 다르게 생각하셨기 때문에), 그분께서는 그것을 유별난 복장으로 꼬집어 지적하셨던 것이다.

긴 옷을 입고 다니기를 **좋아하는** 자들을 조심하라. 넋두리만도 못한 성서주석(聖書註釋)이라면 얼씨구나 하고 이 '좋아하는' 이란 말을 붙들고 늘어져서, 그리스도께서는 성직자 계급 중에서 몇 사람만을 지적하셨다. 즉, 긴 옷을 입고 헛된 영예를 추구하는 그런 인간만을 지적하셨다고 설명할 것이다. 긴 옷을 입은 경건한 사람이여, 그대는 설교단 위에서도 아마 지극히 엄숙하게 부인네들이나 어린애들에게 그 사실을 믿게 할 수 있을 것이다. 그것은 또 어쩌면 일요일의 예배에서 묘사되는 그리스도의 모습과도 완전히 합치될지도 모른다. 그렇지만 그대가 나로 하여금 그것을 믿게는 할 수 없다.

또 신약성서의 그리스도께서도 그런 식으로는 말씀하시지 않으신다. 그분께서는 항상 계급 전체에 관하여 말씀하셨지, 개중에는 몇몇 타락한 자들이 있다는 식의 무의미한 수다를 떠신 것이 아니다. 그런 말은 언제 어느 세상에서나 모든 계급에 관하여 말할 수 있는 것으로 자명한 것이며 결국 하나마나한 말이다. 아니다, 그분은 전체로서의 계급을 파악하셨고, 계급 전체가 타락하였다고 말씀하셨고, 그래서 계급 전체가 긴 옷을 입고 다니기를 좋아하는 그런 타락상을 보였다고 말씀하신 것이다. 왜냐하면 성직자의 존재란, 공적인 견해에 의하면, 그리스도께서 교사라고 하실 때 생각하신 것과는 정반대의 것이다. 교사는 가르침을 위하여 고난을 받는 것을 의미하지만, 성직자는 이 세상을 즐기고, 거기에다 하느님의 대리자라는 후광을 지니고 있다. 그렇기 때문에 그들이 긴 옷을 입고 다니기를 좋아한다고 해도 이상할 것이 없다. 왜냐하면 다른 모든 사회적인 직위는 모두가 지상의 보수만을 받지만, 공인된 성직자의 계급은 거기에 더하여 천국적인 것까지도 날쌔게 입수하고 있기 때문이다.

그렇기 때문에 계급의 제복을 길게 하든 짧게 하든, 그런 것은 아무래도 좋다. 중요한 점은 다음과 같은 사실이다.

교사가 '예복', 특별한 복장, 제복을 입자마자 그대는 공적인 예배 - 그리스도께서 하시지 않으실 일 - 를 집행한다. 긴 옷이라든가 화려한 교회 등, 이런 것은 모두가 서로 연관되어 있고, 또 그것은 신약성서의 그리스도교를 인간적으로 위조한 것들이다. 이러한 위조는 인간의 무리들이 너무나도 쉽게 감각적인 인상(印象)에 의해서 속아 넘어가고, 따라서(신약성서와는 정반대지만) 진정한 그리스도교를 감각적인 인상에 의하여 파악하려고 하는 경향을 뻔뻔스럽게 이용한 것이다. 이것은 신약성서의 그리스도교를 인간적으로 위조한 것이다. 계급 그 자체가 악이 아니라고 하는 사실이 다른 계급에는 해당되지만 성직자의 계급에는 통용되지 않는다. 아니다, 성직자 계급은 그리스도교적인 의미에서는 그 자체가 악이고, 타락이고, 그리스도께서 정하신 방향과는 정반대의 방향으로 그리스도교를 지향시키려고 하는 인간적인 이기주의다.

그러나 긴 옷이 일단 목사의 제복이 된 이상 거기에는 어떤 의미가 있다고 생각이 될 것이다. 그런즉 내가 생각하기로는 그 제복이 의미하는 바를 잘 고찰해 보면, 공인된 그리스도교의 본질 내지는 정체의 특징이 잘 파악될 것 같다.

긴 옷이란 거기에 무엇인가가 숨겨져 있는 것이나 아닐까 하는 의심을 문득 일으키게 하는 물건이다. 무엇인가를 숨기기엔 긴 옷은 아주 편리하다. 그리고 공인된 그리스도교는 유난히도 숨기고 싶은 것들을 많이 갖고 있다. 왜냐하면 그것은 처음부터 끝까지 비진리이기 때문이다. 그래서 비진리는 긴 옷 속에 숨기는 것이 가장 좋다.

또 긴 옷이란 여자의 옷이다. 이것으로 미루어 보아서, 공인된 그리스도교의 특징이 무엇인가를 알 수가 있다. 그 특징은 사내답지 못한 것이고, 계교와 비진리와 거짓말을 그것의 힘으로 삼고 있다. 그뿐 아니라 공인된 그리스도교의 가장 큰 특징은, 그 자체가 비진리인 존재가, 한편으로는 진리를 숨기기 위하여, 또 한편으로는 자신의 비진리를 숨기기 위하여, 엄청난 양(量)의 비진리를 사용한다는 사실이다.

  이 사내답지 못한 성질은 다른 의미에서도 공인된 그리스도교의 특징이다. 마음에 있으면서도 싫다고 말해본다. 여성 속에 깃든 이 무의식적인 아양과 꼭 같은 것들이 바로 공인된 그리스도교 속에서도 발견된다. 공인된 그리스도교는 지상적인 것이나 시간적인 것들을 무척 좋아하면서도 체면상 그것을 원치 않는 척 행동해야 한다. 그리고 그것을 입수하려고 신경을 곤두세우고 있지만, 남들이 눈치 채지 못하게 하고 있다. 왜냐하면 사람들이 수입이 많고 높은 자리를 차지하려고 할 때에는 그렇게 행동해야 하기 때문이다 - 오, 하느님 맙소사 - 낙심천만하여 기절까지 해야 하다니! 그에게는 그 지위가 싫어 죽을 지경이고, 오로지 의무감에서, 전적으로 의무감 하나 때문에 수락하기로 결심하였다, 수락에 즈음하여서는, 하느님 앞에 무릎을 꿇고 탄식하며 이 십자가를, 이 쓴 잔을 거두어 주십사고 간구해 보지만, 그것도 허사로다 하는 식으로 행동해야 한다 - 그러나 정부가 얄궂게도 그대의 청을 들어주려고 하면, 아마도 그의 안색에는 사색이 돌 것이다.

  끝으로, 여성복을 입은 사내들이란 어딘가 수상쩍은 법

이다. 우선은 경찰 규칙에 위반되는 일이라도 하고 싶은 유혹을 느낀다. 경찰 규칙으로는 남자가 여성복을 입거나, 부인이 남성복을 입는 것을 금하고 있다. 어느 경우에도 그런 짓이란 수상쩍은 일이다 - 그런데 바로 이 수상쩍은 일이야말로 공인된 그리스도교의 본질을 가장 잘 표현하는 것이고, 또 그것이야말로 세월이 흐름에 따라서 그리스도교에게 일어난 변모를 잘 나타내 주는 것이기도 하다. 즉 신약성서에서는 단순하였던 것, 일의적(一義的)인 것이 - 아마도 완전성의 힘을 빌려서 - 더 좋은 것, 즉 이의적(二義的)인 것이 되었음을 말해 준다.

그러므로 긴 옷을 입고 다니기를 좋아하는 자를 조심하라. 그리스도의 말을 빌리면(그분께서는 길이시니, 길에 관해서는 가장 잘 정통하실 것임에 틀림없다) 문은 좁고 길도 좁으니, 그것을 찾아낼 사람은 적다. 애당초 이들의 수효는 보잘것없는 것이었지만, 그것이 해를 거듭할수록 감소되어가는 최대의 원인은, 뭐니뭐니해도 공인된 그리스도교가 요술을 부려서 만들어낸 엄청난 착각 때문이다. 박해나 학대나 유혈 사태는 결코 이런 위해(危害)를 초래하지 않았다. 그것은 오히려 유익하게 작용했다. 안이(安易)와 평범과 인생의 향락이 그리스도교라고 사람들을 믿게 만들어서, 인간으로 하여금 안이와 평범에 봉사하게끔 계획한 공인된 그리스도교, 이 근본악(根本惡)에 비한다면, 그런 것들은 헤아릴 수 없는 유익을 가져다주었던 것이다. 공인된 그리스도교를 근절하라. 박해가 임하게 하라. 그 순간 그리스도교는 본래의 모습으로 되돌아가리라.

VI
제6호

1. 촌침(寸針)
2. 거리의 측정 - 다시금 내가 극복해야 할 특별한 어려움에 대하여
3. 착각에 사로잡히는 것을 무엇보다도 두려워하라!
4. 우리('그리스도교계')는 그리스도의 약속에 동참할 수가 없다. 왜냐하면 우리('그리스도교계')는 그리스도인이 되기 위하여 그리스도와 신약성서가 요구하는 장소에 있지 않기 때문이다.
5. 소방서장은 뭐라고 하는가?
6. 간단한 각서

1855 년 8 월 23일
쇠얀 키르케고르
코펜하겐

IV

1. 촌침(寸針)

1)

그리스도교는 자기를 완전한 것으로 만들 수가 있다(완성능력이 있다). 그것은 전진한다. 이제 완전에 도달하였다. 이상(理想)으로 추구되었던 일, 그러나 원시 그리스도교에서도 조금밖에 이루지 못하였던 일, 즉 그리스도인들은 사제(司祭)가 된 백성이라고* 한 그 이상이 이제 완전히 달성된 것이다. 특히나 프로테스탄트의 세계에서 그렇고,** 덴마크에서는 더욱 그러하다.

우리가 목사라고 부르는 자들이 진정 사제라고 한다면, 그렇다, 우리는 모두가 사제인 것이다.

2)

장엄한 성당에서는 상류 사회의 선택받은 총아인 대 감독 각하께서 등장하신다.

그는 선택받은 자들 중에서도 선택받은 일련의 무리들 앞에 나타나서, 스스로 고른 성구(聖句)에 관하여 감읍한 듯이 설교를 한다. "하느님께서는 세상에서 천한 자들과 멸시받는 자들을 택하셨다"고*** - 그러나 웃음을 터뜨리는 자는

---
* 베드로전서 2장 9절 참조.
** 루터가 제창한 '모든 사람이 사제'라는 주장을 가리킨다.

하나도 없다.

3)

어떤 사람이 이(齒)가 쑤신다고 하면, 세상은 그에게 "안 됐군요"라고 말한다. 어떤 사람의 아내가 불의한 짓을 하면, 세상은 그 남편에게 "안됐군요"라고 말한다.

어떤 사람이 돈에 시달리고 있으면, 세상은 그에게 "안됐 군요"라고 말한다 - 천한 종의 모습으로 이 세상에서 고통 받는 것을 하느님께서는 미쁘게 여기시는 것을 보고, 세상 은 "안됐군요"라고 말한다.

한 사람의 사도(使徒)가 하느님의 위임을 받아 진리를 위 하여 고난을 받는 영예를 걸머질 때, 세상은 "안됐군요"라 고 말한다. 아, 불쌍한 세상이여!

4)

"사도 바울께서는 어떤 공직(公職)을 가졌던가요?" "천만 에, 바울은 공직을 가진 일이 없습니다." "그러면 바울은 다 른 방법으로 많은 돈을 벌었던가요?" "천만에, 그는 어떤 방법으로든 돈을 번 일이 없습니다." "그렇지만 적어도 결 혼이야 했었겠지요?" "천만에, 그는 결혼을 하지 않았습니 다." "그렇다면 역시 바울은 착실한 사내가 아니었군!" "그

*** 고린도전서 1장 28절 참조.

렇다, 바울은 착실한 사람이 아니다."

5)

스웨덴의 어떤 목사의 이야기인데, 청중이 자신의 이야기를 듣고 눈물을 흘리는 것을 보고, 그 효과에 놀라서 위로하느라고 다음과 같이 말했다 - "여러분, 울음을 그치십시오. 지금 얘기는 모두 거짓말인지도 모릅니다."

오늘날에는 이미 이런 말을 하는 목사가 없는 까닭은 무엇일까? 필요가 없기 때문이다. 우리는 우리 모두가 사제라는 사실을 잘 알고 있다.

그러나 그럼에도 불구하고, 우리들은 즐겨 울 수가 있다. 그의 눈물이나 우리들의 눈물이나 모두가 결코 거짓 눈물이 아니다. 진심에서 우러나온 눈물이다 - 극장에서 흘리는 눈물과 마찬가지로 진짜 눈물인 것이다.

6)

이교(異敎)가 붕괴되었을 무렵 조점사(鳥占師)라고 불리는 일련의 신관들이 있었다. 그들에 관해서 다음과 같은 이야기가 전해 오고 있다. 즉, 어떤 조점사건 동료를 보면 빙그레 웃지 않을 수 없었다는데, '그리스도교계'에서도 목사를 보거나 사람들이 서로 얼굴을 마주치면 빙그레 웃지 않을 수 없을 것이다 - 아닌 게 아니라 우리는 모두가 사제(司祭)인 것이다.

7)

그리스도께서 돈 많은 청년을 향해 하신 말씀인, "네가 가진 것을 모두 다 팔아서 가난한 사람에게 주라"는 말과 목사가, "네가 가진 것을 모두 다 팔아서… 내게 다오"라는 말은 같은 가르침일까?

8)

천재들이란 우뢰와 같은 존재다. 그들은 바람을 거슬러서 전진하고, 사람들을 떨게 하고, 공기를 맑게 한다. 기성 교회는 갖가지 피뢰침을 발명하였다. 그것은 성공이었다. 암, 닥쳐올 우뢰를 한층 거세게 하는 데 성공하였다.

9)

사람은 무(無)에 의지하고는 살 수 없다. 이 말은 흔히 듣는 말이고, 특히 목사들이 많이 하는 말이다. 목사들은 바로 무에 의지하고 살면서 요술을 부린다 - 즉, 그리스도교는 실상 존재하지 않는다. 그러나 그들은 그것으로써 살고 있다.

2. 거리의 측정 - 다시금 내가 극복 해야 할 특별한 어려움에 대하여

나의 친애하는 독자여! 우리는 그리스도교적으로 보아서

지금 우리가 어디에 있는가를 그대에게 주의시키고, 그럼으로써 그대가 신약성서와 원시 그리스도교로부터의 거리를 측정할 기회를 그대에게 주기 위하여 나는 두 사람을 여기에 모시려고 한다. 이 두 사람은 각별히, 그러나 각기 다른 방법으로 진정한 그리스도교의 대표로 간주되고 있고 그 이름이 널리 알려진 인물들이다.

첫째로 뮌스터 감독을 들기로 하자. 사실 모든 사람은 그를 - 진정한 그리스도교적인 성실성과 지혜를 가지고 있는 인물로 생각하고 있다.

그러나 뮌스터 감독의 정체는 다음과 같다. 즉, 그의 온갖 성실성은, 인간적으로 용인되고 정직한 방법으로 혹은 인간적으로 역시 존경을 받는 그런 방법으로, 이 세상을 행복하고 멋지게 살아간다는 사고방식 이상이 되지 못한다.

그러나 이런 인생관은 결코 신약성서의 그리스도교가 아니고, 원시 그리스도교의 인생관도 아니다. 원시 그리스도교는 이 세상에 대하여 전투적이고, 이 세상을 행복하고 멋지게 살려고는 전혀 생각지 않았다. 오히려 있는 성의를 다하여 이 세상과 격돌할 태세를 갖추고, 그래서 싸웠고 고통을 당한 후에 심판을 맞이하려고 하였다. 이날에 심판관은 (신약성서에 따르면 사람들은 이 세상과 이 세상에서의 자신의 생명을 증오함으로써만 그분을 사랑할 수 있다) 사람들이 그 분의 뜻을 따랐느냐 아니었느냐를 심판하실 것이다.

그러므로 뮌스터의 인생관과(이것은 본질적으로 에피쿠로

스주의이고, 인생의 향락과 쾌락을 추구하는 것, 그리고 이 세상에 속하는 것이다) 그리스도교의 인생관, 즉 고난과 죽음을 기뻐하고, 또 저승에 속하는 인생관과는 엄청나리만큼 큰 차이가 있다. 그렇다, 이 두 세계관은 이렇게 서로 다르고, 후자는(그것이 진지하게 집행되는 경우란, 조용한 시간에만 극히 드물게 나타난다) 뮌스터 감독에게는 미친 짓으로밖에 보이지 않을 수 없다.

그렇다면 이제 측정을 해 보라. 그러면 뮌스터의 이름으로 대표되어 온 그리스도교적인 성실과 지혜는, 그리스도교적으로 측정한다면, 미온적인 것이며 무관심이라는 사실을 알게 될 것이다. 이 두 세계관의 차이는 다음과 같이 말해야 할 것이다. 즉, 생사를 걸고 이 세상과 싸우고, 어떤 희생을 감수하더라도 이 세상과 사귀려고 하지 않는 세계관과 (이것이 그리스도교적인 요구다), 한편 가능한 한 이 세상에서 멋지게 처세하고, 비록 이 세상과 싸우는 한이 있더라도, 세상을 행복하게 살아가는 데 도움이 되는 한 적게 싸우려고 하는 세계관의 차이라고.

다음으로는 그룬트비 목사를 거론해 보자. 아닌게아니라 그룬트비는 신념을 위하여 싸우는 정열과 신념의 용기를 대표하는 '사도와도 같은 사람'이라고 간주되고 있다.

그러나 이제 좀 더 자세히 살펴보기로 하자. 그가 최고의 것이라고 하여 그것을 위해 싸운 그것은, 그 자신과 그의 일파를 위하여 그가 해석한 그리스도교를 실현하는 것을 인정받기 위한 것이었다. 그러므로 그는 국교(國敎)가 그에게 부과한 멍에를 벗어버리려고 하였다. 그는 자기의 종교적인 자유가 경찰의 힘에 의하여 방해되는 것에 격분하였다.

좋다, 그건 그렇다고 치자. 그러나 그룬트비는 자기와 자기의 일파를 위하여 의도한 바가 성취되고 난 후에는 국가가 스스로를 그리스도교적이라고 자칭하여, 국민들은 자기들이 그리스도인이라고 망상하고, 날이면 날마다 새롭게 그리스도교를 위조하여 하느님을 모욕하고 대역죄(大逆罪)를 범하는, 이런 엄청난 국가의 착각을 일부러 방치해 두려고 한 것이 아닐까? 그룬트비는 이런 착각에 대항하여 싸울 생각은 전혀 해 본 적도 없었다. 아니다, 그와 그의 일파를 위한 자유, 그와 그의 일파가 생각하는 그리스도교를 주장하기 위한 자유, 그것이 그가 원한 최고의 것이다. 그것만 얻고 나면 그는 안정을 얻을 것이고, 지상생활에 만족하고 가정적인 인간이 되고, 애당초 이 세상에 안주하고 있는 자들과 마찬가지로 여생을 보내고, 아마도 자신의 안일을 관용이라고, 타인에 대한 관용, 즉 다른 그리스도인에 대한 관용이라고 불렀을 것이다.

그러면 이제 원시 그리스도교를 지배하고 있던 정열을 생각해 보자. 그리스도교는 그 정열이 없었다면 이 세상에 오지 못했을 것이다. 그 시대의 누군가에게 물어 보라. "그리스도인은 그런 식으로 안심하고 있어도 되는 것입니까?" "구역질나는 일이오, 무서운 일입니다. 그리스도인이 자기가 생각하는 대로 살도록 허용된다면 말입니다. 또 기백만의 세상 사람들이 그리스도인을 사칭함으로써 나날이 하느님을 경멸하고, 하느님을 어리석은 자로 만들면서 하느님을 경배하고 있는 엄연한 사실을 묵과하다니 말입니다. 그뿐입니까 - 하느님의 영광을 위하여 - 당장에 수백만의 사람들 중에서 고난을 당하고, 또 가르침을 위하여 기꺼이 고난을 당할 모험을 하지 않으니 말입니다"라고 대답할 것이다.

우리는 다음과 같은 사실을 결코 잊어서는 안 된다. 그리스도교는 한편으로는 모든 종교 중에서도 가장 관대한 종교지만, 그러나 그리스도교는 감각에 호소하는 것을 가장 싫어한다. 그리고 또 한편으로는 그리스도교는 모든 종교 중에서도 가장 관대하지 않은 종교이고, 그리스도교는 그리스도교를 참으로 고백하는 자는 스스로 고난을 받음으로써 남들에게 강요하고, 남들의 학대와 박해를 감당함으로써 남들을 강요하는 점에서는 그 한계를 모르는 종교인 것이다.

이런 척도로 헤아린다면, 그룬트비가 그리스도교를 위하여 싸웠다고는 결코 말할 수 없다는 사실과 그는 본질적으로는 어떤 지상적(地上的)인 것, 자기와 그의 신봉자를 위한 시민적인 자유를 얻으려고 싸운 데 불과하다는 사실, 그리고 그는 결코 그리스도교적인 정열을 가지고 싸운 것이 아니라는 사실을 쉽게 알 수 있을 것이다. 아니다, 원시 그리스도교의 정열에 비한다면 그룬트비의 흥분 따위는 미온적인 것이고 아무것도 아닌 것이다.

뮌스터건 그룬트비건 간에 모두가 **상대적으로는** 성공을 하였고, 그들의 성실과 지혜 혹은 정열과 신앙의 용기가 인정된 것은, 그들이 원시 그리스도교를 조금도 모르는 시대에 살고 있었기 때문이다. 바로 이 점 때문에 우리가 속은 것이다.

성설과 지혜, 정열과 신앙의 용기라고 여겨지는 이 저명한 두 사람의 그리스도교의 대표자가, 어떤 특정 시대에 원시 그리스도교의 척도로 헤아림을 당할 때, 그것이 미온적인 것이고 무관심이라는 평을 받아야 마땅하다는 것이 사실이라면, 그때 사람들은 시대 전체에 관하여, 그리고 내가 극복해야만 했던 각별한 어려움에 관해서 알게 될 것이다.

그 어려움이란, 시대 전체가 밑바닥이 없는 무관심 속에 **빠졌고**, 종교를 갖지 않고, 종교를 갖는 것조차 불가능한 상황 속에 있다는 점에 있다.

사람들이 그리스도인이라고 자칭하고, 애당초 무관심이란 것이 무엇인지를 모르고, 혹은 무관심이 가지고 있는 파멸적인 형태도 모르고 있었다고 하는 사실은 바로 기만행위인 것이다.

무관심이란 종교를 가지고 있지 않다는 것으로만 생각되고 있다. 그러나 결코 종교를 갖지 않는다는 것은, 그것 자체가 이미 어떤 정열을 갖고 있다는 말이고, 따라서 무관심 중에서도 가장 무서운 부류의 것은 아니다. 그러므로 그것은 극히 드물게밖에는 생기지 않는다.

아니다, 가장 무서운 또 가장 일반적인 종류의 무관심이란 어떤 특정 종교를 갖는 것이다. 그러나 이 종교는 물을 탄 것이고, 고의로 변형되어 이제 수다로 전락한 것이고, 그래서 사람들은 이 종교를 아무런 정열 없이도 가질 수 있다. 이것이 가장 무서운 종류의 무관심이다. 왜냐하면 바로 종교라는 미명 아래서 이런 쓸모없는 물건을 가짐으로써 무종교라는 모든 비난을 감쪽같이 피하고, 그런 비난을 받지 않아도 좋게 되었다고 생각하고 있기 때문이다.

모든 종교는 정열과 관계하고, 정열 없는 종교가 존재하지 않는다. 이성(理性)의 시대에는 어떤 종교에나 진정한 신자가 적다는 것도 이런 이유 때문이다. 그러나 몇 천 명의 사람들은 이런 종교에서 일부를 떼어내서, 거기에다 물을 타고 왜곡한 연후에, 아무런 정열도 없이(즉 무종교적으로, 무관심하게) 이 종교를 자신들의 종교로 삼고 있다. 말하자면 그들은 그런 종교를 가짐으로써 무종교라는 비난을 면하고 있지만, 실은 그것은 완전한 무관심인 것이다.

여기에 내가 싸워야 할 어려움이 있다. 이 어려움은, 갱목(坑木)을 박아서 떠내려가는 배를 붙들어 매려고 하지만, 물 밑이 온통 진흙이어서 아무리 박아도 갱목이 쓰러져 고정되지 않는 것과 같은 어려움이다.

내 앞에 놓여 있는 것은 무관심이고, 가장 심각하고 가장 파멸적이고 가장 위험천만한 종류의 무관심인 것이다. 이런 사회에 관해서 사도 바울이라면 다음과 같이 말했을 것이다. "그리스도인이라고? 이 사람들이 그리스도인이라는군! 그들은 전혀 종교를 가지고 있지 않아요. 그들은 종교를 가질 수 있는 상황 속에 있지 조차 않아요"라고. 또 소크라테스라면 이런 사회에 관해서 다음과 같이 말했을 것이다. "그들은 인간이 아니다. 오히려 대중이 되기 위해서, 혹은 대중이 됨으로써, 인간 이하의 존재로 전락해 버렸다"라고.

그들은 모두가 대중이다. 어떤 의견이 그 자체로서 참이냐 아니냐를 묻는다는 것은 인간적인 일이지만, 그들은 그런 물음을 던지지 않는다. 그들의 관심사는, 얼마나 많은 사람들이 그런 의견을 갖고 있는가 하는 일이다. 그도 그럴 법하다! 왜냐하면 어떤 의견이 옳은가 아닌가를 결정하는 것은 수(數)이기 때문이다. 그리고 오로지 수만이 관심사인 것이다. 민중 속의 외톨이[單獨者] - 그렇다, 외톨이는 한 사람도 없다. 한 사람 한 사람이 모두가 대중인 것이다.

이리하여 이윽고 그것은 하나의 체감이 된다. 그것은 동물의 결투를 볼 때에 일어나는 쾌감과도 같은 것이다. 단독적인 인간, 정신력만을 가질 뿐, 다른 어떤 힘도 결코 가지려 하지 않는 인간이, 이 거대한 천 명의 직업적인 목사의 단체를 상대로 하여 희생의 종교를 위하여 싸우는 것을 대중의 입장에서 구경할 때는, 일종의 쾌감이 생긴다. 저들 목사들은 정신력은 사양하지만, 급료나 칭호나 훈장을 주는 국가에 대해서는, 또는 선물을 바치는 신자들에 대해서는 머리를 숙인다.

그리고 전체가 이런 상황 속에 있고, 또 가장 심각한 무관심 속에 있기 때문에 약간 뛰어난 개인이 있다고 해도 결국은 지나치게 쉽사리 자기를 중대시하고, 자기는 성실하다든가, 아니면 기골이 있는 인간으로 생각하기가 일쑤다.

어떤 청년이 있다. 그는 사방을 둘러보아도 미온적인 것과 무관심이 득실거리고 있음에 분개한다. 그는 자기 자신에게 감격하고, 그 감격을 표명하려고 익명으로 발표를 감행한다. 확실히 그는 호인이다. 그 점은 나무랄 데가 없지만, 그는 자기가 하는 일이 미온적인 짓이라는 사실을 모르고 있는 듯하다. 그리고 자기가 하고 있는 일이 일반 세상사에 비하면 약간 유별난 일이라고 생각함으로써 자기 자신을 속이고 있는 것 같다.

어떤 시민이 있다. 그는 성실한 사람이다. 그는 종교에 관해 관심이 없는 듯이 거동하는 많은 사람들의 미온적인 태도와 무관심에 대하여 격분한다. 그는 그렇지가 않다. 그는 책을 읽는다. 출판된 책은 곧 사들인다. 그리고는 그 책에 관해서 발언을 하고, 때로는 흥분까지 한다 - 단 집안에서 그럴 따름이다. 그래서 그는 그런 성실이 그리스도교적인 의미에서는 결코 본래적인 성실성이 아니라고 하는 사실을 모르고 있는 모양이다. 한 걸음 더 나아가서 볼 때는, 전혀 비교조차 할 가치가 없는 것과 비교를 하고는 성실하다는 말을 듣고 있는 데 불과한 사실을 모르고 있는 모양이다. 왜냐하면, 노력이란 한 걸음 앞선 것, 더 뛰어난 것과 비교할 때만 노력이라고 할 수 있기 때문이다.

"그렇습니다. 오오, 하느님이시여. 만일 당신께서 전능하신 분이 아니시고, 전능으로써 강요할 수가 없으시다면, 또 당신께서 사랑이 아니시고, 항거할 수 없을 만큼 마음을 감동시키실 수가 없으시다면!…그렇지만 당신의 사랑은 나를 움직이고, 당신을 사랑하는 일이 용납되고 있다는 사상이 나를 감격케 합니다. 이 사상으로 말미암아 나는 기꺼이 감사하는 마음으로 희생물이 될 것을, 전체 인류를 위하여 희생의 제물이 되는 의무를 받아들입니다."

이하는 「이것만은 말해야 한다」라는 논문을 참조하라.

3. 착각에 사로잡히는 것을 무엇보다도 두려워하라!

주지하는 바와 같이, 이 말은 소크라테스의 명제이다. 그는 무엇보다도 착각에 사로잡히는 것을 두려워하였다. 그리스도교는 어떤 의미에서 두려워하는 일을 가르치지 않았다. 더욱이 자신의 육신을 죽일 수 있는 자를 두려워하는 일을 가르치지 않았다. 그러나 또 다른 의미에서는 소크라테스가 가르친 것보다 훨씬 커다란 두려움을 가르친다. 즉, 영혼과 육체를 죽여서 지옥에 던질 수 있는 자를 두려워하라고* 가

---

* 마태복음 10장 28절 참조.

르친다.

 그러나 무엇보다도 가장 먼저 해야 할 일은 신약성서의 그리스도교에 주목하는 일이다. 그러기 위해서는, 착각에 사로잡히는 것을 무엇보다도 두려워하라는, 저 소크라테스적인 두려움이 도움이 될 것이다.

 그대가 이 두려움을 갖지 않는다면, 혹은(그런 장담은 않더라도) 다음과 같은 상황에 있지 않다면, 즉 망상(妄想)에 사로잡히는 것을 무엇보다도 두려워하는 용기를 얻기를 그대가 원하고, 노력하지 않는다면, 그대는 나와는 아무런 상관이 없다. 그렇다면 그대는 목사에게로 달려가서, 내가 하는 말은 망언(妄言)이라고 확신하여 두는 것이 좋을 것이다, **빠르면 빠를수록 좋다**(왜냐하면 내가 하는 말이 신약성서에 쓰여 있느냐 있지 않느냐는 그대와는 아무런 상관이 없기 때문이다. 목사가 선서에 의하여 신약성서에 매여 있다면 신약성서에 기록되어 있는 것은 무엇 하나도 은폐될 수가 없다는 사실을 그대는 알 것이다). 그대는 목사에게로 달려가서, 뮌스터 감독이 진리의 증인이고, 진실의 증인이고, 거룩한 쇠사슬의 일환(一環)이고, 마르텐센 감독 역시 그렇고, 어떤 목사든지 다 같다, 그러니 공인된 그리스도교가 구원의 진리라는 것을 굳게 명심하도록 전력을 다하여 노력하는 것이 좋을 것이다.

 더하여, 그리스도가 그 무서운 고민 속에서 하느님으로부터 버림을 받고 십자가 위에서 숨을 거두신 이유는, 우리들이 이 세상을 슬기롭게 취미를 만끽하며 살아가기 위해 우리들의 시간과 성의와 힘을 쓰는 기쁨을 맛보게 하기 위해서였다는 사실도 명심해 두는 것이 좋을 것이다.

그분께서 이 세상에 오신 것은 자손의 번식과 권장을 위해서고, 그래서 '미혼자는 목사가 되는 것이 적합하지 않다'는 사실도. 또 그리스도의 생애가 지닌 잊을 수 없는 의의는, 그분의 죽음으로 말미암아(한 사람의 죽음은 다른 사람의 빵!) 새로운 종류의 밥벌이를 가능하게 하였다(그리스도는 진정한 자선가!)는 점에 있다는 사실도. 이것은 목사가 누리는 밥벌이의 밑천이고, 가장 수지가 맞는 것이라고 할 수 있다. 이 직업은 허다한 장사치들과 운수업자와 선주(船主)들을 거느리고 있고, (여행의 중요성, 거리의 길이, 도착지에서의 영광, 체재하는 기간 따위를 고려한다면) 거의 믿겨지지 않을 정도의 싼 값으로 사람들을 영원의 축복으로 실어다 주는 것이 그들의 일이다. 미국이나 호주에 수출하는 것과는 비교가 안 되리만큼 수지가 맞는 독특한 장사다. 게다가 도착한 사람들로부터의 소식 따위는, 우선 올 리가 만무하기 때문에, 선주는 야단을 맞지 않아도 된다.

그러나 그대가 착각에 사로잡히는 것을 무엇보다도 두려워할 만한 용기를 가지고 있고, 또 갖기를 원한다면, 그리스도인이 된다는 것이 무엇인가에 관한 진리도 알 것이다. 그 진리란 다음과 같다. 즉, 그리스도인이 된다는 것은, 인간적으로 말한다면, 이 세상에서 불행하게 된다는 것이다. 그 관계는 다음과 같다. 그대가 하느님과 더불어 깊이 교제하면 할수록, 또 하느님이 그대를 강하게 사랑하면 사랑할수록, 인간적으로 말해서, 그대는 이 세상에서 더욱더 불행해지고 이 세상에서 더욱더 고난을 받는 신세가 된다.

그런즉 이 사상은(이것이 신약성서의 그리스도교라면 당연한 일이지만) 무턱대고 신자를 만들어 내서 출세를 하는 목사 조합의 향락적인 영업을 혼란에 빠뜨리기 위한 조명의 구실을 한다. 이 사상은 번갯불처럼 이 환상적인 요술과 가장무도회와 사교적인 놀이에 빛을 비춰서 드러내고, 온갖 속임수의 집적지(集積地)인 '그리스도교계', 그리스도교적인 국가와 그리스도교적인 지방과 그리스도교적인 세계라는 어리석은 물건들을 빛을 비춰서 드러나게 한다. 불쌍한 인간에게는 이 사상이 두려운 것, 치명적인 것, 극도로 긴장을 유발케 하는 것이다. 나는 이 사상을 경험에 비추어 두 가지 뜻으로 알고 있다.

첫째는, 나는 궁극적으로는 이 사상을 감당할 수가 없어서, 그래서 나는 그리스도인이 된다는 일에 관한 이 진정한 그리스도교적인 규정을 다만 발견자로서 바라보고 있을 뿐이다.* 그리고 거기서부터 오는 고통을 나로서는 자신이 자

---

* 그러므로 나는 아직 나 자신을 그리스도인이라고 부르지 않는다. 나는 그것과는 거리가 멀다. 그러나 공인된 그리스도교(이것은 국가와 신약성서, 이 양쪽에 선서를 함으로써 구속되어 있다) 전체에 대해서는 한 걸음 앞서 있다. 나는 진정한 그리스도교를 충실하게

신의 죄 때문에 고통을 당하고 있다고 하는 훨씬 안이한 사상에 - 이것은 유대교적이긴 하지만, 최고의 의미에서 그리스도교적은 아니다 - 의지하고 견디고 있을 뿐이다.

둘째로는, 나는 나의 운명 때문에 전혀 특수한 방법으로 이 사상에 주목하게 되었다. 만일 그런 운명이 없었다면 나는 결코 이 사상에 주목하는 일이 없었을 것이고, 또 그 사상의 무게를 감당하지 못하였을 것이다. 그러나 앞서 말한 바와 같이, 나 자신의 운명이 그렇게 만들어 버렸던 것이다.

내게는 나의 타고난 운명이 곧 길잡이고, 나는 나이가 들어감에 따라 그것의 도움을 받아가며 더욱더 그리스도교에 주목하고, 그리스도인이란 무엇이냐라는 규정에 주목하게 되었다.

그리스도인이 된다는 것은 신약성서에 따르면 어떠한 것일까? 되풀이해서 실족하지 말라고 경고하신 것은 무엇 때문일까? 신약성서가 그 속에서 살고 있는 무서운 싸움은(부모와 처자를 미워하는 따위) 어디에서 유래한 것일까? 이것은 두 가지 사실, 즉 그리스도인이 된다는 것은 인간적으로 말한다면 이 세상에서 불행하게 된다는 것이고, 그러나 또 영원의 축복을 향하여 기뻐하며 달려가는 것이라는, 이 두

전할 뿐이고, 그것을 왜곡시킬 수는 없다. 또, 나는 자신이 진정한 그리스도교에 대하여 어떤 관계에 있는가를 충실히 전할 뿐이고, 따라서 진정한 그리스도교를 왜곡함으로써 기백만의 그리스도인을 만들어 내는 데에는 가담하지 않는다.

가지 사실을 신약성서는 분명히 알고 있었기 때문이 아닐까? 도대체가 신약성서에 따른다면 하느님의 사랑을 받는다는 것은 어떤 것일까?

그것은 인간적으로 말한다면, 이 세상에서 불행하게 된다는 것이고, 그러나 또 영원의 축복을 향하여 기뻐하며 달려가는 것이다 - 신약성서에 따르면 성령이신 하느님께서는 이 이외의 방법으로는 인간을 사랑하지 아니하신다. 그분께서 그대를 불행하게 하시는 것은 사랑 때문이다. 실족하지 아니하는 자는 복이 있을지어다!

또 신약성서에 따르면 하느님을 사랑한다는 것은 어떤 것일까? 그것은 인간적으로 말한다면, 이 세상에서 불행해지기를 **원하는** 것이고, 또 그러나 영원한 축복을 향하여 기뻐하며 달려가는 것이다 - 사람들은 이 방법 말고는 성령이신 하느님을 사랑할 수가 없다. 그대는 신약성서를 의지하고서만, 이 나라에는 신약성서의 그리스도교는 이미 존재하지 않는다는 사실과, 이 나라에 있는 약간의 종교적인 것은 고작해야 유대교에 불과하다는 사실을 알게 될 것이다.

4. 우리('그리스도교계')는 그리스도의 약속에 동참할 수가 없다. 왜냐하면 우리('그리스도교계')는 그리스도인이 되기 위하여 그리스도와 신약성서가 요구하는 장소에 있지 않기 때문이다.

다음과 같은 일을 상상해 보라. 즉, 어떤 위력이 대단한 마신(魔神)이 있었는데, 그는 몇 사람에게, 가면 위험한 어떤 장소에 나타날 것을 조건으로, 그들을 보호하겠다고 약속하였다. 그런데 그들은 몸을 사려 그곳에 가지 않고 집으로 돌아와 방에 들어와서 감격한 어조로, "마신이 강력한 보호를 약속하였다. 이제 우리에게는 재앙이 미치지 않는다"라고 말했다고 상상해 보라. 이 어찌 우스꽝스럽지 않느냐 말이다.

이와 꼭 같은 일이 '그리스도교계'에도 있다. 그리스도와 신약성서가 해석하는 신앙은 전적으로 어떤 특정한 일이다. 믿는다는 것은 인간이 자연적으로 사랑하는 일체의 것을 힘닿는 한 당연히 저버리고 단절하는 것, 자신의 생명을 구하기 위하여 자연적인 생명의 원천과 헤어지는 것이다. 그러나 믿는 사람에게는 모든 위험으로부터의 구원도 역시 약속받고 있는 것이다.

그러나 '그리스도교계'에 있어서는 우리들은 신앙 놀이를 하고 그리스도인 놀이를 하고 있다. 우리들은 자연적인 인간이 사랑하는 것과 인연을 끊기를 적극적으로 피하고 내 집의 응접실에서 유한성(有限性)의 구습 속에 숨어서 빈둥거리며 잡담에 넋을 잃고, 혹은 신약성서에 있는 온갖 약속 - 그 무엇도 우리들에게 해를 끼치지 못한다,* 음부의 문도 우리 교회를 이기지 못한다** 등 - 에 관해, 목사들이 잡담을 늘어놓게 하고 있다.

'음부의 문도 교회를 이기지 못한다'는 이 그리스도의 말씀은, 그리스도교가 여기에는 전혀 존재하고 있지 않다고 하는 나의 주장을 반박하는 말이라 하여 최근 여러 번 상기된 구절이다.

내 대답은 이렇다. 이 약속은 조금도 우리에게 도움이 되지 않는다. 왜냐하면 우리들은 이 약속에 따라서 그리스도인인 것이라고 하는 우리들을 에워싸고 있는 수대(饒乩)가 그리스도와 신약성서가 해석하는 그리스도인과는 전혀 인연이 없는 것이기 때문이다.

단호하게 일체의 유한적인 것과 시간적인 것을 단절해 버려라. 그리스도인이 되기 위하여서는 인간이 평상시에 그것을 위하여 살고 있고, 또 그 속에서 살고 있는 일체의 것을 단절해 버려라. 이것이 그리스도교의 가르침이다. 그때 그대는 이 제일의 가르침에 따라서 악마와 음부의 문에 대한 싸움 속에 던져지는 것이다(물론 '그리스도교계'는 그런

---

* 로마서 8장 35절 이하 참조.
** 마태복음 16장 18절 참조.

어려운 일을 싫어한다). 그러나 그때 전능하신 하느님께서는 그대를 버리시지 않으신다. 오히려 기적적으로 그대를 구하신다. 그때야말로 음부의 문은 그리스도의 교회를 이기지 못 한다.

그러나 '그리스도교계'는 결코 그리스도의 교회가 아니다. 그렇다고 물론 나는 음부의 문이 그리스도의 교회를 이겼다고 말하는 것은 아니다. 절대로 그런 말은 아니다. 나의 말은 이렇다. 즉, '그리스도교계'는 수다이다. 이 수다는 과일에 달라붙은 거미줄처럼 그리스도교에 꽉 들러붙어서, 그리고는 제멋에 겨워 자신이 그리스도교라고 오신하고 있다. 마치 거미줄 자체가 그리 깨끗한 것은 아니지만 과일에 붙어 있기 때문에 과일이라고 생각되는 것과 마찬가지다. 그리스도교계의 기백만의 사람들이 보여주는 이런 유의 그리스도교는 신약성서와는 아무런 관계가 없고, 신앙인에게만 적용되는 그리스도의 약속에 대해서는 아무런 요구도 할 수가 없는 쓸모없는 것이다. 그렇다, 그것은 비현실(非現實)이다. 왜냐하면 진정한 현실성은 그리스도의 요구를 즉석에서 단호히 수행하고, 그럼으로써 또 곧 약속이 실현되는 곳에만 존재하기 때문이다. 그러나 '그리스도교계'는 끝내 유한성 속에 머무르려고만 하고, 그러면서도 그리스도교의 약속에 동참하려고 하는 가증스러운 속임수이다.

검증(檢證)이 쉽지 않다 보니, 이 군단(軍團) 세력의 그리스도인이나, 혹은 그들 면전에서 공포를 쏘아대는 수다쟁이 목사들은, 아마도 다음과 같이 퍼뜨릴 것이다. 즉, 그리스도인은 기적을 행할 수가 있다. 왜냐하면 그리스도께서는 믿는 자에게 확실히 그것을 약속하셨으니까. 그분께서는 믿는 자에게 이러저러한 표징이 따르게 될 것이라는 말씀*을 마치시고 세상을 떠나시지 않았던가 - "믿는 사람들에게는 표징이 따르게 될 것인즉, 내 이름으로 귀신을 몰아내고 새 방언을 말하며, 뱀을 쥐거나 어떤 독을 마실지라도 결코 해를 입지 않을 것이고, 병자에게 손을 얹으면 나을 것이리라."

그러나 이에 관해서는, 음부의 문도 그리스도의 교회를 이기지 못하리라는 약속에도 똑같이 적용된다. 즉, 이 두 개의 약속은 신약성서가 말하는 신앙인에게만 적용되는 것이지, 이 군단 세력에 해당하는 그리스도인들을 - 휴일에만 나가는 사냥꾼과 본격적인 사냥꾼의 차이에 비유한다면, 일요일만의 그리스도인이라고나 이름을 붙여 줄 수 있을 것이다 - 이끌고 있는 돌팔이 목사에게는 관계가 없는 일이다. 사탄까지도 이런 자들을 노리지는 않을 것이다. 수다가 그들을 사로잡고 있다는 사실을 사탄은 잘 알고 있다. 이런 관점에서 본다면, 그들이 그리스도의 약속을 믿고, 음부의 문 앞에서도 안전하다고 망상하고 있다는 것은 웃음거리가 아닐 수 없다.

---

* 마가복음 16장 17~18절 참조.

5.소방서장은 뭐라고 하는가?

 어떤 일에서건 이른바 기치(旗幟)를 들고 일에 몰두하려고 할 때, 그것을 좌절시키고 방해하고 중상하는 것을 소임으로 생각하는 자들이 나타나면, 그는 이 적수에 대하여 대책을 강구하지 않을 수 없다. 이 사실은 누구나가 다 잘 알고 있는 일이다. 그러나 세상에는 훨씬 더 위험스러운 것이 있다. 그것은 지극히 친절한 호의에서 우러나온 것이겠지만, 진정한 중대사를 일부러 방해하려는 듯이 생각되는 그런 일이다. 그런데 사람들은 이런 것은 곧 알아차리지 못 한다.
 어떤 사람이 갑작스럽게 병에 걸리면, 친절한 사람들이 도움을 주려고 곧 달려온다. 그러고는 각자가 한 가지씩 제안을 한다. 그러나 모든 사람이 한 마디씩 하는 말을 다 듣고 있다가는, 환자는 틀림없이 죽어버릴 것이다. 한 사람 한 사람의 친절한 충고도 따지고 보면 극히 위험할 수도 있다. 혹은 환자가 그런 친절한 사람들의 모든 충고를 따르지 않고, 또 특정한 누구의 충고에도 따르지 않더라도, 그들이 주위에서 서성대고 있다는 사실은, 그것이 의사선생의 방해가 되는 한, 아마도 해로운 일일 것이다.
 화재의 경우에도 마찬가지다. "불이야!" 하는 소리를 듣자마자 한 떼의 인간들이 이미 화재 현장으로 돌진한다. 모두가 착하고 친절하고 동정심이 많고 도움이 되는 사람들이다. 한 사람은 물주전자를, 한 사람은 대야를, 한 사람은 물총을 갖고 온다. 모두가 착하고 친절하고 동점심이 많고 도움이 되는 사람들이다. 그들은 기꺼이 소화(消火)를 돕겠다고 한다.

그러나 소방서장은 뭐라고 하는가? 소방서장은 - 그는 평상시는 매우 온후하고 세련된 사람이지만, 화재가 일어나기만 하면 이른바 욕쟁이가 된다 - 말한다. 아니다, 오히려 고함을 지른다 - "이 자식들아, 물주전자와 대야를 갖고 썩 꺼져라!" 그러면, 이들 친절한 사람들은 필경 화를 내고 그렇게 취급받다니 유감스럽다고 투덜대며, 좀 더 존대해 달라고 요구할 것이다. 그러면 소방서장은 뭐라고 말하겠는가? 아닌게아니라 그는 평상시에는 매우 온후하고 세련된 사람으로, 누구에게나 격에 맞는 존대를 하지만, 일단 화재가 발생하면 전혀 딴 사람이 된다. 그는 말한다. "경찰은 뭐하고 있는가!" 그때 경찰이 오면, 그는 이렇게 말한다. "이런 물주전자나 대야를 가진 바보 녀석들을 쫓아 버리게. 말을 듣지 않으면 등허리를 한두 대 갈겨 주게. 쫓아버리지 않고선 일이고 뭐고 할 수가 없어."

그러므로 화재의 경우는 평상시의 평온한 생활에서와는 사고방식이 전혀 달라진다. 평상시의 평온한 생활 속에서는 남들이 좋아하는 것, 즉 친절하고 호의에 넘친 원조도, 일단 화재의 경우가 되면 천대를 받고, 결국은 등허리를 한두 대

맞는 대우를 받기가 일쑤다.

그리고 이것은 당연한 일이다. 왜냐하면 화재는 진지한 일이고, 무릇 일이 진지한 경우에는 호의적인 원조 따위로는 불충분하기 때문이다. 아니다, 진지한 일에는 전혀 별개의 법칙이 적용된다. 즉 '이것이냐 / 저것이냐' 이다. 그대가 이 순간에 진지하게 무슨 일을 할 수 있다면 진지하게 그 일을 하든가, 아니면 그럴 처지에 있지 못하다면, 그 자리를 떠나는 것이 진지한 태도가 된다. 만일 그대 자신이 이 사실을 행하기를 원치 않는다면, 소방서장에게 부탁하여 경찰의 감방에 넘겨달라고 하는 편이 좋다. 그러면 약간은 진지해져서, 화재라는 진지한 일에 어울리게 될 것이다.

화재의 경우와도 같은 일이 역시 영(靈)의 세계에서도 일어난다. 촉진해야 할 일이든가 관철해야 할 계획이나 실현해야 할 이상(理想)이 있는 곳에서는 어디에서나 반드시 다음과 같다 - 즉, 참으로 그 일에 어울리는 사람이 있을 때에는 바로 그 적격자가 높은 의미에서 지휘권을 갖고, 또 꼭 가져야만 하고, 그가 진지한 사람일 경우에는 본래가 진지한 일에다 진지성을 부과할 수가 있다.

또 반드시 다음과 같다 - (이렇게 말해도 좋을지 모르지만) 그가 문제된 장소에 모습을 나타내면 거기에는 축제 분위기 속에서 떠들썩하는 수다쟁이들이 있고, 그들은 그 문제에 봉사하고, 그 계획을 추진하고, 이상을 실현한답시고, 진지라는 이름을 팔아 일을 망쳐놓고 있다. 그들은 새로 나타난 사람이 자기들과 함께 행동하지 않는 것을 보고는(그들에게는 함께 행동하는 것이 진지한 태도라고 한다), 그것이 이 사람에게는 진저성이 결핍되어 있다는 증거라고 말한다.

그러나 나는 이렇게 말한다. 적격자가 나타날 경우에는, 거기에는 그런 친구들이 있는 법이라고. 다음과 같은 식으로 바꿔서 말해도 무방하다. 그가 적격자인지 아닌지는, 결국 그런 수다쟁이들에 대해서 그가 자신을 어떻게 생각하느냐에 달려 있다고. 그들이 자기를 도와줄 것이라든가, 그들과 함께 어울림으로써 자기는 강해질 것이라는 식으로 생각하고 있다면, 그대는 이미 적격자가 아니다. 적격자는 저 소방서장과 같이 저들 수다쟁이들을 말려야 한다. 저들이 주위에서 서성거리며 개입한다는 것은 위험천만한 일이고, 화재를 크게 할 따름이라는 사실을 곧 깨달을 것이다. 물론 영의 세계에서는 화재의 경우와는 사정이 다르다. 화재의 경우라면 소방서장이 경찰에 부탁하여 "저자들을 쫓아내주게" 하면 그만이다.

영의 세계에서는 항상 그렇다. 이는 또 종교의 영역에서도 마찬가지다. 사람들은 자고로 역사를 흔히 화학자가 말하는 프로세스[과정(過程)]에 비유하여 왔다. 이 비유는 매우 의미심장하다. 그러나 주의하라. 비록 그렇다고는 하나 그것이 옳게 이해되었을 경우에만 그렇다는 것이다. 여과 과정이라는 말이 있다. 물론 그 과정을 거쳐서 여과되고 불순물이 제거된다.

역사는 이와는 정반대의 의미에서 하나의 프로세스인 것이다. 이념이 나타나고, 그것이 역사의 프로세스 속에 들어온다. 그러나 유감스럽게도 이 프로세스는 이념을 정화(淨化)한다 - 가소로운 가정(假定)이다! - 는 식으로도 결말이 나지 않는다. 이념은 본래의 모습으로 있는 상태 이상으로는 결코 정화되지 않는다. 아니다, 이 프로세스는 부단한 상승 작용을 거치는 동안에 이념을 왜곡하고, 조소하고, 헐뜯고, 소모하게끔 되어 있다. 그리고 - 여과와는 정반대로 - 이전에는 없었던 불순물을 끌어 들인다. 이윽고는 몇 세대를 통하여 열성스럽고, 서로 승인해 가며 이어받은 공동 작업에 의하여, 이념은 완전히 소실되고, 이념과는 정반대의 것이 생기게 되었다. 이제는 이것이 이념이라고 불리고 있다. 그리고 이것이야말로 역사의 프로세스에 의하여 생긴 것이다. 이 프로세스 속에서 이념은 정화되고 정련(精鍊)된다고들 한다.

드디어 이때에 의인(義人)이 나타난다. 그는 사태를 빛 속에 놓이게 하고, 온갖 수다와 온갖 착각과 온갖 속임수의 소굴이 되어버린 이 숲을 불태워 버릴 임무를 최고의 의미에서 가지고 있고, 아마도 일찍부터 선택을 받고, 그 일을 위해 오랫동안 준비해 왔을 것이다. 그가 왔을 때 거기에는 수다쟁이들이 있다. 그들은 친절하게도, 이래서는 안 되겠다. 무슨 수를 써야만 하겠다고 생각하고 있다. 혹은 그들은 한 덩어리가 되어 이래서는 끝장이라고들 정신없이 수다를 떨어가며 수다에 정신을 잃고 있음으로써 자신들을 큰 인물이라고 생각하고 있다.

만일 의인이 단 1초만이라도 오해를 하여, 이 작자들이 자신을 도와주고 있다고 생각하였다면, 그 자체로써 그는 이미 의인이 아니다. 만일 그가 오해하여 이 작자들과 상종을 하였다면, 섭리는 당장에 그를 무용지물로 전락시킬 것이다. 그러나 의인은 소방서장보다도 더 재빨리 간파해 버린다. 소방서장은 친절하게 돕겠다는 이 작자들이 물주전자나 물총으로 진화작업을 하려는 것을 간파하였지만, 의인은 바로 그 무리들이, 여기서는 진화가 아니라 불을 붙이는 것이 문제인데도, 유황이 붙어있지 않는 성냥이나 젖은 종이를 가지고 돕겠다고 하는 것을 재빨리 간파해 버린다. 또 이 무리들을 물러가게 해야 한다. 이 무리들과 전혀 관계할 필요가 없다. 평상시에는 조금도 무뚝뚝하지 않는 자신이지만, 지금은 그들에게 되도록이면 험한 말을 퍼부어야만 한다는 사실을 재빨리 간파해 버린다.

그러나 가장 중요한 일은 그들을 쫓아버리는 일이다. 왜냐하면 그들이 하는 일은 진심에서 우러나온 원조같이 보이지만, 실은 당면한 사태에서 그것이 지닌 진지성을 제거해 버리기 때문이다. 그때 그들은 물론 그의 무뚝뚝한 안하무인격인 태도에 대하여 분개할 것이다. 그러나 그의 마음은 그런 일에는 동요하지 않는다.

진정한 진지성이 필요한 곳에서는 반드시 '이것이냐 /

저것이냐 의 법칙이 적용된다. 즉, 나는 진지하게 주어진 사태를 다뤄야만 하는 자이고, 그 일을 위해 부름을 받았고, 또 단호히 결행할 것을 무조건 준비하고 있느냐, 아니면 그런 처지가 아닐 텐데, 그 일에서 손을 떼는 것이 진지한 태도인가, 이 둘 중의 어느 하나라고 하는 법칙이다. '이것이냐 / 저것이냐, 카이저냐 / 무(無)냐 (aut-aut, aut Caesar aut nihil)가 통용되는 곳에서 살짝 얼굴만 내놓으려고 한다거나, 자신은 극히 조금밖에는 지껄이지 않았지만 지껄인 이상, 사건에 전혀 관계하고 있지 않는 사람들보다는 한층 위라고 자부하거나, 한층 위라고 자부함으로써 참으로 소임을 맡은 사람을 난처하게 하는 일 따위 - 이보다 구역질나고 경멸스럽고 배신적이고 엄청난 불법을 저지르는 일은 없다.

6. 간단한 각서

1) 속물의 성서주해(聖書註解)

속물의 성서주해는 그리스도의 말씀에 대한 주해에다 주해를 보태서, 이윽고 그것을 자기의 것, 맥 빠진 것(천박한 것)으로 만들고 만다. 그리하여 일체의 난점을 제거해 버리고 나서, 안심을 하고, 그러고는 그리스도의 말씀에 의지한다!

이와 더불어 새로운 난점이, 생각할 수 있는 한에서 가장 우스꽝스러운 난점, 즉 하느님께서는 당신 자신을 탄생케 하신다는 것과, '진리'가 세상에 오셨다고 하는 것, 이 난점은 천박한 주해를 하는 동안에 속물들의 관심사에서 사라진 것이다. 그리고 이와 동시에 또 하나의 난점, 즉 그리스도께서 십자가에 못 박히셨다는 사실을 어떻게 설명할 것이냐 하는 난점도 사라졌다. 왜냐하면 이 천박한 세상에서는 천박한 주해를 하여도 사형의 처벌을 받는 일이 없기 때문이다. 따라서 그리스도께서 십자가에 못 박히셨다는 사실은 설명이 불가능할 뿐만 아니라 우스꽝스러운 일이다. 그도 그럴 것이 천박한 주해를 한 결과로, 십자가에 못 박히는 사람이 있었다고 하면, 그것은 우스꽝스러운 일이니까 말이다.

2) 극장 - 교회

극장과 교회의 차이는 다음과 같다. 극장은 있는 그대로를 솔직하고 자랑스럽게 인정하지만, 이에 반해서 교회는 있는 그대로를 온갖 수단을 다 동원하여 속여서 숨기려고 하는 곳이다.

그 하나의 예. 극장의 입장권에는 반드시 "요금은 반환하지 않습니다"라고 분명하게 쓰여 있다. 교회, 이 장엄하고 거룩한 존재는, 그런 단서를 교회의 정문에다 게시하거나, 일요일의 설교자 명단 밑에 인쇄해 넣는다면, 추잡한 것, 격분할 것이라고 하여 치를 떨 것이다. 그런 주제에 교회는 요금을 반환하지 않는 점에서는 극장 이상으로 엄하면서도 그런 일에는 치를 떠는 것이다.

그러므로 교회가 극장과 가지런히 옆에 서 있다는 사실은 다행한 일이다. 왜냐하면 극장은 익살꾸러기로서, 실제로 비밀을 말하는 일종의 진리의 증인이기 때문이다. 극장이 터놓고 말하는 것을 교회는 비밀리에 말한다.

3) 하느님 - 이 세상

두 사람이 더불어 호두를 먹는데, 한 사람은 껍질만 먹고, 또 한 사람은 알맹이만 먹었다고 하면, 이 두 사람은 죽이 잘 맞는다고 할 것이다. 마찬가지로 하느님과 이 세상도 죽이 잘 맞는다. 이 세상이 수치스럽게 여기고 거부하고 깔보는 것, 즉 버린 알맹이를 하느님께서는 한없이 귀중하게 여기신다. 하느님께서는 이 세상이 최고의 정열을 기울여 사랑하는 대상에게 보이는 열성 이상의 열성을 다하여 그것을 모으신다.

VII
제7호

1. '인간'은 어찌하여 '시인'을 가장 사랑하는가? 그리고 하느님께서 보실 때는, 어찌하여 '시인'이 가장 위험한 존재일까?

2. 사람을 낚는 일

3. 세상에서 그리스도인이라고 불리는 사람들

4. '먼저 하느님의 나라를'

5. '그리스도교계'는 대대로 비그리스도인의 집단이다. 또 이런 일이 생기게 되는 방식

6. 견신례(堅信禮)와 결혼식. 어떤 그리스도교적인 희극 - 혹은 더욱 고약한 일

7. 특히 프로테스탄트에게 크게 찬양받고 있는 그리스도교적인 가정에서의 그리스도교의 유아교육은 그리스도교적으로는 거짓 위에, 전적인 거짓 위에서 이루어진 것이다.

8. 사회에 대한 '성직자'의 의의에 대한 진상

9. 나의 주장에 대한 관심에 대하여

1855년 8월 30일
쇠얀 키르케고르
코펜하겐

1. '인간'은 어찌하여 '시인'을 가장 사랑하는가? 그리고 하느님께서 보실 때는 어찌하여 '시인'이 가장 위험한 존재일까?

그 해답. 하느님께서 보실 때 시인이 가장 위험한 존재인 까닭은, 인간이 시인을 가장 사랑하기 때문이다.

인간이 시인을 가장 사랑하는 까닭은, 시인이 인간에게 가장 위험하기 때문이다. 어떤 병에서는, 환자가 자기에게 가장 해로운 것을 몹시 원하거나, 아니면 각별히 좋아하는 것을 가끔 볼 수 있다. 영적으로 이해할 때는, 인간은 자연적인 상태에 있어서는 병을 앓고 있는 자이고, 착각과 자기기만 속에 있고, 그런 까닭에 속임을 당하는 것을 가장 원한다. 그리고 속임을 당함으로써 그는 착각 속에 자유롭게 머물 수가 있을 뿐만 아니라, 자기기만 속에서 전적으로 만족할 수가 있다. 그리고 그런 일을 돕는 사기꾼이 곧 시인인 것이다. 그러므로 인간은 시인을 가장 사랑한다.

시인은 오로지 상상력과만 관계한다. 그는 선과 아름다움과 고귀함과 참과 무사(無私)와 고결 따위를 정감도 풍부하게 표현하지만, 그런 것들은 상상력 때문에 현실과는 멀리 떨어져 있다. 그러나 바로 이 거리(距離) 때문에 아름다움이나 고귀함이나 무사나 고결 따위가 그 얼마나 빛나게 보이는 것일까! 이와는 반대로, 그것을 표현하는 사람이 시인이 아니고, 그것을 체현한 인격자이고 진리의 증인이었기 때문에, 마치 자기에게 그 실현을 강요할 정도로 피부로 느끼게 된다면, 이 얼마나 무서운 일이랴. 도저히 견딜 수가 없을 것이다! 어느 시대에 있어서나, 선이나 고귀함 따위를 완전히 말살해 버리려고 할 정도로 냉혹한 배덕자는 극히 드물다. 그러나 또 어떤 시대에 있어서나, 선과 고귀함 따위를 진정으로 실현시켜 보려고 애쓸 정도로 진지하고 성실한 사람도 극히 드물다.

'인간'은 제1의 소수인들처럼 선을 멀리 떼어 버리려고 하지도 않지만, 그러나 또 제2의 소수인들처럼 그것을 가까이에 두고 싶어 하지도 않는다.

여기에 '시인'이 거주할 곳이 있다. 그는 인간의 마음이 사랑하는 총아(寵兒)다. 인간이 그렇다고 해서 그것이 어찌 이상한 일일 것이냐! 왜냐하면 인간의 마음은 다른 여러 특성과 더불어 하나의 특성을 - 물론 그것은 드물게밖에는 언급되고 있지 않지만, 역시 인간이 가진 특성의 산물이라고 할 수 있다 - 가지고 있다. 그것은 세련된 속임수다. 그리고 시인은 인간을 속일 수가 있다.

고뇌는 만일 그것이 실현되는 날에는 가장 무서운 것이지만, 시인은 그것을 교묘히 가장 세련된 향락으로 바꾸는 방법을 알고 있다. 현실적으로 이 세상을 단념한다는 것은 결코 농담이 아니다. 그러나 이 세상을 확실하게 소유하고, '조용한 예배 시간'에 시민과 더불어 한담에 젖는다는 것은 세련된 멋진 향락이다.

그렇지만 우리들 모두가 그리스도인이 되는 데 성공할 수 있었던 것은, 이런 유의 예배에 의해서가 아니었던가? 즉, 그리스도교계라든가, 그리스도교적인 국가라든가, 그리스도교적인 지방이라든가, 그리스도교적인 세계라든가, 국교라든가 국민 교회 따위에 관한 일체의 것은 상상력 때문에 현실과는 떨어져 있는 것이다. 그것은 공상(空想)이고, 그뿐만이 아니라 그리스도교적으로는 대단히 위험한 공상이고, '공상은 페스트보다 고약하다' 라는 말이 여기에 해당된다.

그리스도교는 이 세상을 단념한다는 의미다. 대학교수는 이 사실을 강의하고, 그러고서는 그것을 출세의 재료로 삼는다. 그가 자신의 강의를 그리스도교가 아니라고 인정한 일은 한 번도 없다. 만일 그것이 그리스도교라고 한다면, 이 세상을 단념하는 일은 어디로 갔단 말인가? 아니다, 그런 것은 그리스도교가 아니다. 그것은 시민이 관여할 일이다 - 목사가 설교를 한다. 그는 그리스도교는 단념이라고 '증언한다.' (이제 그만) 그리고 그는 이 설교를 밥벌이의 수단으로 삼고 출세의 재료로 삼는다. 그는 그것이 진정한 그리스도교가 아니라고는 한 번도 인정을 하지 않는다. 그렇다면 그 단념이라고 하는 것은 어디로 가버렸단 말인가? 그것은 시민이 관여할 일이 아니었던가?

그러나 시인은 인간을 속인다 - 그리고 목사가 시인이라고 하는 사실은, 지금 우리가 본 바 대로다. 그 결과로 공인된 예배는 속임수가 된다. 그리고 국가는 큰 선을 달성하기 위한 비용 따위는 물론 주저 없이 부담한다.

이 속임수를 제거하는 가장 온당한 방법은, '목사 계급'이 이것은 애당초 그리스도교가 아니라고 실토하는 길 밖에 없다. 만일 그렇게 하지 않는다면, 우리는 속임수 속에 있는 것이다.

따라서 표제에 하느님께서 시인을 보실 때 가장 위험한 존재라고 쓴 것은 결코 충분치 못한 것이다. 시인은 자기는 단지 시인에 불과하다고 말한다. **그보다도 훨씬 위험한 것은, 시인에 불과한 사람이 목사라고 불림으로써 시인보다도 훨씬 진지한 자, 진실한 자인 듯이 위장하지만 실은 시인에 불과하다는 사실이다. 이것은 속임수의 제곱이다.** 그렇기 때문에 자신은 단지 시인에 불과하다고 말함으로써, 이 위장을 깡그리 벗겨 버릴 수 있는 검찰관의 능력이 필요하였던 것이다.

2. 사람을 낚는 일

이 말은 그리스도 자신의 말씀이다. '나를 따르라, 내가 너희로 사람을 낚는 어부가 되게 하리라'(마태복음 4장 19절). 그래서 사도(使徒)들은 따라갔다.

그러나 소수의 사람들이 그리스도의 말씀을 더욱 분명히

깨닫고, 자기들은 사람을 낚기 위해 희생의 제물로서 바쳐져야만 한다고 생각하였다고 한다면, 도대체 어떤 일이 일어났을까. 만일 그렇다면 모든 일이 끝장이 나고 말았으리라는 것은 분명한 일이다. 그것은 하느님의 사상이시고, 훌륭한 일임에는 틀림이 없지만, 그러나 - 실제적인 사람이라면 누구나가 다 인정할 것이다 - 하느님께서는 실제적인 분이 아니시다. 아니면 전혀 반대되는 경우를 생각하라는 말인가. 즉, 여기서 낚는다는 것은 희생의 제물이 된다는 것이고, 어부가 물고기를 먹는 것이 아니라, 물고기가 어부를 먹는 것이다. 이것이 낚는 일이라고 한다면, 마치 햄릿의 광기(狂氣)와도 같다. 햄릿은 포로니아스에게, 자신은 잔치에 참석하였지만 그 자신이 먹는 것이 아니라 먹힌 것이라고 말했다. 이리하여 인간은 하느님의 일을 떠맡게 되었다.

  '사람을 낚는다' 는 것! 그리스도께서 의미하신 바는, 우직한 사도들이 대담하게도 말의 관용(慣用)이나 표준적인 의미와는 반대되게 만들어낸 것과는 전적으로 다르다. 어떤 나라의 말에서도 '낚는다' 는 말은 '사람을 낚는다' 는 뜻이 아니다. 그리스도께서 의미하시고 뜻하신 바는 실로 인간어업(人間漁業)이라는 새로운 직업의 개척이었고, 이런 방법으로 낚으면 반드시 잡힌다고 하는 그리스도교의 한 선전방법이다. 주의하라, 거기서 무엇이 출현했는지를 알 것이다! 그렇다, 확실히 무엇인가가 출현하였다 - 그것은 기백만 또 기백만의 그리스도인을 거느린 '기성 그리스도교계' 가 되었다.

 일은 아주 간단하게 진행되었다. 어떤 자는 청어잡이에 투기하는 회사를 만들고, 또 어떤 자는 대구잡이나 고래잡이에 투기하는 회사를 만드는 식으로 인간잡이도 조합으로 경영되고, 출자자(出資者) 각자에게 몇 할씩의 배당이 보장되게끔 되었다.

 그 결과는 어찌 되었던가? 오호라, 그대가 아직 인간이 하는 일에 놀란 경험이 없다면, 이 호기를 놓치지 말라! 그 결과는 엄청난 수의 청어가 - 이제 그것은 인간, 그리스도인이 아니란 말인가 - 잡혔고, 회사가 번영할 것은 말할 것도 없다. 그렇다, 아무리 경기가 좋은 청어회사도, 이 인간잡이에 의한 수익(受益)에는 감히 따르지 못한다는 사실이 증명되었다. 게다가 또 하나, 특별 수익이라 할까, 하여간 그들의 수익에는 새콤한 조미료가 첨가된다. 요컨대 어떤 청어회사도 할 수 없는 일, 즉 낚으러 배를 내보낼 때 성서의 말씀을 휴대하게 한다는 일이다.

 그러나 인간잡이는 하느님께서 축복하시는 기업이다. 회사의 주주들은 성서의 말씀을 휴대하고 있다고 주장할 수 있다. 왜냐하면 그리스도 자신께서 확실히 '너희들을 사람을 낚는 어부가 되게 하리라'고 말씀하셨기 때문이다. 그들은 심판날에 마음 놓고 말할 것이다 - "우리들은 당신의 말씀을 지켰습니다. 우리들은 사람을 낚았습니다."

3. 세상에서 그리스도인이라고 불리는 사람들

1) 제1의 전형

여기에 한 청년이 있다 - 그렇게 가정하기로 하자. 그렇지만 실제로는 그런 예는 얼마든지 많다 - 여기에 한 청년이 있고, 그는 남달리 뛰어난 재간과 식견을 가지고 있고, 공적인 생활에 몸을 담고 있고, 정치가이고, 정치가로서 일익을 담당하고 있다.

종교에 관해서는 무종교가 그의 종교이다. 하느님에 관해서 생각하는 따위의 일은 생각해 본 적도 없다. 교회에도 나가지 않고, 그렇다고 해서 특별한 종교적 이유가 있어서 그러는 것도 아니다. 진지하게 성경을 읽는다면 남들이 업신여기지나 않을까 두려워하고 있다. 만일 주위의 상황으로 보아, 종교에 관해서 외견을 피력하는 일이 위험한 짓이라고 깨닫게 되면, 그는 실토를 하고 곤경을 벗어난다 - "저는 종교에 관해서는 아무런 소견이 없습니다. 그런 일은 제 관심사가 아닙니다."

이 청년은 종교에 대해서는 아무런 욕구를 느끼지 않았지만 - 이에 반해서 아버지가 되고 싶은 욕구를 느꼈다. 그래서 그는 결혼을 하고 아이를 낳고 아이의 아버지가 된다. 그래서 어떤 일이 야기될 것인가?

물론 이 청년은 흔히 말하듯이 어린애 때문에 속을 썩고,

어린애의 아버지가 되었기 때문에 종교를 갖게끔 강요당한다. 그래서 그는 복음 루터파의 종교를 가진다. 이런 식으로 종교를 가지다니, 이 무슨 처량한 일이냔 말이다. 한 사람의 남자로서는, 종교를 갖지 않고, 또 종교에 관한 의견을 피력한다는 것이 위험할 경우에는 아무런 종교도 갖고 있지 않다고 하면 그것으로 끝난다. 그러나 자식의 아버지인 이상(이 어찌 우습지 않으랴) 그리스도교를 가진다. 바로 독신생활을 권장하는 종교를 말이다.

그래서 목사에게 사람을 보낸다. 산파가 애기를 안고 다가온다. 젊은 처녀가 아첨이나 하듯이 세례용 두건(頭巾)을 내민다. 이 역시 무종교의 몇몇 청년들이 어린애의 아버지가 된 사람에 대한 호의에서 대부(代父)가 되어 복음 루터교를 가질 것과, 어린애의 그리스도교 교육에 관해서 보증인이 될 것을 보증한다. 비단옷을 걸친 목사가 귀여운 애기의 머리에다 우아한 동작으로 세 번 물을 뿌린다. 그리고는 점잖게 수건에다 손을 닦는다.

그리스도교의 세례라는 이름을 내세우고, 사람들은 이런 일을 감히 하느님께 드린다. 세례 - 이 거룩한 의식으로써 구세주께서는 그분의 생애의 활동을 시작하셨다.* 또 그분을 이은 제자들도, 이미 세상일을 분별할 나이에 접어들어 이 세상을 위해 죽은 제자들도 이 거짓된 악의 세계에서 희

---

* 마가복음 1장 9~11절 참조.

생의 제물로서 살기를 맹세하였다. 그러므로 그들도 세 번 물속에 들어가 세례를 받았지만, 이 세례는 그들에게는 그리스도의 죽음에 동참하는 것을 의미하였다.*

그러나 목사들, 이 거룩한 사람들은 자기들의 장사를 잘 분간하고, 더하여 또 그리스도교와 모든 이성적인 인간이 무조건 요구한 사실, 즉 사람들이 어떤 종교를 가지느냐는 세상을 분별할 연배가 되어서 결정하면 된다고 하는 사실을 잘 분간하고 있다 - 그렇지만 목사들은 그렇게 되면 자기네들의 수입이 적어진다는 사실 역시 너무나도 잘 알고 있다. 그래서 이 거룩한 증인들은 산실(産室) 안에 넌지시 들어가 산모는 고통에 시달리고, 아기의 아빠는 이러지도 저러지도 못하는 곤혹에 빠져 있는 미묘한 순간을 이용하는 것이다. 그리고 그리스도교의 세례라는 명분을 내걸고, 앞서 말한 바와 같은 의식(儀式)을 하느님께 드린다.

만일 젊은 처녀가 감격한 나머지 두건을 아기 머리에 놓는 대신, 비꼬기라도 하듯이 부친의 머리 위에 나이트캡이라도 놓는다면, 진리의 단편이라도 거기에 있었을지도 모를 일이다. 왜냐하면 이런 식으로 종교를 가진다는 것은, 영적으로 본다면 가련한 희극이기 때문이다. 그는 종교를 가지고 있지 않다. 그러나 사정이 생겨서, 즉 우선 모친에게 사정이 생기고, 그 결과로 부친에게 사정이 생기고, 이 작은

---

* 로마서 6장 3절 참조.

아기라는 사정이 생겼기 때문에, 그는 복음 루터파의 종교를 갖게 되었던 것이다.

2) 제2의 전형

여기에 한 상인이 있다. 그의 상훈(商訓)은 다음과 같다. 장사에 있어서는 상대가 누구든 모두가 도둑이다. 그는 말한다 - "다른 상인들이 '장사에 있어서는 상대가 누구든 모두가 도둑이다' 라는 원칙에 충실한 이상, 다른 사람들과 같이 처세하지 않고서는 세상을 살아갈 수가 없다."

종교에 관해서는 - 그렇다, 그의 종교는 요컨대 다음과 같다. 장사에 있어서는 상대가 누구든 모두가 도둑이다. 그는 그 외에도 종교를 갖고 있고, 상인이라면 특히 종교를 가져야 한다는 의견을 지니고 있다. 그는 말한다 - "상인이라면 종교를 가지고 있지 않을 경우에도, 그것을 눈치 채게 해서는 안 된다. 왜냐하면 만일 눈치 채면 그의 성실성이 의심을 받게 되어, 당장 손해를 보게 될지도 모르기 때문이다. 그리고 상인이라면 그 고장에 보급된 종교를 가지는 것이 최상책일 것이다."

이 최후의 문제에 관해서는, 그는 유대인이 그리스도교보다 교활하다고 일반적으로 말하여지는 이유를 들어서 설명한다. 그의 주장에 의하면, 결코 그렇지가 않다는 것이다. 그리스도교도나 유대인이나 마찬가지로 교활하다. 그러나 그 고장에 보급되어 있는 종교를 가지지 않는다는 점에서 유대인은 손해를 보고 있다는 것이다. 다음으로 첫째 문제에 관해서는, 즉 종교를 가지면 사람들을 속이는 데 매우 편리하기 때문에 매우 이롭다는 문제에 관해서는, 목사에게서 배운 바를 제시한다.

그의 주장에 의하면, 목사들이 다른 어떤 계급에 속하는 사람들보다도 간단히 사람을 속일 수 있는 것은, 그들이 종교와 무척 가깝기 때문이다. 자기도 그렇게만 할 수 있다면, 목사 안수를 받기 위해 기꺼이 목돈을 내겠다. 그러면 왕창 돈을 벌 수가 있으니까 말이다.

그래서 이 사내는 일 년에 두 번 내지는 네 번쯤 예복을 입고 제단 앞에 나간다. 그러면 목사가 나타난다. 목사는 돈을 보자마자(마치 단추를 누르면 냄새 맡는 담배가 들어 있는 상자에서 연기가 나오듯이) 뛰쳐나온다. 곧이어 거룩한 의식이 엄숙하게 집행된다. 그것이 끝나면 상인은, 아니다, 정확히 말하면 상인 두 사람(목사와 장사치)은 평상시의 생활로 돌아간다. 그러나 두 사람 중의 한 사람(목사)에 관해서는 그렇다고도 할 수 없다. 그는 그 의식을 결코 버리지 않는다. 오히려 장사치로서 계속 활동을 한다.

이런 일을 그리스도의 피와 살을 나누는 성찬식이라는 이름을 내걸고 하느님께 바친다!

성만찬의 성사(聖事)! 그리스도께서는 영원부터 당신 자신이 희생될 자로서 성별(聖別)되어 있었지만, 그분은 죽음에 즈음하여 최후의 만찬을 들기 위하여 제자들과 함께 식탁에 앉으셨다. 제자들 역시 참으로 그를 따랐기에 죽음 또는 죽음의 위엄에 몸을 바쳤던 것이다. 그러므로 비록 그것이 의식이었다 할지라도, 그때 그리스도의 피와 살에 관해서 언급된,* 즉 언젠가는 기꺼이 충실한 피의 증인이 되려고 원한 적은 무리들을 이 희생과 하나로 묶어주는 피의 계약은 참으로 몸서리칠 진실이었던 것이다.

그런데 이제 그 의식은 다음과 같은 것이 되고 말았다. 시종일관 철저하게 이 세상의 방식으로 살 것 - 그러고는 축제(祝祭)다. 물론 목사는 성만찬과 거기에 따른 의무에 관하여 신약성서가 말하고 있는 바를 사람들 앞에 깨우쳐 주기를 꺼리고 있지만, 거기에는 그럴만한, 충분한 까닭이 있다. 그들의 영업 전체가 타인의 희생 위에서 사는 일로 이루어져 있다.

만일 어떤 사람이 목사들을 향하여, 당신네들 자신이 희생이 되라고 제안이라도 할라치면, 이것을 괴이하고 비그리스도교적인 요구이고, 신약성서의 건전한 가르침에는** 전적으로 위배되는 일이라고 생각하여, 한 사람의 인간에게는 일생을 두고 배워도 다 배울 수 없을 만큼의 엄청난 박식함으로 이 사실을 증명하려고 들 것이다.

---

* 고린도전서 10장 16절 참조.
** 디모데전서 1장 10절 참조.

4. '먼저 하느님의 나라를'*

1) 하나의 소설

신학석사 루드버 프롬 - 그는 구하고 있다. 모름지기 '신학(神學)'의 석사님이 구하고 있다는 말을 들을 때는, 사람들은 그가 구하고 있는 것을 알기 위해 각별한 상상력까지 동원할 필요가 없다. 그가 당연히 먼저 구해야 하는 것은 하느님의 나라다.

아니다, 그런데 전혀 그렇지가 않다. 그가 구하고 있는 것은 성직자로서의 국왕의 인가를 얻는 일이다. 그러나 그가 거기에 도달하기까지는 여러 가지 일이 있었기에, 나는 그것을 요약해 보여주고 싶다.

먼저 그는 고등학교에 입학했고 그곳을 졸업하였다. 계속하여 **먼저** 두 개의 시험**에 합격하였고, 다음에 사 년간을 공부한 후 **먼저** 국가고시를 끝냈다.

그래서 이제 그는 신학석사인 것이다. 세상 사람들은 아마도 다음과 같이 생각할 것이다. 그는 **먼저** 모든 시험을 거치고 나서, 이윽고 그리스도교를 위하여 일하게 되었다고. 그러나 아직 멀었다. **먼저** 반 년 동안 세미나에 나가야 한다. 그리고 그것을 끝내고 나서도 그는 **먼저** 끝내야 하는 팔 년

---

* 마태복음 6장 33절 참조.
** 철학과 교부학(教父學).

은 지났으나, 물론 그는 그동안은 구할 수가 없었던 것이다.

이제 우리는 비로소 소설의 시발점에 도달한 것이다. 팔 년이 지나서 그는 구한다.

이때까지의 그의 생활이 절대적인 것과 관계하여 왔다고는 말할 수 없으나, 갑자기 그런 관계에 들어간다. 그는 절대적으로 일체의 것을 구한다. 겹겹이 쌓인 관용 용지에다 계속해서 빽빽이 기입한다. 헤롯에서 빌라도에게 달려간다. 장관에게는 물론 수위에게까지도 간곡히 부탁을 한다. 요컨대 그는 절대적인 것에 완전히 복종한다. 이제는 그를 알고 있던 어떤 사람이, 이삼 년 만나지 못한 동안에 그가 여윈 것을 보고, 거짓말이나 아닌가 하고 놀란다. 그의 모양은, 이전에는 그레이하운드였지만 너무나 뛰어서 닥스훈트가 되어버린 뮌히하우젠의 동화에 나오는 개에게 일어났던 것과 같은 일이 그에게도 일어났다고밖에는 설명할 수 없을 것이다. 이리하여 삼 년이 지난다. 이 신학 석사님은 참으로 휴양이 필요했다. 이렇게 엄청난 긴장이 필요한 활동을 하고난 후에는, 일에서 해방을 받든가, 한직(閑職)을 택하든가, 미래의 아내에게서 - 왜냐하면 그는 그동안 먼저 약혼을 하고 있었으니까 - 약간의 간호를 받을 필요가 있었다.

이윽고 - 마그데로네에게 페르니레가 말하였듯이 - '구속(救贖)'의 때가 울렸다. 그래서 그는 경험에서 우러나온 강한 확신을 지니고 신도들 앞에 나타나, 그리스도교에는 구원과 속죄가 있다고 '증언' 할 수가 있다. 그는 관리가 된 것이다. 이제 어떤 일이 생길까? 그는 그가 목사의 수입에 관해서 이전에 듣고 있던 정보보다 더 정확한 정보를 입수하고 나서야, 생각보다 150타렐이 적은 액수로 고용된다는 사실을 알았다. 이것은 뜻밖의 일이다. 이 불행한 사내는 거의 기절할 정도다. 그는 임명을 취소해 주도록, 그리고 다시 한 번 처음부터 되풀이할 수 있도록 장관에게 탄원서를 쓰기 위해 관용 용지를 사왔다. 그때 그의 벗 한 사람이 나타나서 그러지 말라고 설득한다. 그래서 그 자리를 수락하고 그는 목사가 된다.

그는 안수를 받는다 - 그리고는 일요일이 다가오자, 그는 회중들에게 소개된다. 그를 소개하는 교구감독(敎區監督)은 범인(凡人)이 아니기 때문에 지상적인 이익을 얻는 일에는 약삭빠를 뿐만 아니라(대다수의 목사들이 그렇고, 지위가 높으면 높을수록 더욱 그렇다) 동시에 세계사를 뚫어보는 투기적인 안목을 갖고 있어서 그 이익을 자기만이 독점하지 않고 오히려 회중들에도 분깃을 나누어 준다. 이 사람은 천재적인 수완을 동원하여, 사도 바울의 말을 텍스트로 골랐다. "보십시오, 우리들은 모든 것을 버리고 주님을 따랐습니다."* 그러고는 회중들을 향하여, 오늘날 이런 시대에 있어서는, 바로 이런 사람이 교사로서 필요하다고 선언하고 동시에 이 청년을 추천한다. 교구 감독은 그가 150타렐 때문

---

* 마태복음 19장 27절 참조.

에 직책을 버리려고까지 한 사실을 알고 있었던 주제에 말이다.

이 청년은 이제야 스스로 설교단에 선다 - 이날은 얄궂게도 성삼위일체일(聖三位一體日)인지라 성경 본문은 '먼저 하느님의 나라를 구하라'를 택해야 했다.

그는 설교를 한다. "매우 좋은 설교요"라고 친히 임석한 감독이 말한다. "매우 좋은 설교군. '먼저 하느님의 나라를'의 '**먼저**'를 강조한 대목은, 전체를 더없이 생동케 하였소." "그러나 각하, 여기서는 설교와 생활 사이에 일치점이 있어야 가장 소망스럽다고 생각지 않으십니까? 저에게는 이 **먼저**가 거의 비꼬는 말로 들릴 뿐입니다." "바보 같은 소릴 하는 것이 아닐세. 그는 분명히 이 가르침, 즉 먼저 하느님의 나라를 구하라고 하는 건전하고 순수한 가르침을 선포하기 위해 부름을 받은 것이고, 그래서 그는 그것을 멋지게 수행한 것일세."

이것이 인간이 - 서약을 하고 나서! - 하느님께 드리는 예배다. 가장 무서운 모독이다.

그대가 누구이든 간에 하여간 이 하느님의 말씀인 '먼저 하느님의 나라를'을 생각해 주기 바란다. 그러고 나서 이 진상을 파헤친, 철저하게 진상을 파헤친 소설을 생각해 보라. 그러면 그대는 공인된 그리스도교가 속임수와 거짓의 심연(深淵)이고, 불결하기 짝이 없다는 한 마디밖에 할 수 없는 그런 것이라는 사실을 알게 될 것이다. 요컨대 그대는 (그대가 항상 공인된 예배의식에 참가하고 있다면) 현재 집행되고 있는 예배에 참석하지 않는다면, 그대는 하나의, 그러나 중한 하나의 죄를 면하게 된다. 다시 말해서 그대는 하느님을 우롱하는 일에는 동참하지 않게 된다(「이것만은 말해야 한다. 그러니 말하게 하라」를 참조하라).

하느님의 말씀은 울려나온다, "먼저 하느님의 나라를" 하고. 그러나 그 말의 해석, 혹은 그 말을 '성취' 하는 방법에 대해서는(요컨대 사람들은 실업자가 되고 싶지 않기 때문에), "먼저 그 이외의 일체의 것을, 그리고 끝으로 하느님의 나라를" 이라고 말한다. 필경 사람들은 먼저 이 세상의 것을 구하고, 그러고 나서 끝으로 겨우 '먼저 하느님의 나라를 구하라'는 설교가 온다. 그래서 사람들은 목사가 된다. 그리고 목사의 활동 전체는 항상 이것을 실천하는 일이다.

즉, 먼저 이 세상의 것을, 그리고 다음에 하느님의 나라다. 먼저 하느님의 나라를 정부나 대중이 기뻐하느냐 않느냐, 바꿔 말하면 약간이라도 돈이 되느냐 안 되느냐를 고려한다. 즉, 먼저 사람들이 좋아하느냐 싫어하느냐를 고려하고 나서, 그 다음에 하느님의 나라를 구한다. 먼저 이 세상의 것을, 먼저 돈이다. 그러면 그대는 어린애에게 세례를 받게 해 줄 수 있다. 먼저 돈이다. 그러면 그대는 한 줌의 흙이 그대의 관(棺)에 뿌려질 것이고, 규정된 요금에 따라서 고별설교가 이루어질 것이다. 먼저 돈이다. 그러면 그대는 환자를 방문할 수도 있다. 먼저 돈을, 돈 다음에 덕(德). 먼저 돈이다. 그러고 나서 덕을, 그 다음에야 하느님의 나라다. 하느님의 나라는 맨 끝에 가서야 겨우 나온다. 그것은 오나마나하게 온다. 따라서 일체는 최초의 단계에, 돈에 머물러 있다 - 그러나 이 경우에만은 사람들은 '일보 전진'의 충동을 느끼지 않는다.

공인된 그리스도교와 신약성서의 그리스도교와의 관계는 모든 점에 있어서 이렇다. 그런데도 사람들은 이것을 처량한 사실이라고 인정할 생각은 않고, 오히려 뻔뻔스럽게도 그리스도교는 완성능력을 가지고 있다는 둥, 원시 그리스도교에 머무를 수는 없는 것이며, 그것은 한낱 단순한 계기에 불과하다는 둥 떠벌리고 다닌다.

그러므로 공인된 그리스도교와 하느님을 경배한답시고 거기에 동참하는 일 이상으로 하느님을 배반하는 일은 없다. 그대가 훔치는 것과 빼앗는 것과 약탈하는 것과 간음하는 것과 중상모략하는 것과 사치하는 것이 하느님을 배반하는 일이라고 믿는다면(물론 믿을 것이다), 공인된 그리스도교와 그 예배가 하느님께서 무한히 싫어하시는 것이라는 사실도 믿을 것이다. 인간이 이런 동물적인 어리석음과 무정신(無精神) 속에 빠져버렸다는 사실과, 무사상과 무정신과 무감각에 불과한 예배를 감히 하느님께 바치는 사실 - 그러고도 인간은 뻔뻔스럽게도 이것을 그리스도교에 있어서의 하나의 진보라고 간주하고 있다!

나의 의무는 다음과 같이 말하는 것이다 - "그대가 누구이든, 또 그대가 다른 점에서는 어떻게 살고 있건, 그대는 (만일 그대가 공인된 예배에 계속 동참하고 있다면) 현재 거행되고 있는 예배에 불참함으로써, 하나의, 그것도 중한 하나의 죄를 영원히 면할 수 있다." 그대의 행동에 책임을 진 자는 그대 자신이다. 그러나 이미 들은 이상 그대는 책임을 져야 한다.

5. '그리스도교계'는 대대로 비그리스도인의 집단이다. 또 이런 일이 생기게 되는 방식

그 방식은 다음과 같다. 총각이 신약성서의 그리스도교의 의미에서 그리스도인이 되는 문제에 부닥칠 연령에 이르면, 그는 분명히 결심을 할 수가 없다고 생각하게 된다. 반면에 결혼을 하는 일에 관해서는 그는 확실한 욕구를 갖고 있다. 암, 그럴테지! 그래서 그는 다음과 같이 생각해 본다 - "나는 그리스도인이 되기에는 이미 너무 나이가 들었다(이것은 그리스도교의 근본적인 거짓말이다. 왜냐하면 신약성서에 따르면 그리스도인이 되려면 어른이어야만 하기 때문이다). 어린 시절부터 그리스도인이 되어야만 한다. 아이 때부터 그렇게 되어 있었어야 한다. 그렇다면 결혼을 해서 아이를 낳고, 그러고 나서 아이들에게나 그리스도인이 되게 해야지." 기발한 생각이다! 그리고 이 아이들도 다시 신약성서의 의미에서 그리스도인이 되는 문제에 부닥칠 연령에 이르면 각자가 다음과 같이 생각해 본다 - 즉, 그들의 아버지나 어머니가 생각했던 것과 마찬가지의 내용을 생각해 본다. "나는 그리스도인이 되기에는 이미 너무 나이가 들었다. 아이 때부터 그리스도인이 되어야만 한다. 그래서 나는 (내가 듀아하베에 와 있는 것은 프류싱의 지시라고 트롭이 말한 것과 마찬가지로), 그러니 나는 그리스도교의 지시대로 결혼을 하고 애를 낳아서, 아이들이나 그리스도인으로 만들어야겠다." 기발한 생각이다. 아멘, 아멘, 영원히 아멘, 목사들에게 영광이 있으라!

이것이 그리스도교계의 비밀이다. 하느님을 속이려는 방법에 있어서는 유례를 볼 수 없을 이 파렴치, 이 파렴치는 그리스도교가 진정한 그리스도교라고 하는 구실 밑에서 목사들이 축복해 준 파렴치다. 서약을 한 이 목사들, 이 수상쩍은 조합(組合)은(다소나마 경험이 있는 사람이라면 누구나 그 사실을 알고 있다. 단지 신약성서의 그리스도교를 잘 모르고 있기 때문에, 그 사실에 구역질을 느끼지 못하고 있을 뿐이다) 각자가 산파와 결탁할 것을 희구하고 있다. 주의 깊게 관찰하라! 그러면 내가 말하는 그대로이고, 목사와 산파 사이에는 비밀 협정이 맺어져 있고, 산파와의 결탁이 목사에게는 가장 중요한 일이라는 것을 서로가 양해하고 있고, 또 그들의 수입이 애당초부터 공유물(共有物)이라는 사실을 양해하고 있다는 것을 알 수 있을 것이다.

그러나 목사는 독신을 권장하는 신약성서에 서약 때문에 의무적으로 묶여 있는 자다. 또 '그리스도교계'의 그리스도교가 신약성서의 그리스도교와는 정반대의 것이고, 그렇기 때문에 이 스커트를 입은 족속들이(산파를 말하는 것이 아니라 목사를 가리킨다) 유곽의 포주 할미처럼 산실에까지 출몰한다는 사실을 알 것이다. '그리스도교계'의 그리스도교의 중요한 과업은 다음의 명제(命題)에 기초를 부여하는 일이다. 즉, 사람은 아이 때에 그리스도인이 된다. 옳게 그리스도인이 되려고 한다면, 아이 때에 그렇게 되고, 아이 때부터 그렇게 되어야만 한다. 이것은 근원적인 속임수다. 이 속임수가 제대로 성공하는 날에는, 신약성서의 그리스도교여, 안녕! 그때 '그리스도교계'는 내기에서 이기는 것이다. 그 승리에 가장 어울리는 일이 있다면, 그것은 실컷 마시고 먹는 잔치를 베푸는 일이고 박칸트, 박칸틴(목사와 산파)을 축제의 선두에 세우고 광란에 도취하는 일일 것이다.

진리(眞理)는 다음과 같다. 사람은 아이 때에는 그리스도인이 될 수가 없다. 그것은 마치 아이는 아이를 낳을 수가 없는 것과 마찬가지다. 그리스도인이 되는 것은 (신약성서에 따르면) 완전한 인간이 - 자연적인 의미로는 성숙한 인간이라고도 부를 수 있다 - 되는 것을 전제로 한다. 따라서 사람은 직접적으로 집착하고 있는 것을 모두 단절해 버림으로써 그리스도인이 되는 것이다. 그리스도인이 되는 것은

(신약성서에 따르면) 개인적인 죄의 자각(自覺), 자신을 죄인으로서 자각하는 것을 전제로 한다. 그런즉 아이 때에 그리스도인이 된다는 둥, 아이 때에 그렇게 되어야만 한다는 둥의 말 따위는, 모두가 목사의 잠꼬대에 불과하다는 사실을 당장에 알 수 있을 것이다. 목사는 아마도 신약성서에 서약한 터이므로, 이 잠꼬대를 군중들에게 설득하고, 그렇게 함으로써 '성직자'의 수입과 출세를 확보할 것이다.

이야기를 출발점으로 되돌리자.

총각은 "나는 그리스도인이 되기에는 이미 너무 나이가 들었다. 그러니 결혼해서 애를 낳고, 그들이나 그리스도인이 되게 해야지" 하고 말한다. 이 총각에게 진정 그리스도인이 되려고 하는 진지성이 있었다면, 반드시 다음과 같이 말했을 것이다 - "나는 이제 그리스도인이 될 수 있는 나이다. 결혼하고 싶다는 생각은 없다. 비록 그리스도교가 독신을 권장하지 않았다고 해도 - 그러나 수범자(垂範者)께서는 그렇게 말씀하셨고, 사도도 역시 결국은 어느 정도 인정하였다. 그도 그럴 것이 분명히 본의는 아니었지만, 결혼하고 싶은 욕망이 강한 군중들을 위하여 약간은 결혼을 허용하지 않을 수 없었고, 또 언제나 같은 일로 불평하는 것을 듣는 데에 지쳐서, 최악의 경우에는 속을 태우느니보다는 결혼을 하는 편이 좋다고 약간의 양보를 한 것이다 - 그리스도교가 독신을 권장하지 않았다고 해서 결혼하고 싶다는 생각이 없는 것이 아니다. 그리스도인이 되는 일이란 참으로 무서운 과제다. 비록 사람들이, 특히나 어떤 연령층에 도달한 사람들이 결혼을 최대의 행복이라고 말하고 또 그렇게 생각하고 있지만, 어떻게 그런 방해물을 자진해서 떠맡을 수가 있을까! 솔직히 말해서 나는 그리스도인이 되는 것과 결혼하는 것을 결부시키고 싶어하는 사람들의 마음을 이해할 수가 없다. 나의 말을 오해하지 말라. 나는 예컨대 이미 결혼을 하여 가정을 가지고, 그만한 나이에 이르러 비로소 그리스도인이 되는 그런 사람의 경우를 염두에 두고 있지는 않다. 아니다, 아직 결혼도 않고, 그리고도 스스로 그리스도인이라고 자칭하는 자가 어떻게 결혼 따위를 할 생각을 할 수 있겠느냐는 말이다. 구세주께서는 구원을 하시기 위해 세상에 오셨다. 누구를? 잃어버린 자다. 잃어버린 자는 무척 많다. 왜냐하면 모두가 잃어버린 자들이기 때문이다. 그리고 태어난 자는 모두가 그들이 태어났다는 사실로 말미암아 잃어버린 자인 것이다. 그래서 구세주께서는 개개의 독신자에게 다음과 같이 말씀하신다. '그대는 구원받기를 원하는가' 라고. 비록 구세주께서 여기서 독신에 관해서 아무 말씀도 하지 않으셨다고 해도, 그리스도인은 결혼을 하지 않는다는 것은 두말할 필요도 없다는 말이 의당 거기에서 나오리라 생각한다. 만일 어떤 사람이 구원을 받고, 또 그것이 타인의 고통스러운 삶과 죽음으로써 이루어진 그런 값비싼 것이라고 한다면, 애들을 낳아서 이 이상을 잃어버린 자를 만들지 말라고 하는 것은 그에게 요구할 수 있는 최소한의 요구가 아닐까? 왜냐하면 사실상 잃어버린 자가 너무나도 많기 때문이다. 종족의 번식으로써, 풍요(豊饒)의 뿔에서 쏟아져 나오듯이 잃어버린 자들이 터져 나온다 - 그리고선 구원을 받은 자는 구원에 대한 감사로서 종족의 번식에 참여하고, 잃어버린 자를 위하여 이바지한다는 것이 용납될 수 있을까?'

그러므로 그리스도인이 되는 일을 참으로 진지하게 생각하는 사람은 자기의 힘으로 서 있는 것이고, 그리스도교적으로 본다면 바로 거기에 진지성이 있다. 그는 자기의 힘으로 서 있고, 그리스도인이 되는 것이 자신에게 부과된 과제라는 것을 알고 있다. 그는 자기의 힘으로 서 있기 때문에 결혼할 생각은 추호도 없다. 그는 자연적인 인간이면 누구나가 보여주는 것과는 정반대되는 것을 나타내 보여준다. 즉, 하나의 종족이 자기로부터 나와서 장구한 세월을 통하여 계속되리라는 가능성이 아니라, 자기로써 끝난다는 것을 보여준다.

그는 잃어버린 자의 무리들과는 정반대의 태도를 취하고(그렇기 때문에 그는 그리스도교적으로는 옳다), 그들을 늘리는 일에는 관여치 않고, 오히려 그들에 대해서 부정적이다. '그리스도교계'의 그리스도교에 있어서는 그렇지가 않다. 목축업자와 여인들의 대부대가 합류하여 기백만이라는 아이들을 낳는다. 그때 목사들은 주장한다(그들은 신약성서에 선서를 했으니까, 잘 살고 있을 것이다). 목사들은 주장한다

(목사들은 돈을 위해서는 무엇이든지 한다). 목사들은 주장한다. 이것이 그리스도교라고. 목사들, 이 거룩한 인간들에 관해서는, 사실상 다른 사람들에 관하여 일반적으로 할 수 있는 말을 할 수가 없다. 즉, 그를 장사에 있어서는 도둑이라고는 말할 수 없다. 목사는 예외이고, 그는 장사에 있어서는 거짓말쟁이라고 해야 한다.

"아이 때에 그리스도인이 되어야만 한다. 아이 때부터 그렇게 되어 있어야 한다"는 이 말의 뜻은, 양친이 그리스도인이 되는 것을 면하려고 하는 말이지만, 누구나 구실을 붙이기를 즐겨하는 터이니까, 애들을 진정한 그리스도인으로 교육하고 싶다는 말이라고 우긴다. 목사들은 이 비밀을 잘 알고 있고, 그렇기 때문에 그리스도교적인 유아 교육에 관해서 그렇게도 빈번히 언급하는 것이다. 이 중대한 일 - 어버이들은 그렇게 해서 진정한 중대사를 면하려고 한다. 양친과 자식들의 관계는 목사와 신도들의 관계와도 같다. 목사는 자신이 그리스도인이 되려는 생각은 않고, 신도들이야말로 진정한 그리스도인이 되어야만 한다고 말한다. 우스꽝스러운 일은 자신이 그리스도인이 된다는 중대사는 제쳐놓고, 그 대신 남을 그리스도인으로 만들려는 심각한 중대사를 도입하려는 처사다.

이리하여 사람들은 자신의 자식들을 그리스도인으로 키우게 되지만, 이것은 이를테면 신약성서의 그리스도교와는 아무런 관계도 없는 달콤한 과자를 어린애들의 입에다 쑤서 넣는 것이나 마찬가지 일이다. 이 달콤한 과자가 십자가와 고난, 죽음과 자기증오의 가르침과 아무런 유사성도 없다는 것은, 마치 잼과 주석산(酒石酸)의 차이와도 같은 것이다. 어버이들은 이 달콤한 과자를 약간 핥아보고, 자기들은 슬프게도 이미 이런 그리스도인이 될 수는 없다는 감상에 젖는다. 왜냐하면 아이 때가 아니면 진정한 그리스도인이 될 수가 없기 때문이다.

이런 일체의 허풍이 목사들의 즐거움이라는 사실은 두말할 나위도 없다. 그렇다, 당연한 일이다! '목사'에게 있어서 단 한가지의 중요한 것은, 온갖 수단을 다 써서(신약성서에 대한 선서에 따라) 신약성서가 하라는 것과는 정반대되는 짓을 하는 일이다. 즉, 온갖 수단을 다 써서 인간의 종족 번식욕을 지키고 키우고 권한다. 그럼으로써만 그리스도인의 대부대를 항상 유지할 수 있다. 이것은 강력한 번식력을 가진 수천 명의 목사들이 살아가기 위한 생활필수품으로서 결정적인 것이다.

'목사'는 정책 운영을 슬기롭게 하는 정부와도 같이, 사람들은 결혼을 함으로써 약해진다는 사실을 잘 알고 있고(애인들은 후에 가서야 비로소 안다), 그래서 가축 품평회에서처럼 가장 자식을 많이 낳은 자를 포상하고, 또 그 밖의 다른 방법. 예를 들자면 그리스도교는 종족 번식을 장려하고, 이것이야말로 하느님과 인간의 친근성을 가장 강렬하게 상기시킨다고 말한다. 그렇게 함으로써 '목사'들은 결국 대중과의 위험한 충돌을 면하게 된다. 그리스도교의 인생관은 높은 것이기 때문에 대중에게는 흔히 걸림돌이 된다. 그러나 진정한 그리스도교의 근본이 자식을 낳는 거기에 있다고 한다면, 극히 통속적이고 누구에게나 알 수 있는 것이 된다. 그러므로 목사가 말하듯이 사람들을 위협하여 종교에서 추방해서는 못 쓴다. 오히려 종교를 인간의 욕망을 충족시켜 주는 것으로 바꿔놓음으로써, 종교를 위하여 인간을 획득해야만 한다. 이 방법으로 인간을 대량으로 획득하고, 또 그렇게 인간을 획득함으로써 다시금 자기를 획득하게(이득을 보게) 된다 - 그러나 그것으로써 인간이 천국을 얻을 수는 없다.

'그리스도교계'는 대대로 비그리스도인의 집단이지만 이런 일이 생기는 방식은 다음과 같다. 개개의 인간은 그리스도인이 되려고 하지 않는다. 그러나 그 대신에 자식을 낳는 일을 맡고, 자식들을 그리스도인으로 만들겠다고 한다. 그리고 자식들도 역시 마찬가지다. 하늘에 계신 하느님께서는 우롱당하고 계신다. 그러나 지상에서 서약을 통하여 하느님께 봉사하고 있는 목사들은, 그런 그들의 인생과 그 인생의 희극을 즐기고, 산파와 손을 잡고 종족 번식이라는 진정한 그리스도교적인 중대사를 돕고 있는 것이다.

6. 견신례와 결혼식. 어떤 그리스도교 적인 희극 – 혹은 더욱 고약한 일

1) 견신례

아이 때에 왕실 관리가 한 방울의 물을 머리에 떨어뜨려 주면, 가족들은 얼씨구나 하고 잔치를 베풀고, 그래서 사람이 그리스도인이 된다고 하면 이처럼 엉터리가 있을 수 없고, 이런 엉터리는 배겨내지를 못 한다 – 이리하여 양심이 (이 경우에 양심이라는 말이 어울릴지 모르지만) '그리스도교계'를 강타한 듯싶다

"이래선 안 되겠다. 세례를 받은 자가 **개인적으로** 세례를 받을 때의 서약을 실천하겠다는 것을 표명할 필요가 있다"고 그리스도교계는 생각하였다.

그래서 견신례가 설정된 것이다. 그것은 만일 다음과 같은 두 가지를 동시에 의미하는 것이라면 기발한 착상이라 하겠다. 즉 하나는, 예배는 하느님을 우롱하기 위하여 집행된다는 것이고, 또 하나는 집안의 잔치와 파티와 즐거운 저녁 모임과 연회 따위를 베풀 기회를 부여하는 것이 주목적이다. 이 연회가 다른 연회와 다른 점은, 이것이 – 빈틈없이! – '동시에' 종교적 의미를 갖고 있다는 점이다.

"젖먹이는 물론 스스로 세례에 대한 맹세를 할 수가 없다. 그러기 위해서는 인격이 필요하다"고 그리스도교계는

말한다. 이리하여 사람들은 - 천재적이라고나 할까, 눈치가 빠르다고나 할까 - 열네 살에서 열다섯 살까지의 연령을 택했다. 이 시기는 소년기다. 그리고 완전한 인격이고, 어른으로서 충분하고, 젖먹이 시절에 받은 세례에 대한 맹세를 스스로 감당하기에 아무런 지장도 없다는 것이다.

열다섯 살 된 소년이 말이다! 만일 10타렐의 돈의 문제였더라면 부친은 이렇게 말했을 것이다. "얘야 안 되겠다, 너는 아직 철이 덜 들었어." 그러나 영원한 축복이 문제가 되고 젖먹이 시절에 서약에 의하여 묶인 일을, 이제 진정한 인격으로서 인격적인 엄숙한 마음으로 (이것은 깊은 의미에서는 엄숙한 일이 아니다) 책임을 져야 할 경우에는, 열다섯 살이란 나이가 가장 적당하다는 것이다.

가장 적당하다, 암 그럴 테지! 앞서 언급한 바와 같이, 예배에는 이중(二重)의 목적이 있다. 하나는 (이런 말을 해도 좋다면) 점잖게 하느님을 우롱할 목적이고, 또 하나는 취향도 고상한 가정의 잔치를 베풀 기회를 주려는 목적이라고 생각한다면 가장 적당하다 하겠다. 그렇다면 이런 좋은 기회에만, 모든 것들과 마찬가지로, 이날을 위해 지정된 복음서의 구절도 역시 각별히 적절한 것이라 하겠다. 그 유명한 구절은 다음처럼 시작된다. '문을 모두 잠그고 있었다.' * 이 말은 견신례를 집행하는 일요일에는 각별히 어울린다. 목사

---

* 요한복음 20장 19~30절.

가 이 말씀을 견신례를 집행하는 일요일에 낭독하는 것을 듣고, 사람들은 진정한 믿음을 갖게 되는 것이다.

그렇다면 이제 이 견신례라는 것이 유아세례보다 훨씬 불합리한 것이라는 사실을 알 수 있다. 왜냐하면 견신례는 유아세례에는 결핍되어 있던 것, 즉 영원한 축복에 관한 결단과 관련된 서약을 자각적으로 해내는 진정한 인격을 보완할 것을 요구하고 있기 때문에 불합리하다. 그리고 이 불합리는 다른 의미에서 교활하기 그지없는 것이고, 만일 종교에 관한 결단을 성숙한 어른이 되기까지는 보류해야만 한다고 하면(이것이 유일한 그리스도교적인 것이고, 유일한 합리적인 것이지만), 많은 사람들이 가식적인 그리스도인은 되고 싶지 않다는 기분을 충분히 지니고 있을 것이라는 사실을 너무나도 잘 알고 있는 목사 계급의 이기심에 이바지하는 것에 불과하다.

그러므로 '목사'는 사람들을 젊고 철없는 시절에 지배하려고 한다. 그래서 그들이 성숙해졌을 때는 소년시절부터 갖고 있던 신성한 의무를 감당할 수가 없어서, 어떤 경우에는 무신적(無神的)이 되기도 한다. 바로 그래서 목사 계급은 철없는 청년이나 어린애들을 지배하고, 그들로부터 신성한 서약이나 그와 유사한 것들을 받아두는 것이다. 하느님의 사람인 '목사'가 하는 일은 사실상 신성한 일들이다 - 만일 그렇지 않다면, 음식점에서 소년에게 술을 제공하는 것을 금하는 법령의 예가 있듯이, 소년들로부터 영원한 구원에 관한 엄숙한 선서를 받는 일을 금하고, 또 목사 자신이 제아무리 거짓 선서를 한 자라고 하더라도, 심심파적으로 되도록 많은 자들을 공동난파(共同難破)시키고, 신도들 전체를 거짓 선서를 한 자로 만드는 일을 금하는 법령이 선포되어도 무방할 것이다. 열다섯 살 난 소년에게 영원한 축복에 관련된 거룩한 선서를 받게 한다는 것은 마치 이런 목적을 위해 계산된 일이라 하겠다.

그러므로 견신례 그 자체가 유아세례보다 훨씬 불합리한 것이다. 그럼에도 불구하고 견신례와는 정반대되는 것을 견신례라고 주장하는 데 이바지할 수 있는 것이면 무엇이든지 소홀히 하지 않기 위하여, 사람들은 이 의식을 온갖 유한적인 것, 시민적인 것과 결합시켰고, 그 결과로 견신례의 의미는 오로지 목사가 교부하는 증명서에 불과하게 되었다 - 그 증명서가 없이는 소년이든 소녀든 전혀 세상을 살아갈 수가 없다.

전체가 하나의 희극이다. 이런 관점에서 볼 때, 이 축제에서 극적인 효과를 높이기 위해 해야 할 일이 아직 몇 개 있을 수 있다. 예를 들면 재킷을 입고 견신례에 참석한다는 것은 참다운 인격에 어울리지 않으니 안 된다든가, 견신례를 받는 남자는 교회 안에서 턱수염을 달라는 등이다. 물론 이 턱수염은 밤의 가족 축하연에서는 떼버리지만, 또 놀이가 벌어지면 단다.

나는 이렇게 기술하고 있지만, 그렇다고 해서 신도들을

공격할 셈으로 쓰고 있는 것은 아니다. 그들은 속임을 당하고 있으므로, 그들을 나무랄 수는 없다. 그들이 자신들을 포기하고, 신약성서에 선서한 목사를 믿고, 그것이 예배라고 간주하였다고 하더라도, 그것은 인간으로서는 있을 수 있는 일이다. 그러나 화 있을지어다, 목사들이여. 화 있을지어다, 이 서약한 거짓 선서자들이여! 나는 잘 알고 있다. 종교를 경멸하는 자는 여태까지도 있었다. 그들은 내가 할 수 있는 것을 하려고 일체의 것을 버렸다. 그러나 그들은 성공하지 못했다. 왜냐하면 하느님께서 그들과 함께 하시지 않으셨기 때문이다. 나의 경우는 그렇지가 않다. 본시가 나는 그 누구도 보여준 일이 없을 정도의 호의를 목사들에게 보여주고 있다. 사실 나는 그들에게 협력하기를 원하고 있었지만 그들은 자신에게 모순되는 것들을 초래하였다. 그러나 전능하신 분은 나와 더불어 계신다. 그분은 아신다. 채찍을 어떻게 휘둘러야 하는지를. 그 채찍이 웃음거리가 되는 한이 있더라도, 그것이 공포와 전율 속에서 사용될 때에는 응징이 된다는 것을 사람들은 느낄 것이다 - 나는 그 일을 위해 부름을 받은 것이다.

2) 결혼식

진정한 예배는 사람이 하느님의 뜻을 행하는 지극히 단순한 것이다.

그러나 이러한 예배는 지금껏 한 번도 인간의 마음속에

떠오른 일이 없었다. 모든 시대에 걸쳐서 인간을 분주하게 하는 것, 학문을 발생시키고, 무턱대고 세분화(細分化)시키고, 앞을 내다볼 수 없을 정도로 확대시켜서, 그럼으로써 또 그러기 위해서 수천 명이라는 목사와 교수를 살게 하는 것, 그리스도의 역사의 내용을 이룩하고, 목사와 교수를 지망하는 자들이 그 연구에 의하여 교육되는 것, 그것은 종류가 다른 예배를 고안해 내는 일이다. 그 예배는 자신의 의지를 실천하는 것이지만, 그런데도 하느님의 이름과 하느님께 대한 기원을 거기에 결합함으로써, 인간은 무신앙자라는 비난을 면할 수 있는 그런 방식으로 행한다 - 오호라, 바로 이것이야말로 가장 결정적인 무신앙이다.

하나의 예. 어떤 사내가 살인을 하고 살아가려고 생각하였다. 물론 그도 이것이 하느님의 뜻에 비추어서 용납될 수 없는 일이라는 것을 하느님의 말씀을 통하여 알고 있다. '너희는 살인하지 말라.'* 그는 생각한다. "좋다, 그렇지만 그런 거룩한 일은 내 성미에 맞지 않아. 그렇지만 무신앙의 인간이 되고도 싶지 않아." 그래서 그는 어떻게 할 것인가? 그는 하느님의 이름으로 비수(匕首)를 축복하는 어떤 목사를 찾아낸다. 암, 그렇게 되면 문제가 달라진다!

하느님의 말씀은 독신을 권장한다. "그러나 그런 거룩한 일은 내 성미에 맞지 않아. 그렇지만 무신앙의 인간이 되기

---

* 출애굽기 20장 13절 참조.

도 싫다. 결혼과 같은 중대한 절차를 하느님의 축복의 보증 없이 취할 수가 없지(잠깐만, 하느님께서는 그것을 반대하신다. 따라서 하느님께서는 '이 중대한 절차'를 밟지 않는 것이 중요한 일이라고 생각하신다)." 만세! "그 일을 위한 하느님의 사람인 목사가 있다. 그는 이 중요한 절차를 축복해 준다(그것을 않는 것이 중요한 일인데). 그래야만 하느님을 기쁘게 하지" - 이리하여 그의 소원이 이루어진다. 그의 의지는 예배가 된다. 그리고 목사의 소원이 이루어진다. 목사는 10타렐을 얻는다. 그는 이 돈을 범상한 방법으로 얻은 것이 아니다. 예를 들면 남의 양복을 솔로 털어주거나 맥주나 브랜디를 부어주고 번 것이 아니다. 아니다, 그는 정히 하느님의 이름으로 행동하고, 그럼으로써 10타렐을 번 것이다. 그것이 예배인 것이다. 만세, 멋있다!

이 무슨 무지(無知)와 추잡함의 심연이란 말이냐! 만일 하느님의 뜻에 어긋나는 일이 있으면, 거기에 성직자가 나타나서 - 악을 조장하는 일이다! - 10타렐을 벌고 - 악을 조장하는 일이다! - 이것이 하느님의 뜻에 합당하다고 선언한다. 과연 이런 일이 하느님의 뜻에 합당하다고 할 수 있을까? 결혼의 문제로 다시 돌아가자. 하느님께서는 말씀에서 독신을 권장하신다. 그런데 여기에 결혼을 원하는 한 쌍의 남녀가 있다. 이 남녀는 자칭 그리스도인이라고 하고 있는 만큼 그리스도교가 무엇인가를 잘 알고 있음에 틀림이 없으리라. 그러나 사실 여부는 묻지 않기로 한다. 그래서 사랑하는 자들은 목사를 찾아간다. 그러나 목사는 독신을 권장하는 신약성서에 서약을 한 터이므로 거기에 매여 있다. 그러니 그가 가장 비열한 방법으로 약간의 돈을 벌려는 거짓말쟁이나 위선자가 아니라면, 다음과 같은 태도를 취할 수밖에 없으리라. 즉, 그들이 사랑에 빠졌다고 하는 인간적인 사건을 인간적으로 동정은 하였을망정 고작해야 이렇게 말할 뿐이리라. "그런가, 그렇지만 그대들은 내게는 마지막으로 와야 했을 걸 그랬네. 이런 일로 내게 온다는 것은, 마치 어떻게 하면 도둑질을 잘 할 수가 있는가를 물으려고 경찰에게 가는 것이나 마찬가지로 근본적으로 우스운 일일세. 내 의무는 온갖 수단을 다하여 그대들을 단념시키는 일일세. 고작해야 사도처럼 이렇게 말할 수밖에 없네. (이건 스승의 말은 아닐세.) 만일 부득이하다면. 그리고 그대들의 타는 가슴을 누를 길이 없다면, 그대들은 결혼하라. 가슴이 타느니보다는 차라리 결혼하는 편이 낫다. 그대들이 인생에 있어서 최고의 아름다움이라고 생각하고 있는 것을 이런 식으로 말하면 절망을 느낄지도 모르겠네. 나는 그런 사실을 잘 알고 있어. 그러나 그것을 말하는 것이 내 의무일세. 그래서 내게는 마지막으로 왔어야 했다고 한 것일세."

'그리스도교계'에 있어서는 그렇지가 않다. 목사는 궁합이 맞는 남녀가 있기만 하면 짝을 지어준다. 하느님 맙소사! 설혹 이 두 사람이 산파한테 갔다고 해도, 자신들 두 사람의 계획이 하느님의 뜻에 합당하다고 하는 확증을 그렇게 확실하게 얻지는 못하였을 것이다.

이리하여 두 사람은 결혼식을 올린다. 즉, '인간'의 의지가 관철된다. 그리고 의지가 관철된 그 사실을 교묘하게도 동시에 예배라고 한다. 왜냐하면 하느님의 이름이 그것과 결부되어 있기 때문이다. 두 사람은 결혼식을 올린다 - 목사에 의해서! 그렇다, 목사가 입회해 주기만 하면 안심인 것이다. 서약을 통하여 신약성서에 매인 자, 그러면서도 10타렐로 흥정을 해도 고분고분한 자, 이 사내가 이 의식을 진정한 예배라고 보증해 준 것이다.

그리스도교적으로 볼 때는 이렇게 말해야 한다. 목사가 입회하였다는 그 사실이야말로, 그 무엇보다도 나쁘다. 그대가 결혼을 하고 싶다면, 오히려 대장간 주인에게 가서 식을 올려달라고 하는 편이 좋을 것이다. 그러면 - 이런 말이 허용될지 모르지만 - 혹시 하느님의 눈을 피할 수 있을지도 모른다. 그러나 목사가 입회하면 하느님의 눈을 피할 길이 없다. 다름 아닌 목사가 입회를 한다는 것은 죄를 짓는 일이다. 폭풍우가 닥쳤을 때, 제신(諸神)에게 도움을 구한 사람에게 고지된 말을 기억하라. 그대가 거기에 있는 것을 제신이 보지 못하도록 하면 된다고 했다. 우리도 이와 같이 말해야 한다. 목사가 입회하지 않도록 하면 된다고. 다른 사람들, 대장간 주인과 두 애인은 신약성서에 선서를 하지 않았으니, 목사가 입회를 하지 않아도 더 잘 진행될 것이다.

다소나마 진리를 지향하고 있는 종교라면 모두가 다 그렇지만, 더욱이 그리스도교는 단념과 자기부정에 의한 인간의 전면적인 변혁을 목표로 하고 있고, 인간이 직접 매달리는 것, 또 직접 그 속에서 살고 있는 것을 깡그리 빼앗아 버린다. 이러한 종교는, 인간의 이해에 의하면, '인간에게는' 소용이 없다. 그렇기 때문에 역사를 통하여 대대로 성직자라는 가장 존경을 받는 계층이 - 이 무슨 추상적인 일이랴! - 살아왔던 것이다. 그들의 일은 전체의 상황을 뒤집어엎는 것이다. 그래야만 하느님의 이름을 불러대고 목사에게 얼마간의 돈을 지불하는 것을 조건으로, 인간이 기뻐하는 것이 종교가 된다. 다른 계층들은, 사실을 잘 살펴보면, 순전히 이기심 때문에 목사들의 이런 생각을 지지하는 데 관심을 갖고 있다 - 왜냐하면 그렇지 않고서는 화폐의 위조는 성공을 하지 못하기 때문이다.

　신약성서의 의미로서는 그리스도인이 된다는 것은 근본적인 변화를 하는 것이고, 따라서 순전히 인간적으로 말한다면, 가족의 일원이 만일 그리스도인이 되는 경우가 있다면 가족들에게는 심한 슬픔이 될 수밖에 없다고 하지 않을 수 없다. 왜냐하면 이러한 그리스도인에게 있어서는 하느님과의 관계가 압도적으로 강하기 때문에, 그는 '이른바' 잃어버린 자일뿐만 아니라, 오히려 죽음 이상으로 결정적인 의미에서 가족 전원에게는 잃어버린 자이기 때문이다. 그리스도께서 항상 말씀하신 것은 바로 이것이다. 즉, 두 가지다. 그분께서 자신의 제자가 된다는 것은 자신의 모친과 형제와 자매가 된다는 것이고, 또 다른 의미에서는 모친과 형제와 자매를 버리는 것이라고 말씀하셨을 때는 그분 자신을 가리켜서 말씀하셨던 것이다. 또 그분께서 계속하여 부모를 미워하고 자신의 자식을 미워하는 싸움에 관해서 말씀하실 때도 역시 마찬가지였다. 신약성서의 의미에서 그리스도인이 된다는 것은, 개개인이 직접적인 정열을 갖고 매달리는 것, 또 직접적인 정열을 갖고 자신에게 매달려오는 것, 그런 속박에서 개개인을 해방한다는 것을 의미한다(마치 치과의사가 이빨을 뽑을 때처럼 말이다).

이런 종류의 그리스도교는 이제까지 한 번도 인간의 마음속에 떠오른 일이 없었다 - 오늘날에도 그렇거니와, 주후 삼십년에도 그랬었다 - 오히려 마음 밑바닥에서는 생사를 걸고라도 그것에 반항하고 싶은 것이다. 그러므로 역사를 통하여 대대로 가장 존경받는 계층이 살아왔다. 그들의 일은 그리스도교를 완전히 정반대의 것으로 바꾸어 놓는 일이다.

'목사'의 그리스도교는 다음과 같다. 즉, 종교의 힘을 빌려(그 종교는 불행히도 반대 방향으로 작용하기 위해 거기에 있다) 가족들을 이기주의 안에서 더욱 굳게 단결시키고, 가정에 축제의 기회를 주는 데 있다. 그 축제는 듀아하베로 소풍을 간다든가, 다른 가족들의 단란함에 비하여 무척 유쾌한 것이어야 한다. 예를 들면 유아세례라든가 견신례 따위.

그리고 이것은 '동시에' 종교적이라고 하는 일종의 독특한 매력을 갖고 있는 것이다.

'화 있을지어다'라고 그리스도께서는 율법교사(성서학자)들에게 말씀하셨다. '왜냐하면 너희들은 지식의 열쇠를 빼앗았다. 너희들은 자기도 들어가지 않고(즉, 천국에 들어가지 않는다 - 마태복음 23장 13절을 보라), 또 들어가려는 사람도 못 들어가게 한다'(누가복음 11장 52절).

이것이 가장 존경을 받는 목사의 일이다. 사람들이 천국에 들어가는 것을 저지하는 것이 목사의 직업이다. '목사'는 그때 그 대가로서 흥행에 최선을 다한다. 흥행사 칼스텐센처럼 흥행에 관해서는 무서운 재능을 발휘한다. 그 흥행은 무척 유쾌하고(마치 레몬수에 포도주를 넣으면 맛이 좋아지듯이) 약간의 종교를 섞는다. 그런 일은 칼스텐센도 할 수 없다 - 물론 그도 성직자가 되지 말라는 법은 없다.

7. 특히 프로테스탄트에게 크게 찬양받고 있는 그리스도교적인 가정에서의 그리스도교의 유아교육은 그리스도교적으로는 거짓 위에, 전적인 거짓 위에서 이루어진 것이다.

물론 '그리스도교계'에 있어서 일반적으로 양친은 그리스도인이다 라고 하는 것에 관해서 이름이 그럴 뿐이지 전혀 관심이 없이 살아가고 있고, 근본적으로는 아무런 종교도 가지고 있지 않다. 그래서 자식들의 교육은 하찮은 것을 약간 가르치는 형식적인 훈련에 불과하고, 종교적인 - 하물며 그리스도교적인 인생관을 전하는 일에는 관여하지 않고, 혹은 하느님에 관해서 자식들에게 이야기를 해주는 일에는 관심이 없다. 그리스도교의 본래의 개념(槪念)이나 관념(觀念)과 관련시켜서 하느님에 관해서 말해 주는 일은 더더구나 없다.

성실한 그리스도인이 되는 것을 기꺼이 최고로 중요시하는 척 하고, 그리스도교적인 가정생활과 그리스도교적인 유아교육에 관하여 무엇이나 이야기할 수 있는 기술을 터득한 가정에서는 사정이 약간 다르다. 그런 가정에서 하는 이야기는 그런 일에 관한 부질없는 이야기들뿐이고, 고작해야 어린애들이란 아주 어린 시절부터 그리스도교 안에서 교육을 시키는 것이 중요하다고 하는 정도의 내용뿐이다.

그러나 진리는 다음과 같다. 즉, 이 그리스도교적인 가정에서의 그리스도교적인 유아교육은(프로테스탄트의 자랑!), 그리스도교적으로 본다면 거짓 위에, 전적으로 거짓 위에 이루어진 것이다.

이 사실은 쉽게 증명할 수 있다.

첫째, **그리스도교적으로는** 자식의 탄생을 어떻게 이해해야 하는가에 관해 양친은 실상 자식들에게 그리스도교적인 의미에서 진리를 말해줄 수가 없다. 양친은 너무나도 이기적으로 자식을 교육한다. 그것도 그리스도교의 이름 밑에서!

그들은 자식이 태어난 것은 양친의 각별한 선행(善行)인 동시에 하느님의 각별한 기쁨이고, 양친의 이런 뛰어난 솜씨 때문에 자식이 태어났다고 생각한다. 이것은 다음과 같은 말이다. 즉, 사람들은 그리스도교적인 유아 교육이란 이름 밑에 그리스도교를 완전히 정반대의 것으로 만들고, 그 인생관을 본래의 것과는 대립하는 것으로 만들고 만다.

그리스도교적으로 말한다면 자식을 낳는다는 것은 선행도, 아무것도 아니다(그것은 이교다). **그리스도교적으로 말하면** 자식을 낳는 일에 종사하는 일은 결코 하느님께서 기뻐하시는 일도 아니고, 하느님의 눈에 기쁘게 보이는 일도 아니다(그것을 하느님께서 기뻐하신다고 생각하는 것은 이교고, 그것도 아주 밑바닥의 이교에 속하고, 혹은 그리스도교가 배척하는 일종의 유대교에 속하는 것이다). 그것은 **그리스도교적으로 말하면** 최대의 이기주의다. 왜냐하면 남녀가 불타는 욕정을 억제하지 못했기 때문에, 다른 사람이 어쩌면 70년 동안이나 탄식하며 눈물골짜기와 감옥 속에서 살고, 어쩌면 영원히 잃어버린 존재가 될지도 모를 일이기 때문이다.

둘째, 이 세상에서는 양친은 자신들의 커다란 선행의 결과로써 기쁜 마음으로 자식을 낳는다. 그러나 이 세상은 **그리스도교적으로는** 죄 많고 무신적이고 사악한 세상이고, 태어난 자가 구원받을 자들 속에 들어갈 경우에는 탄식과 괴로움과 비참이 그를 기다리고 있고, 반대로 이 세상을 즐기는 자에 대해서는 영원한 저주가 그를 기다리고 있다. 양친은 이 사실을 자식들에게 말해줄 수가 없다. 또 자식들이 그것을 이해할 수 있을 리가 만무하다. 어린애들은 그들의 자연적인 모습에 있어서 그런 일을 이해하기에는 너무나도 행복하다. 그러나 한편 또 양친은 자신들 때문에 그것을 자식들에게 충분히 말해 주지 못한다. 어떤 어린애든지 간에 천진난만한 순진성에서 말한다면 가히 천재적이라 하겠다. 그래서 자식이 양친에게 다음과 같이 말했다고 하자. "그렇지만 만일 세계가 그런 것이고, 그것이 나를 기다리고 있다면, 나 같은 것은 이 세상에 태어나지 않았던 것이 좋았겠다." 장하도다, 내 어린 벗이여. 네 말이 맞았도다! 이것이 양친에게는 최대의 난점이다! 그렇다, 그리스도교에는 어물쩍 넘길 수 있는 일이란 없다!

셋째, 양친은 **그리스도교적인** 진정한 신관(神觀)을 자식에게 설명해 줄 수가 없다. 뿐만 아니라 그들은 이기주의 때문에 그렇게 하는 것을 원하지 않고 있다. 이 세상은 하느님께 대해서는 잃어버린 세계이고, 태어날 자는 하나도 남김없이 탄생과 더불어 잃어버린 자다. 하느님의 뜻은 - 사랑하기 때문에 - 인간은 죽어야만 한다는 것이다. 하느님께서 은총으로 인간에게 당신의 사랑을 돌리실 때는, 하느님께서는 - 사랑 때문에 - 인간을 온갖 괴로움 속에 놓아두시고, 그럼으로써 인간에게 생명을 주시는 것이다. 왜냐하면 하느님께서 뜻하시는 바는 다음과 같기 때문이다 - 이 역시 사랑 때문에. 하느님께서는 태어날 자의 생명을 당신 안에 두시고, 산 자가 죽은 자가 되고, 죽은 자처럼 살기를 원하신다* - 이런 일은 자식들에게 들려준다 해도 무슨 이야기인지도 모르고, 또 양친은 이기주의적인 이유로 되도록이면 말해 주지 않으려고 신경을 쓴다. 그렇다면 그들은 어떻게 하느냐? '그리스도교적'인 유아교육이란 이름 밑에서 그들은, 이교(異敎)의 본보기에 따라서, 앞서 언급한 내용을 바보스럽게 마구 지껄여댄다. "너를 낳은 것은 각별한 선행이란다. 네가 태어날 곳은 멋진 세계란다. 하느님께서는 친절한 분이시니까, 하느님께 구하면 된단다. 죄다 들어 주실 테니까, 너를 도와주실 거다." 모두가 거짓말이다.

그러므로 이다지도 대단하게 찬양을 받고 있는 그리스도교적인 유아교육이란, 자식들에게 새빨간 거짓말을 가르치는 일이다. 이다지도 찬양받고 있는 그리스도교적인 가정생활 그 자체가 그리스도교적으로는 거짓말이다. 그리스도교적으로는 적어도 이것이야말로 그리스도교의 진정한 모습이라고 할 수 있는 가정생활은 존재하지 않는다. 최고로 봐줘서 그렇게 인정될 수 있는 가정도 있다고 할 뿐이다. 그리고 그리스도교적인 가정생활 자체가 거짓 위에 이루어져 있으므로, 자식들을 완전히 거짓으로 감싸고, 이런 어린애 장난 같은 그리스도교를 좋아하고(이것은 그리 드문 일이 아니다, 애당초 이교니까), 진정한 그리스도인이 될 수 있는 것

---

* 고린도후서 4장 10절 이하 참조.

은 어린 시절뿐이라고 하며 감개무량해 한다.

그렇다면 찬양받고 있는 그리스도교적인 유아교육의 결과는 어떠한가? 그 결과는 다음과 같다. 어린애가 어른이 되고 아버지가 되고 늙은이가 되어서도 역시 마찬가지의 수다를 되풀이하며 일생을 살아가거나, 아니면 그 일생 동안에 어떤 순간이 나타나, 어린애는 가장 무서운 고민 속으로 빠져 들어가거나 한다. 그리고 그때, 불쌍한 어린애는 그때까지 진실과는 전혀 다른 하느님에 대한 가르침을 받았기 때문에, 하느님을 무가치한 것이라고 생각하거나, 아니면 자신의 양친을 거짓말쟁이라고 생각하거나 둘 중의 하나다.

그러므로 이윽고 이 괴로움이 사라지고, 하느님에게 있어서는 모든 것이 의롭고, 하느님은 인간이 하느님에 관해서 언급하려고 고안해 낸 일체의 것과는 관계가 없고, 또 양친이 베풀어 준 것은 언제나 인간으로서의 사랑에서 그랬다는 것을 자식들이 이해한다고 해도, 그리스도교적인 유아교육에서 배운 것을 깡그리 털어버리기 위해서는 아마도 장구한 세월과 가장 고통스러운 치료가 필요할 것이다.

보라, 이것이 그렇게도 찬양받아 온 그리스도교적인 유아교육의 결말이다. 그것이 거짓 위에 이룩된 것인 이상, 거짓 이외의 아무것도 아니다. 그러나 목사들은 그것을 극구 찬양하고 있다. 그것도 당연한 일인지도 모르겠다. 그렇지만 한 도시 전체에 콜레라를 만연시키기 위해서는 한 사람의 인간으로 족하고, 전 사회에 이 옴을 전염시키기에는 천 명의 목사는 좀 많다. 이제야 그리스도교의 이름 밑에서 벌어지고 있는 것이, **그리스도교적으로는** 거짓 이외의 것이 아니라는 사실을 알 수 있다.

8. 사회에 대한 '성직자'의 의의에 대한 진상

그 분야에 정통한 통계학자라면, 어떤 대도시의 인구만 알려준다면, 거기에 필요한 공창(公娼)의 수를 계산해 낼 수가 있을 것이다. 그 분야에 정통한 통계학자라면, 어떤 군대의 인원수를 알려주기만 한다면, 그 군대의 위생 관리에 필요한 군의관의 수를 계산해 낼 수 있을 것이다. 이와 마찬가지로 일을 해본 일이 있는 통계학자라면, 어떤 나라의 인구의 수효를 알려주기만 한다면, 그 나라에 필요한 거짓 선서자의 수효를(만일 그 나라가 그리스도교의 이름 밑에서 그리스도교를 완전히 몰아내려고 한다면, 혹은 그리스도교를 갖고 있다고 보이려고 하거나, 교활하게도 이것이 그리스도교라고 하고 시치미를 떼며, 안심하고 이교적으로 살아가려고 한다면) 계산해 낼 수가 있을 것이다.

사회에 대한 '성직자'의 의의에 관한 진상, 혹은 그 진상이 '성직자'의 의의와 어떻게 관계하는가에 관해서는 이상과 같은 관점에서 인식할 수가 있다.

그리스도교는 인간의 현실에 관해서 다음과 같은 고찰

위에 세워져 있고, 그것을 전제로 하고 있다. 즉, 인류는 잃어버릴 것이고, 태어난 자는 누구나 태어남으로써, 또 태어남과 동시에 이 부류에 속함으로써, 잃어버린 자다. 그러므로 그리스도교가 모든 사람을 구원하는 것을 원하고 있다고 하더라도, 구원이 진지한 일이 아닐 수 없을 경우에는, 이 인생은 인간의 감정이나 기호의 대상물과는 전적으로 정반대이고, 오로지 고난과 고통과 비참뿐이라는 것을 결코 숨기려고 하지 않는다.

물론 인간은 이에 동의하지 않는다. 정색하고 정정당당히 인정하는 자는 기백만 명 중에 한 명도 없을 것이다. 따라서 '인간'에게는, '인류'에게는, '사회'에게는, 전력을 다하여 그리스도교에 반항하고, 그것을 인간의 불구대천의 적으로 간주하는 것이 과제가 된다.

그럼에도 불구하고 공공연하게 그리스도교로부터 떠나가는 '싫다'고 슬기로운 인간은 말한다. "그것은 현명하지가 못하다. 그것은 분별없는 짓이고, 결코 안전하다고는 말할 수 없다. 그리스도교와 같은 거대한 세력은, 비록 사람들이 정정당당하게 그것에 반대하고, 분명히 헤어지려고 마음먹어 봤자, 결국 그 세력에 휘말려 들어가서, 어리석게도 음모를 꾸민 사실에 대한 벌을 받게 된다. 사실 정정당당하게 거부하게 되면 어떤 식으로든지 그것에 손을 대게 되기 마련이니까."

아니다, 여기서는 전적으로 별개의 수단이 필요하고, 이 약삭빠른 '인간' 도 정신을 바짝 차려야 한다.

이리하여 희극(喜劇)은 시작된다. 통계학자는 이러저러한 인구의 수효에는 이만저만한 거짓 선서자가 필요하다고 한다. 그래서 그런 친구들이 고용된다. 그들이 가르치고, 그들의 생활이 표현하는 것이 신약성서의 그리스도교가 아니라는 사실은 그들 자신들이 잘 알고 있다. 그러나 그들은 다음과 같이 말한다. "이것은 우리들의 밥통이다, 그러니 아무 말도 못들은 척하자. 신경을 쓸 필요가 없다."

이것이 거짓 선서자라고 불리는 자들의 소행이다. 사회는 이 신약성서에 대한 서약이 진짜가 아니라는 사실을 약간은 눈치 채고 있을지도 모른다. 사회는 다음과 같이 생각한다. 그러나 우리에게는 못 들은 척하고, 만사가 순조롭게 진행되고 있는 척하고 있는 것이 우리의 소임이다. 사회는 말한다, "우리들은 모두가 평신도다. 우리는 저들과 같은 식으로 종교에 관여할 수는 없다. 우리들에게는 확실히 신약성서에 선서함으로써 매인 성직자들을 신뢰하고 있는 편이 안전하다"라고.

이제 희극은 막을 내렸다. 모든 사람이 그리스도인이고, 그리스도교적이고, 목사다 - 그리고 모두가 신약성서의 그리스도교와는 정반대의 것을 표현하고 있다. 그러나 연극이 이렇게 교묘하게 진행되면, 그 결과를 파악하기란 불가능하고 이 속임수를 간파하기란 전혀 불가능하다. 그리스도교가 여기에 있다는 것을 의심하는 자는 아무도 없다 - 그와 마찬가지로 이 세상을 단념하게끔 선서를 함으로써 의무를 걸머진 목사가 장사꾼이고, 현실부정(現實否定)이라는 간판을 내걸고 장사를 하고 있는 사실을 알아차릴 수 있는 자는 아무도 없다. 하기야 도착하자마자 곧 "잘 있어요"라고 하는 사람이 있다면 어리둥절하게 마련이다. 방금 도착한 사람이 "잘 있어요"라는 말을 하리라고 누가 생각이나 할 것인가?

그리고 내가 '거짓 선서자'라는 이름으로 언급하는 인간이 '목사'이고, 다름 아닌 '진리의 증인'이라고 하는 '목사'라는 사실을 사람들이 어떻게 알아차릴 수 있겠는가. 만일 내가 스스로 그 사실을 고하지 않았던들 누가 감히 알아차릴 것인가. 이것이 사회에 대한 '성직자'의 의의다. 사회는 대대로 '필요한' 수만큼의 거짓 선서자들을 사용해 왔다. 그것은 그리스도교의 이름을 내걸고 완전히 그리스도교를 몰아내기 위해서였고, 또 교묘하게도 이것이 그리스도교라고 하는 보증을 얻어 완전히 안심하고 이교적으로 살기 위해서였다.

목사 계급 전체를 돌아보아도 단 한 사람의 성실한 자도 없다. 그렇다, 내가 잘 알고 있는 사실이지만, 다른 일에 관해서는 내 말에 동의할 생각을 가진 사람까지도 한 사람쯤은 성실한 사람이 있다는 예외를 인정해야 할 것이라고 생각한다. 천만에, 그렇게 생각한다는 것은 부질없는 수다를 떠벌리는 꼴이다. 왜냐하면 만일 내가 예외를 인정한다면,

계급 전체와 사회 전체가 내 말이 옳다고 하며, 누구나가 자기야말로 예외라고 생각하리라는 것은 뻔한 일이기 때문이다. 그러나 완전히 글자 그대로 예외는 없다. 완전히 글자 그대로 단 한 사람의 성실한 목사도 없다. 경찰은 그런 자칭 성실한 자, 그런 예외적으로 드문 진지한 자를 조사해 보라. 그도 역시 예외가 아니라는 사실을 곧 알 수 있다. 실로 완전히 글자 그대로 단 한 사람의 성실한 자도 없다.

첫째로, 그는 다음과 같은 사실을 모를 정도로 어리석지는 않을 것임이 분명하다. 즉, 보수를 받는 그런 일이 그리스도교적으로는 전적으로 용납되지 않고, 그것이 그리스도의 명령에 맞바로 어긋나는 일이라는 사실 말이다.* 마찬가지로 국가의 봉사자와 그리스도의 제자를 결합시킨 그 존재 전체가 그리스도교적으로는 전적으로 용납되지 않고, 그것이 그리스도의 명령에 맞바로 어긋나는 일이라는 사실 말이다. 이것은 양의적(兩義的)인 것으로서, '일부는 - 또 일부는', '이것도 - 저것도'를 표시할 셈으로 두 가지 빛깔의 옷을 입는 것이 요구되는 셈이다(물론 범죄자와는 다른 이유에서다. '성직자'는 달아나지 않으니까 그럴 필요가 없다).

둘째로는, 이 예외자는 계급의 일원이기 때문에 계급 전체의 죄에 연루된다. 만일 계급 전체가 부패해 있다고 하면, 그 계급의 일원임을 그만둠으로써만 성실을 표시할 수 있

---

* 마태복음 10장 9~10절 참조.

다. 만일 그렇게 하지 않을 경우에는, 이 한 사람의 성실성을 순간적으로나마 인정하였다고 해도, 이 계급은 그를 일원으로 있게 함으로써 증인으로 끌어낼 수 없는 자를 증인으로 끌어내는 결과를 초래할 따름이다. 이것은 마치 폭동이 일어났을 무렵에 경찰이 군중에게 해산을 명했을 경우와도 마찬가지로, 선량한 시민이라면 거기에 머물러 있지를 않는다. 거기에 머물러 있다는 사실 그 자체가 선량한 시민이 아니라는 증거다. 왜냐하면 머물러 있다는 것은, 경찰의 명령을 거역하고 머물러 있는 자들과 행동을 같이하려고 하는 뜻을 표명한 셈이니까. 그러나 머문 사내가 매우 존경을 받고 있는 선량한 시민이라고 잠시 가정해 보기로 하자. 머물렀기 때문에 선량여부가 일단은 의심을 받을 수밖에 없다고 하는 사실을 차치하고라도, 머무름으로써 다른 의미의 커다란 해를 끼친다. 폭도는 그를 증인으로 내세울 수가 있고, 경찰은 이 '선량한 시민'이 거기에 있다는 이유만으로 필요한 조치를 과감하게 취할 수가 없게 될 것이다.

셋째로, 이 자칭 성실한 자는 예외적인 존재이기는커녕, 하는 짓이 점잖을 뿐이지, 실은 다른 사람보다 훨씬 악랄할지도 모른다. 장님 사이에서는 물론 애꾸눈이 판을 친다. 값비싸게 자신을 특별한 자로 보이기 위해, 속물근성이나 비열이나 불성실을 벗으로 삼는 것은, 그야말로 교활한 것이다. 거기에서는 극히 약간의 성실성도 다른 것에 비해 한층 빛나 보인다. 암, 그래도 무방할 것이다. 만일 이 교활한 조명방법(照明方法)이 다른 조명방법에 의해서 분명해지는 단순한 불성실보다도 훨씬 교묘한 것만 아니라면 말이다.

아니다, 완전히 글자 그대로 단 한 사람의 성실한 특사도 없다. 한편 '성직자'가 존재함으로써 사회 전체는 그리스도교적으로 비열한 것이지만, 만일 '성직자'가 없었더라면 이 다지도 비열하게는 되지 않았으리라.

이 수천 명과 수백만 명을 거느린 사회는, 아침부터 밤까지 그리스도교와는 맞바로 대립하는 인생관, 삶과 죽음이 대립하듯이, 대립하는 인생관을 표명하고 있다. 우리는 이것을 비열이라고 부를 수는 없다. 그것은 인간적인 것이다. 그러나 여기서 비열이 생긴다. 즉, 신약성서에 서약한 천 명이 거기에 함께 머물러 있다. 그들은 사회의 다른 모든 사람들과 마찬가지로 그리스도교에 맞바로 대립하는 인생관을 표명하며 동시에 사회에 대해서는 이것이 그리스도교라고 보증한다. 이제야 사회는 비열한 것이 된 것이다.

신약성서의 의미에서의 그리스도인이 인간보다 우수하다는 차이는 동물이 인간보다 뒤떨어진다는 차이와 같다. 신약성서의 의미로서의 그리스도인은 고난을 받아가며 이 삶의 현실 속에 있지만, 이 삶과는 질적으로 완전히 다르다. 그는 신약성서에 기록된 바와 같이 나그네고 거류민이다.* 이 말은 기도집에도 수록되어 있다(이 무슨 고약한 풍자란

---

* 베드로전서 2장, 11장 참조.

말인가! 그것이 항상 여기에 있는 그런 목사에 의해서 항상 여기에 있는 그런 그리스도인 앞에서 낭독되다니) - 예를 들면 작고한 뮌스터 감독이 설교단 위에서, 우리들은 이 세상에 있어서 나그네고 거류민이라고 기도드린 일을 상기하면 된다. 신약성서의 의미에서의 그리스도인은 글자 그대로 나그네고 거류민이다. 그는 자신을 나그네라고 느끼고, 또 모든 사람은 무의식 중에 그를 나그네로 느낀다.

한 예를 들어보자. 어떤 사람이 어떤 날품팔이 노동자보다 더 열심히 일하고도 그 때문에 손해를 보고, 얻는 것이란 하나도 없고, 사람들로부터 조소나 받는 따위의 방식으로 살아간다는 것은, 대중에게는 일종의 어리석은 짓으로밖에는 생각되지 않고, 하여간 사람들은 이런 일체를 이질적으로 느끼고, 괴상한 생활이라고 간주할 것이다. 그러나 사실은 이러한 생활이 신약성서의 그리스도교와 일치한다.

서약에 의해서 신약성서에 매인 교사들이 점령하고 있는 그리스도교적인 사회 속에 이렇게 사는 사람을 놓아두었다고 하자. 그때는 비열이 생긴다. 그렇다, 대중은 이 서약을 한 목사들과 그들의 생활을 믿고서도 이질감을 느끼지 않는다. 그들은 그 모든 것을 잘 알고 있고, 그것이 그들의 것이라는 사실을 알고 있다. 이윤이 생기고, 장사가 번창하고, 이러나저러나 돈은 벌리니까 그것으로 만만세다. 그러나 이 교사들은 하여간에 '성직자'이고 신약성서에 선서한 자로서 그리스도교가 무엇이라는 것을 잘 알고 있을 것이다. 그래서 그들은 이 이윤 추구나 그와 유사한 것이 진정한 그리스도교라고 대중에게 보증한다. 이런 식으로 배운 대중은 앞서 언급한 그런 생활을 보면 이질감을 느끼고, 그것을 어리석은 것이라고 간주하려고 한다. 이런 일은 그래도 인간적이지 비열은 아니다. 그러나 이제 대중은 그런 생활을 어리석은 것이라고 간주하는 것이 **그리스도교적으로는** 옳다고 믿는다. 이것이 비열이다. 그리고 이 비열성은 '성직자'가 존재함으로써 생겼다.

  작고한 뮌스터 감독과 대담하는 동안에 다음과 같은 응수가 있었다. 나는 그에게 말했다. 목사들은 설교를 하지 않는 것이 좋다고 본다. 그들의 설교는 거의 효과를 거두지 못한다. 왜냐하면 청중은 마음속으로는 그것이 밥벌이라는 것을 알고 있기 때문이다. 이에 대한 뮌스터 감독의 대답을 듣고 나는 깜짝 놀랐다. "그렇지만 약간의 효과는 있지요." 나는 그런 대답이 나오리라고는 예상도 못 했었다. 왜냐하면 단둘이서만 이야기를 하고 있었다고는 하지만, 그렇더라도 이런 문제에 관한 한 뮌스터 감독은 항상 신중했기 때문이다. 나로서는, 성직자도 어떤 의미에서는 커다란 효과를 거둘 수 있다는 사실, 즉 성직자의 존재는 사회 전체를 그리스도교적으로 말해서 비열한 것으로 바꿀 수도 있다는 사실이 판명된 이상 내 의견도 자연히 변하지 않을 수 없게 되었다.

9. 나의 주장에 대한 관심에 대하여

 어떤 점에서는 이 관심은 매우 크다. 내가 쓰는 글은 어떤 의미에서 내가 원한 이상으로 많이 보급되고 있다. 물론 다른 의미에서 나 자신도 되도록이면 많이 보급되기를 원하고 있다(그렇다고 해서 정치가나, 허풍선이 장사치나 성가신 거지들이 쓰는 수법과 비슷한 수단을 쓸 생각은 추호도 없다). 나는 사람들이 내가 쓴 글을 흥미 있게 읽고, 탐독하고 있는 사실을 알고 있다.

 그러나 대개의 사람들의 경우는 다음과 같은 실정일 것이다. 즉, 다음 일요일이 되면 평상시의 습관으로 교회에 간다. 그러고는 다음과 같이 말한다 - "키르케고르가 하는 말은 근본적으로 진리다. 그는 공인된 모든 예배가 하느님을 우롱하고 하느님을 모독하고 있다고 쓰고 있지만, 이건 매우 읽을 만하다 - 그러나 우리들은 그런 관습 속에서 살아왔기 때문에, 거기서 빠져나가려고 해도 빠져나갈 힘이 없다. 그렇지만 우리들은 확실히 그가 쓴 글을 읽고 만족한다. 사실 말이지 다음의 새로운 호가 나와서 이 흥미진진한 형사 사건이 많이 알려지기를 학수고대 한다"고.

 그러나 이러한 흥미는 사실은 기뻐해야 할 일이 아니고, 오히려 슬퍼해야 할 일이고, 그리스도교가 이곳에는 존재하지 않고, 내 표현을 빌리면, 사람들은 오늘날 종교를 가질 수 있는 상황에조차 있지 않고, 모든 종교에 요구되는 정열을 이질적인 것으로서 물리치고, 또 그것을 조금도 모르고 있다는 사실은 슬픈 증거가 아닐 수 없다. 그 정열이 없이는, 사람들은 종교를, 특히나 그리스도교를 가질 수가 없다. 내가 말하고자 하는 바를 비유를 들어 제시해 보련다. 어떤 의미에서는 나는 마지못해 비유를 든다. 왜냐하면 나는 비유를 들어 말하기를 싫어하기 때문이다. 그럼에도 불구하고 구태여 그것을 택하고 이용하는 까닭은 충분히 생각하고 나서 그런 것이다. 나는 비유를 이용하지 않고서는 대답할 수가 없다고 생각한다. 왜냐하면 사건의 중대성은, 어떤 수단을 사용하여도, 진상을 알고 싶어하는 사람에게, 자신의 상황에 대해서나 자기 자신에 대해서나 정나미가 떨어지게끔 되어 있기 때문이다.

여기에 어떤 사내가 있다. 그의 아내가 그에게 부정(不貞)을 저질렀다. 그러나 그는 그 사실을 전혀 모르고 있다. 그런데 어떤 친구가 그 사실을 그에게 알려준다(많은 사람들은 그의 우정이 의심스럽다고 말할지도 모른다). 그 사내는 친구에게 말한다 - "자네가 그런 말을 들려주니 고맙기 짝이 없네. 이제까지 전혀 모르고 있던 그런 숨은 부정을 탐지한 자네의 날카로운 눈에 놀라움을 금할 수가 없군. 그렇지만 그런 사실을 알았다고 해서 난 그녀와 헤어질 수도 없고, 또 그럴 결심도 할 수가 없네. 나는 지금의 생활에 젖어서, 그것을 버릴 수가 없을 뿐만 아니라, 그녀는 재산을 갖고 있기 때문에 그것이 없으면 곤란하단 말일세. 그나저나 이 사실에 관해 앞으로도 많은 정보를 제공해 주게나. 자네에게 아첨을 할 생각은 없네만, 정말 흥미진진한 얘길세."

 이런 태도로 흥미로운 문제를 대한다는 것은 참으로 서글픈 일이다. 마찬가지로 자신의 예배가 모독이라고 하는 사실을 하나의 흥미진진한 지식으로 알고 있고, 게다가 그것에 젖어 있기 때문에 태평할 수 있다는 것은 슬픈 일이 아닐 수 없다. 그것은 근본적으로 말해서 하느님을 경멸하는 일이라고 하기보다는, 오히려 자기 자신을 경멸하는 일이다. 자기에게는 허물이 없으면서도, 아내의 부정 때문에 남편이면서도 남편이 아닌 존재가 된다는 것은, 세속적으로 경멸의 대상이 된다. 요컨대 이런 관계에 처하여서도 그대로 거기에 머물러 있다고 하는 것은 딱한 일로 간주된다. 그러나 자신의 예배가 모독이라는 사실을 자신이 알면서도, 그러면서도 종교를 가지고 있다고 주장하는 그런 식으로 종교를 가진다는 것(이런 일은 자신의 과오로써만 생긴다), 그것은 가장 근본적인 의미에서 자기 자신을 경멸하는 일이다.

 아, 인간에게 일어날 수 있는 가장 비참한 일은 이성(理性)을 잃어버리는 일이라고들 생각하기 쉽지만, 그보다도 더욱 비참한 일이 있다. 더 비참한 일이 있다! 품성 면에서의 우둔과 무성격이 지닌 철부지, 이것은 이성의 상실보다 더 무서운 것이고, 거의 치유 불가능한 것이다. 어떤 인간에 관해 말할 수 있는 가장 비참한 일은, 자신의 품성을 높이지 못하고 자신의 지식이 자기 자신을 높이지 못하는 일이다. 연(漂)을 날리는 어린애와도 같이, 그는 자신의 지식을 높이 올리고, 그것을 따라가며 눈여겨 바라보고, 응시한 채로 눈길을 돌리지 않는다 - 그러나 그 자신은 높이지 못하고 진흙 속에 머물러서, 줄곧 자극적인 것만을 구하고 있다. 그러므로 그대가 누구이든, 만일 어떤 모양으로든지 이런 상태에 있다고 한다면, 부끄러워하라, 부끄러워하라, 부끄러워하라!

제8호

1. 동시대성(同時代性). 그대의 행동은 동시대성 안에서 이루어질 때 결정적인 것이 된다.
2. 사람은 단 한 번 산다.
3. 영원한 후회
4. 사람은 무엇을 영원히 기억할 수 있는가?
5. 인생의 모습과 인생으로부터의 모습
6. 하느님의 의(義)
7. 떨지어다 - 왜냐하면 사람은 어떤 의미에서 가장 쉽게 하느님을 우롱할 수가 있으므로!

1855년 9월 11일
쇠얀 키르케고르
코펜하겐

1. 동시대성. 그대의 행동은 동시대성 안에서 이루어질 때 결정적인 것이 된다.

이 글은 1853년의 것으로서, 다만 군데군데 몇 줄씩 첨가하였거나 바꿨을 뿐이다. 문장 자체는 1853년의 것이다. 독자는 그 결론에 대한 내 생각을 「조국」에 게재한 내 논문 「그리스도교의 훈련의 신판(新版)에 대해서」에서 알 수가 있을 것이다.

"예언자이기 때문에 예언자로 맞아들이는 사람은 예언자의 보상을 받을 것이고, 의인(義人)이기 때문에 의인으로 맞아들이는 사람은 의인의 보상을 받을 것이다. 내가 진정으로 너희에게 이르노니, 누구든지 내 제자라는 이름 때문에 이 보잘것없는 사람 중 하나에게 냉수 한 그릇이라도 주는 자는 결코 자기의 보상을 잃지 않을 것이다"(마태복음 10장 41절~42절).

왕이나 황제의 아량(雅量)보다 더한 것은 하느님의 은혜뿐이다.

그러나 좀 더 자세히 보아야 한다. 여기서 문제되는 것은, 사람이 동시대인(同時代人)에 대하여 행하는 것, 동시대인으로서 예언자나 제자에게 행하는 것이다. '이 보잘것없는 사람 중 하나에게 냉수 한 그릇을 주는 자' - 결코 이 말에 비중이 있는 것은 아니다. 아니다, 비중은 그가 제자인 데에, 그가 예언자인 데에 있다. 따라서 비록 동시대인이라고 할지라도 누군가가 "나는 물론 이 사람을 예언자라고도 제자라고도 생각지 않지만, 이 사람에게 포도주 한 잔을 줄 용의는 분명히 있다"고 말했다면, 혹은 마음속으로 이 사람을 제자나 예언자라고 생각하지만, 그것을 확실히 표명할 용기가 없었다면, 혹은 예언자나 제자가 동시대인의 눈에는 반드시 그렇게는 인정되지 않고 있는 사실을 비겁하게 이용하여 자신을 남들보다 뛰어난 존재로 만들기 위하여, 제자나 예언자에게 친절을 - 그것도 값싼 방법으로 - 베풀고, "나는 이 사람을 예언자라고는 생각지 않지만, 이 사람은 결코 범상한 사람이 아니다. 그러니 기꺼이 그에게 한 잔의 포도주를 주련다"라고 했다면, 이런 경우에 대한 대답은 아마도 다음과 같으리라. "천만에요, 아저씨. 그 포도주 잔일랑 넣어두시지요. 성서의 말씀은 그런 뜻이 아닙니다"라고.

성서는 단지 한 그릇의 물을 그에게 주는 것을 말하고 있지만 그러나 성서가 말하는 바는, 제자이기 **때문에** 예언자이기 때문에 준다는 것이고, 그가 바로 그런 존재라는 것을 전적으로 분명하게 인정해야 한다는 말이다. 그리스도께서 뜻하신 바는 제자로서, 예언자로서의 승인이고, 그리고 그것을 동시대성에 있어서 승인하는 일이다. 이 승인이 한 그릇의 냉수를 주는 일로써 표현되거나 아니면 왕국을 주는 일로써 표현되거나는 아무래도 무방하다.

문제는 동시대성에 있어서 승인되는 '때문에'에 있다. 따라서 그것은 돈을 목적으로 하는 목사가 교회 유지비를 거둘 목적으로 사람들을 속여서, 10타렐은 한 그릇의 냉수보다 더 좋으니 10타렐을 예언자나 제자이기 **때문이 아닌데도** 예언자나 제자에게 주는 자는, 예언자나 제자이기 **때문에** 예언자나 제자에게 주는 자보다 더욱 좋은 일을 하는 것이라고 말하는 것과는 마찬가지가 아니다. 아니다 '…이기 때문에', 즉 이 사람을 진실로 그렇다고 승인한 표시로서 그것을 준다는 데 비중이 있는 것이다.

그리고 동시대성에 있어서 그런 일을 한다는 것은 쉬운 일이 아니다. 그러기 위해서 사람들이 예언자나 제자가 될 필요는 없다. 그렇지만(진실로 그렇게 되기를 소망하는 한 어느 정도 될 수 있다는 사실을 잊어서는 안 된다) 3분의 2라도 제자가 되고 예언자가 될 필요가 있다. 왜냐하면 한 그릇의 냉수, 정확히 말해서 이 '…이기 때문에'는 동시대에 있어서나 생존 시에 있어서나 그에게는 고귀한 것이 될 수 있기 때문이다.

즉, 동시대에 있어서나 혹은 생존 시에 있어서나, 예언자와 제자는 경멸을 당하고, 조소를 당하고, 미움을 받고, 저주를 받고, 싫어함을 당하는 등의 온갖 방법으로 박해를 받는다 - 그때 '제자이기 때문에' 그에게 냉수 한 그릇을 주려면, 적어도 처벌을 각오하고 있어야 한다. 그것은 신약성서의 기록에 따르면, 회당(會堂)에서의 추방이고,* 동시대성에 있어서 그리스도와 사귀었기 때문에 내려진 벌이다. 저 거짓말쟁이인 목사들이라면, 물론 이것을 말살하고, 변명하고, 묵살하고, 불문에 붙이게 된다. 그러면서도 오히려 그들 자신이 괴로워하고, 눈물을 머금고, 딸꾹질과 트림을 하고, 슬피 울며 자신이 그리스도와 동시대에 살아서 회당으로부터 추방당했더라면 하는 식의 입 밖에 내기 어려운 소망을 표명한다. 물론 이것은 봉급생활자나 계급 안에서 사는 인간으로서는 가장 내면적인 욕구일 것이다.

그러므로 제자이기 때문에 한 그릇의 냉수를 주는 자는 결코 보상에서 누락되지 않는다. 그는 또 예언자의 보상을 받을 것이다 - 그러나 예언자나 제자가 죽은 후에 비석을 세우고 '만일…' ** 하는 투의 말을 하는 자가 있다면, 그 사람은 예수 그리스도의 판단에 따르면 위선자이고 살인죄를 범한 셈이 된다.

그는 위선자다. 그렇다, 첫째로 죽은 예언자의 비석을 세우는 자는, 다시금 자신과 동시대에 살고 있는 다른 한 사람의 예언자를 발견하고, 남들과 공모하여 그를 박해할지도 모른다. 혹은 그 예언자가 없으면, 진리를 위해 고난을 받는 의인(義人)이라도 좋다. 죽은 예언자의 비석을 세운 자는 그 의인을 남들과 공모하여 박해할지도 모르기 때문이다. 둘째로 이 같은 예언자나 의인이 동시대인 중에 없을 경우에는,

---

* 요한복음 9장 22절 참조.
** 마태복음 23장 29~30절 참조.

이 위선을 면하기 위해서 그대가 해야 할 일은 명예로운 고인의 생애를 생생하게 그려보며, 동시대성에 있어서 예언자를 예언자로서 승인할 때에 받을 괴로움을 함께 맛보는 일이다.

오호라, 만일 그대가 영혼의 문제를 어떤 방법으로든지 영원히 근심하고, 심판과 영원을 공포와 전율 속에서 생각한다면, 혹은 말을 바꿔서, 그대가 인간으로 존재한다는 일에 관하여 생각하고, 자기를 영광의 사람, 의인에 가까운 인간 - 그들의 가치는 이익이나 칭호나 훈장 따위의 가짜 표시로써 식별되는 것이 아니라, 오히려 빈곤과 비천과 학대와 박해와 수고 같은 진짜 표시로써 식별된다 - 으로 생각함으로써 높임을 받는다고 느끼고 또 한층 높임을 받기를 원한다면, 그대는 동시대라는 이 점에 유의하라.

그대는 그렇게 함으로써, 만일 진리를 위해 고통을 받는 인간이 동시대에 있을 경우에는, 그를 그런 사람으로 인정함으로써 오는 고통을 그대의 고통으로 삼으라. 혹은 그런 동시대인이 없을 경우에는 그대는 영광된 고인의 생애를 생생하게 눈앞에 그려보며, 동시대성 안에서 그를 그런 사람으로 알았을 경우에 그대가 받았을 괴로움과 똑같은 괴로움을 맛보라. 동시대라는 이 점에 유의하라.

문제는 그대가 고인을 위해 얼마만한 비용을 썼는가에 있는 것이 아니다. 아니다, 오히려 그대가 동시대성에 있어서 무엇을 하느냐에 있다. 혹은 과거의 것을 생생하게 그려

보며, 그대가 동시대에 살고 있었더라면 받았을 괴로움과 똑같은 괴로움을 맛보는 일이다. 이것이 인간으로서의 그대를 결정한다. 이와 반대로, 고인을 위하여 비용을 쓰는 것 - 이것 역시 확실히 인간으로서의 그대를 결정하기도 한다. 즉, 예수 그리스도의 판결에 따르면, 그대는 위선자이고, 심지어는 살인자이고, 고인에게는 고인을 죽이는 자보다 훨씬 더 가증스러운 자가 된다.

동시대라는 이 점에 유의하라! 나는 1850년에 출판한 책 『그리스도교의 훈련』 속에서 이 사실을 그대에게 분명히 하였지만, 그대가 아직 이것을 읽지 못하였다면, 조속히 읽기 바란다. 거기서는 바로 이 동시대성을 주장하고 있다. 이 책은 격렬한 싸움 동안에 출판된 것이지만, 오히려 평화를 추구하는 책이었다.

나는 이 책이 기성교회(旣成敎會)에 대하여, 공인된 그리스도교의 전도에 대하여, 혹은 공인된 그리스도교의 전도의 공인된 대표, 즉 뮌스터 감독의 그리스도교의 전도에 대하여, 어떤 태도를 취했는가를 그대에게 올바르게 전하려고 한다. 만일 뮌스터 감독이 이 책을 평하여, '이것이 진정한 그리스도교다. 나 자신도 마음속으로는 그렇게 이해하고 있다' 고 했더라면, 이 책은 뮌스터 감독의 그리스도교의 전도(傳道)의 한 변용(變容)이 되고, 나로서도 더할 나위 없이 기쁜 일이다! 이와는 반대로, 뮌스터 감독이 이 책을 보자마자 눈언저리에 경련을 일으키며 격분하여, 이것을 읽어보라고 말했다고 하면, 이 책은 뮌스터의 그리스도교의 전도 전체가 - 각별히, 전적으로 각별히 교묘하고 노련한 - 속임수임을 밝힌 셈이 된다. 그렇다고 해도 이 책은 그런 일에 대해서는 속수무책이다. 그러나 그대는 그런 전도에 참여해서는 안 된다.

이 책은, 그대가 원한다면, 동시대라는 이 점에 유의하게 해 줄 것이다. 그리고 이것이야말로 결정적인 사상이다! 이 사상은 나의 일생에 있어서의 중심사상이다. 나는 이 사상을 밝히기 위하여 분투하는 것을 명예로 생각하여 왔다고 진심으로 말할 수 있다.

그러므로 내가 이 사상에 주목하고, 또 사람들에게도 주목시킬 기회를 주신 하느님의 섭리에 무한한 감사를 드리며 '나는 기꺼이 죽을' 것이다. 이것을 발견한 것은 내가 아니다. 하느님! 제가 그렇게 주제넘게 생각하는 일이 없도록 도우소서. 이 발견은 이미 첫날에 신약성서가 해놓은 것이다. 내게 허용된 일은 악전고투하며 이 사상을 상기하는 일이었다. 이 사상은 쥐에게는 쥐약과도 같이, 대학 강사*에게는 유독한 물건이다. 그리스도교를 진짜로 망쳐놓은 해충인

---

* 『공포와 전율』을 보라. 대학 강사라는 비열한 존재가. 이 책에서 비로소 공격의 대상이 되었다. 그들에 관해서는 다음과 같이 언급되고 있다. '그렇지만 쇠사슬에 묶여서 고된 노역을 치르는 성전 강도일지라도 신성한 것을 이런 식으로 약탈하는 자보다는 덜 비열한 범죄인이다. 또 은화 삼십 냥으로 주님을 팔아넘긴 유다마저도 위대한 것을 이런 식으로 팔아버리는 자보다는 덜 비열하다.'

대학 강사라고 하는 이 고상한 분들, 그들은 예언자의 무덤을 만들고, **객관적으로** 그 가르침을 강의하고, 영광된 사람들의 고난과 죽음을 - 주관적인 것은 허약한 것이고 피상적인 것이라는 이유로, 이 객관적인 것을 추측하여 객관적으로 자랑하며 - 돈벌이의 재료로 삼고 있다. 그러나 그들 자신은, 물론 그렇게 자랑하는 객관적인 것에 의지하고 초연하게 도사리고서, 영광의 사람들과 같이 받는 고난, 혹은 영광의 사람들을 진실로 있는 그대로 동시대적으로 승인할 때에 받았을 고난에 조금이라도 가까운 것 - 이런 일체의 것에서 훨씬 떨어져 있다.

동시대성이야말로 결정적인 것이다. 진리의 증인의 한 사람, 수범자(垂範者)로서 전해 내려온 한 사람에 관하여 생각해 보기로 하자. 그분은 오랫동안 온갖 종류의 학대와 박해를 견디고, 이윽고는 생명을 빼앗겼다. 잔혹한 사형을 받았고 그분은 산채로 화형을 당했다. 생각해 낼 수 있는 온갖 잔혹한 방법이 소상하게 정해지고, 그분은 철망 위에 얹혀져서 화력이 약한 불에 불태움을 당했다.

이런 일을 상상해 보라! 그대가 동시대에 있어서 그를 진짜로 있는 그대로 승인하였을 경우에 그가 받았을 괴로움을 현실에서 그대로 그대 자신이 경험한다면 - 그것이 진지성이고 그리스도교다.

그런데 이 진지성과 그리스도교, 그것과 다른 것이 - 그것도 물론 잔인한 행위지만 - 있고, 그것에 관해서는 목사가 아무런 항의도 하지 않는다. 사람들은 진리의 증인과 그의 고난을 추방하려고 한다 - 그러나 그것도 아직은 진정한 잔혹행위가 아니다. 그래서 그들은 말한다, 우리들은 이 영광의 사람을 잊지 말기로 하자고. 그런 이유로 인해서, 우리들은 그가 죽은 12월 17일을 그를 상기하는 날로 정하게 되었다. 그 결과 그의 생애는 깊이 인상에 남았고, 또 동시에 우리들의 생애도 '약간은 그와 닮은 것'이 되었다. 그 '노력'을 표시하기 위하여 그날에는 어느 가정에서건 구운 생선을 먹는다.

그러나 - 여기에 주목하라 - 철망에 구워서, 가장 맛있는 부분을 목사에게 바치는 경건한 습관이 행해지고 있는 것이다. 이것은 진리를 위하여 괴로움을 당하며 죽음까지도 당하는 종교를 먹고 마시는 종교로 바꾸고, 또 목사가 가장 맛있는 부분을 차지하는 종교로 바꾼다는 말이 된다. 이것이 진정한(공인된) 그리스도교다. 거기에서 목사는 생선을 굽는 식으로, 혹은 근엄한 설교로써 당일의 축제 분위기를 드높이는 데 기여한다. 그럼으로써 그는 해마다 출세를 하고, 비로드와 비단을 걸치고, 훈장과 술을 단 화려한 자리에 오르는 것이다.

이것은 한 예에 불과하다. 물론 나로서도, 파생적인 수범자의 경우라면 아무도 사람들에게 무조건 의무를 지우지 않고, 또 하물며 잔혹한 의무를 지우지 않는다는 것을 인정한다. 파생적인 수범자 누구에게나 무조건 의무를 지우지 않는다. 그러나 '수범 그 자체'이신 예수 그리스도는 무조건, 완전히 무조건 모든 사람에게 의무를 지우신다.

진리를 위하여 괴로움을 당하는 자가, 그대와 동시대에는 한 사람도 없다고 해도, 그대는 그분을 참으로 있는 그대로 승인함으로써 - 그리스도교적으로 말하면 이것이 그대의 의무이고, 그대에게 대한 요구다 - 괴로움을 당하게 될 것이다. 그럼으로써 그대는 '수범자'를 지금 여기에 계시게 하고, 그분을 참으로, 동시대성에 있어서 그런 분으로 승인함으로써 괴로움을 당하게 된다. 죽은 뒤에 있어서의 온갖 낭비, 무법을 만드는 따위의 낭비는, 예수 그리스도의 판결에 따르면 위선적인 행위이고, 그분을 죽인 자와 마찬가지로 살인죄에 해당되는 것이다.

이것이 그리스도교의 요구인 것이다. 내가 『그리스도교의 훈련』에서 사용한 것은, 이 중의 가장 온건한 형식이다. 즉, 그대는 이것을 요구로 인정하고, 그럼으로써 은혜에 의지하게 된다. 그러나 사람들은 이 요구에 따르지 않을 뿐만 아니라, 묵살하려고 하고, 게다가 그 대신에 묘비를 세우려고 한다. 그리고 목사는 어떤 속셈을 가지고 그런 자를 진지한 그리스도인이라고 부른다. 우리의 주님 예수 그리스도께서는 실로 그 무엇보다도 이런 자의 출현을 경계하신다.

2. 사람은 단 한 번 산다.

이 말은 세상에서 흔히 듣는다. "사람은 단 한 번 산다. 그러니 죽기 전에 파리(paris)를 보고 싶다. 또 되도록이면 빨리 재산을 모으고 싶다. 혹은 이도저도 아니면 나이가 들어서는 세상에서 위대한 사람이 되고 싶다 - 사람은 단 한 번밖에 살지 못하니까."

희귀한 일이기는 하지만, 단 한가지의 소원을, 특정한 단 한 가지의 소원만을 품은 사람을 만날 수도 있다. 그는 말한다. "이것이야말로 내가 꼭 이루고 싶은 것이다. 아아, 나의 이 소원이 이루어진다면 얼마나 좋을까. 어쨌든 사람은 단 한 번밖에 살지 못한다!'

이제 이 사람이 죽음의 침상에 누웠다고 생각해 보라. 단 소원은 이룩되지 않았다. 그러나 그의 마음은 여전히 그 소원에 매달려 있다 - 이제는 그 소원도 이미 불가능하다. 그 때 그는 침상 위에서 몸을 일으키고, 절망에 허덕이며, 다시 한 번 자신의 소원을 뇌까린다. "이젠 절망이다. 이젠 이를 수가 없다. 절망이다. 사람은 단 한 번밖에 살지 못한다!'

이것은 무서운 일같이 생각된다. 사실이 그렇다. 그러나 그것은 그가 생각하고 있는 의미에서 그런 것이 아니다. 왜냐하면 무서운 것은, 그 소원이 이루어지지 않은 것이 결코 아니고, 오히려 그가 거기에 걸고 있는 격정(激情)이기 때문이다. 소원이 이루어지지 않았더라도, 그는 일생을 낭비한 것이 아니다. 결코 그렇지가 않다. 그러나 만일 낭비하였다고 하면, 그것은 그가 자신의 소원을 포기하려고 하지 않았기 때문이고, 소원이 이루어지느냐 이루어지지 않느냐에 따라서 일체가 결정된다고 생각한 나머지, 자신의 단 한 가지 소원 이상으로 높은 것을 인생에서 배우려고 하지 않았기 때문이다.

그러므로 참으로 무서운 것은 이것과는 전혀 다른 어떤 것이다. 사람이 영원히 구원을 받고자 한다면, 이 세상에서 진리를 위하여 고난을 당해야만 한다 - 이 사실을 사람들은 죽음의 침상에서 발견하는 경우도 있을 것이고, 혹은 일생 동안 어렴풋이 알고는 있었지만, 결코 진짜로 알려고 하지 않았던 것이 죽음의 침상에서 비로소 분명해지는 수도 있을 것이다. 그러나 사람은 단 한 번밖에 살지 못한다. 그리고 이 한 번밖에 없는 것이, 이제는 지나가 버리려고 한다! 그는 인생을 좌지우지했을지도 모른다. 그러나 그는 영원을 바꿀 수는 없다. 그는 죽음의 침상에 누워서, 그의 미래인 그곳을 향하여 들어가려는 그 영원을 바꿀 수가 없다!

우리 인간은 나면서부터 인생을 다음과 같이 생각하는 경향이 있다. 우리는 고통 받는 것을 하나의 악(惡)이라고 간주하고 온갖 수단을 동원하여 그것에서 벗어나려고 애쓴다. 그래서 성공을 하면, 죽음의 침상에 누웠을 때, 그 고통에서 벗어난 것을 하느님께 크게 감사할 수가 있다고 생각하고 있다. 우리 인간은 이 세상을 행복하게 잘 살아갈 수가 있으면 다행이라고 믿고 있다. 그러나 그리스도교가 믿고 있는 바에 의하면, 공포는 모두가 외부에서 온다. 이 세상의 무서운 것 따위는 영원이 가져다주는 공포에 견주면 어린애의 장난에 불과하다. 바로 그렇기 때문에, 이 세상을 행복하게 잘 살아 간다는 것은 문제가 되지조차 않는다. 문제는 고통을 받음으로써 올바르게 영원과 결합되는 일이다.

사람은 단 한 번밖에 살지 못한다. 죽음에 다다랐을 때, 그대의 인생이 다복한 것이었다면, 즉 올바르게 영원과 결부된 다복한 것이었다면, 하느님이시여! 영원히 찬양을 받으소서. 그러나 그렇지 않다면, 그것은 영원히 고침을 받지 못할 것이다. 사람은 단 한 번밖에 살지 못한다!

사람은 단 한번 밖에 살지 못한다. 이 지상에서는 그렇게 정해져 있다. 그리고 그대는 지금 이 한 번뿐인 삶을 살고 있고, 시간 속에서 그 넓이가 시시각각으로 사라져가는 시간과 더불어 사라져 감에도 불구하고, 사랑이신 하느님께서는 하늘에 계시고, 커다란 사랑으로써 그대까지도 사랑해주신다. 그렇다, 그분께서는 그대를 사랑하신다. 그러므로 하느님께서 기뻐하시는 바는, 하느님께서 영원을 위하여 그대에게 원하시는 것을 그대가 원하는 일이고, 그대가 고통을 받으려고 결심하는 일이다. 이것은 그대가 하느님을 사랑하려고 결심하는 바로 그것이다. 왜냐하면 그대는 고통을 받음으로써만 하느님을 사랑할 수가 있고, 혹은 하느님께서

원하시는 대로 하느님을 사랑하기 위해서는, 그대는 고통을 당해야만 하기 때문이다.

사람은 단 한 번밖에 살지 못한다는 것을 잊어서는 안 된다. 이 사실을 무시하고 고통을 당하는 것을 회피한다면, 그대는 하느님으로부터 떨어져 나간 셈이 된다. 그리고 그 일은 영원히 돌이킬 수 없을 것이다. 사랑이신 하느님께서는 결코 그대에게 강요하시려 하지 않으신다. 그렇지 않으면 하느님께서는 당신의 의사와는 전혀 다른 것을 얻게 된다. 사랑은 사랑해줄 것을 강요할 생각은 추호도 없다! 그리고 하느님께서는 사랑이시고, 사랑인 까닭에 당신의 뜻을 그대가 행하기를 원하신다. 그리고 하느님께서는 사랑이신 까닭에 고통을 당하신다. 그것은 무한한 전능의 사랑만이 겪을 수 있는 고통이고, 어떤 인간도 그 고통을 이해하지 못한다. 그대가 하느님의 뜻을 행하기를 원치 않을 때, 하느님께서는 그렇게 고통을 겪으시는 것이다.

하느님께서는 사랑이시다. 하느님께서는 사랑이시라는 말을, 나도 사랑을 받고 있다는 뜻으로 이해하고, 이 사상을 각별히 친근하게 느끼면, 그것에 사로잡혀 형언할 수 없는 축복 속에 젖어들지 않는 사람은 단 한 사람도 없었다. 그러나 다음 순간에, '이것은 고통을 받아야만 한다는 것을 의미한다'는 사실이 분명해 졌을 때, 이 무슨 무서운 일이란 말이냐! 그러나 사실이 그렇다. 하느님께서는 그것을 사랑 때문에 원하신다. 하느님께서는 사랑받기를 원하시기 때문에 그것을 원하신다.' 그렇다, 바로 그렇다! - 그리고 다음 순간에 진지하게 고통을 겪게 되면, 이 무슨 무서운 일이란 말이냐! '그러나 사실이 그렇다. 사랑 때문에 그렇게 된 것이다. 그대는 하느님께서 고통을 겪으시는 것을 모르고 있지만, 하느님께서는 얼마나 고통을 겪고 계신지 모른다. 왜냐하면 고통을 당하는 것이 얼마나 괴로운 일인지를 하느님께서는 너무나도 잘 알고 계시기 때문이다. 그렇지만 하느님께서는 당신을 바꾸지 아니하신다. 왜냐하면 그렇게 되면 하느님께서는 사랑이 아닌 다른 무엇이 되어 버리고 말기 때문이다.' 그렇다, 바로 그렇다! 다음 순간 진지하게 고통을 겪는 일이 현실이 된다. 이 무슨 무서운 일이란 말인가!

그러나 조심하라, 조심하라, 무익한 고통을 받으며 시간을 헛되이 보내지 않도록 하라. 사람은 단 한 번밖에 살 수 없다는 사실을 잊어서는 안 된다. 다음과 같이 생각하는 것이 그대에게 도움이 될지도 모르겠다. 하느님께서는 당신 자신을 바꾸시지 않으시고도, 그래도 그대가 겪는 고통 이상의 고통을 사랑 속에서 짊어지신다. 그러나 사람은 단 한 번밖에 살지 못한다는 것을 잊어서는 안 된다. 영원히 되찾을 수 없는 상실이란 것이 있다. 그러므로 영원은 - 훨씬 무서운 것! - 잃어버린 것의 기억을 지워버리지 않고, 오히려 잃어버린 것을 영원히 상기시킨다.

3. 영원한 후회

 이야기를 하나 할 수 있게 해다오. 나는 그것을 종교 서적에서 읽은 것이 아니라 이른바 오락 서적에서 읽었다. 나는 그것을 이용하는 것을 숨기지 않는다. 왜냐하면 누군가가 우연히 그 책을 알고 있거나, 혹은 후에 가서 이 이야기의 출처를 알았을 때 내가 말을 하지 않음을 언짢게 생각할지도 모를 일이기 때문이다.

 동양의 어떤 곳에 늙고 가난한 부부가 살고 있었다. 그들이 가진 것이라고는, 지금 말한 대로, 가난뿐이었다. 그래서 당연한 일이지만 다가올 노년기를 생각하고는 앞날의 걱정이 태산 같았다. 그들은 지극히 경건하였기 때문에 하늘을 우러러 소리 높여 기도를 외치지 않았다. 그러나 여러 번 하늘을 향하여 도움을 구하고 있었다.

 어느 날 아침이었다. 아내가 솥 가까이 갔을 때, 거기에 커다란 보석이 놓여 있음을 발견하였다. 그녀는 곧 남편에게로 달려가서 그 보석을 보였다. 남편은 그런 보석을 감식할 수 있는 안목을 갖고 있었기 때문에, 곧 그것으로 자신들의 여생이 구원을 받았다는 사실을 깨달았다.

 이 부부에게는 눈부신 장래가 찾아온 것이다. 이 무슨 기쁨이란 말인가! 그러나 그들은 경건하였고, 만족을 알았고 또 그날의 양식이 있었으므로, 그날은 보석을 팔지 않기로 하였다. 그러나 다음날에는 그것을 팔아, 다음날부터는 새로운 생활을 하기로 하였다.

다음날 아침이 오기 전날 밤, 즉 '다음날'의 앞선 밤에, 아내는 낙원으로 옮겨간 꿈을 꾸었다. 한 천사가 그녀에게 주위에 있는 온갖 화려한 것들을 보여주었다. 그것은 동양적인 상상력이 창조할 수 있는 것들이었다. 그리고는 천사가 그녀를 어떤 넓은 방으로 데리고 갔다. 거기에는 완전히 보석과 진주로 장식한 의자가 몇 줄씩이나 나란히 놓여 있었다. 천사의 설명에 따르면, 그것들은 경건한 자들을 위해서 마련해 놓은 것이었다. 끝으로 천사가 그 중의 하나를 가리켰다. 그것은 그녀를 위해 마련된 것이었다. 그러나 그녀가 그것을 눈여겨보았을 때, 의자 뒤에 있던 커다란 보석 한 개가 없어져 버린 것을 알았다. 그녀는 천사에게 물었다. 이것은 어찌된 일입니까 라고. 천사는….

오오, 여기서 정신을 바짝 차려라. 이야기는 이제부터 중요한 대목에 접어든다. 천사가 대답했다. 그것은 그대가 솥 위에서 발견한 보석이다. 그대는 이미 그것을 얻었다. 그러니까 다시는 끼워 넣을 수가 없다고.

아침이 되자 아내는 남편에게 이 꿈 이야기를 하였다. 그러고 남은 몇 해의 여생을 가난에 견디는 편이, 보석을 영원히 잃느니보다는 훨씬 낫다고 그의 의견을 털어놓았다. 경건한 남편도 같은 의견이었다.

그래서 그날 밤 그들은 보석을 다시 솥 위에 가져다 놓고 이것을 거두어 주십사고 신에게 간구하였다. 다음날 아침 과연 보석은 보이지 않았다. 물론 늙은 부부는 그것이 어디로 갔는지를 알고 있었다. 보석은 이제 있어야 할 자리에 돌아간 것이다.

이 남편은 정말 훌륭한 아내를 가졌던 것이다. 그의 아내는 분별이 있는 여자였다. 그러나 흔히 들리는 말이지만, 남편에게 영원이란 것을 잊게 만드는 아내가 있는 것도 확실한 사실이다. 그러나 결혼을 하지 않았다고 해도, 모든 사람의 마음속에는 여자 이상으로 교활하고 악착스럽게 영원을 잊게 만들려는 그 무엇이 숨어 있다. 그것은 이 년, 삼 년, 십 년, 혹은 사십 년이 엄청나게 긴 세월이고, 그것에 견주면 영원이란 것은 아주 짧은 것인 양 오산하게 하는 것이다. 그러나 사실은 이런 세월이란 극히 짧고, 영원은 엄청나게 길다.

다음의 사실을 분명히 기억하라! 어쩌면 그대는, 하느님의 뜻에 의하여 그리스도인의 존재와 하나로 결합된 것, 즉 고난과 역경을, 잔꾀를 써서 벗어던질 수 있을지도 모른다. 잔꾀를 써서 그것을 벗어던졌을 경우에, 그대는 그대의 파멸을 대가로 치르고라도, 그와는 반대의 것, 하느님께서 그리스도인으로부터 영원히 절단해 버리신 것, 즉 향락과 지상의 모든 재물을 얻을 수 있을지도 모른다.

그대는 그대의 약삭빠른 잔꾀에 속아서, 자신은 지상적인 것을 얻었으니, 자신이 걸어온 길은 옳다고 하는 망상에 완전히 사로잡힐지도 모른다. 그렇게 되면 영원한 후회가 남을 것이다! 영원한 후회란 참으로 하느님을 사랑한다면, 그 결과로 이 세상에서는 사람들로부터 괴로움을 당한다는, 영원히 기억될 일을 위하여 시간을 사용하지 않은 사실을 후회하는 일이다. 그러므로 그대는 자신을 속이지 말라. 모든 사기꾼보다도 더 자기 자신을 두려워하라! 비록 인간이 영원에 관해 무엇인가를 선취(先取)할 수 있다고 하더라도, 그대는 무엇인가를 먼저 하려다 그대 자신을 속이게 된다. 그러면 영원한 후회가 남을 것이다.

4. 사람은 무엇을 영원히 기억할 수 있는가?

오로지 하나뿐, 진리를 위하여 고통을 당했다는 것뿐이다. 만일 그대가 영원한 미래의 일이 근심스럽다면, 진리를 위하여 고난을 받도록 마음을 써라.

진리를 위하여 괴로움을 당할 기회는 물론 매 초마다 있다. 거짓말과 속임수와 부정과 엉터리로 가득 찬 이 세상에서 어떻게 그런 기회가 없다고 할 수 있겠는가? 그러나 그대는 아무리 보아도 이 기회를 이용할 만큼 어리석지가 않고, 훨씬 약삭빠르다. 그대는 이 멋진 세상과 충돌하여 고난을 받게 될 일을 피하기 위하여 온갖 지혜를 동원할 것이다. 그와 동시에 그대는 자신을 속이고 다음과 같이 말할 것이다 - "만일 기회만 주어지면 나 자신도 괴로움을 당할 차비를 하고 있다"고. 또, 나의 벗이여, 그대는 그대 자신을 속일 수는 있어도 결코 영원을 속일 수는 없다. 따라서 그대는 영원히 기억할 수 있는 것을 갖고 있지 않으므로, 이 공허(空虛) 때문에, 또 그대의 인생이 영원히 기억될 수 없는 것으로 채워지며 헛되이 소비되었다는 쓰디쓴 회상(回想) 때문에, 영원히 고통을 받게 될 것이다.

그대는 진리를 위하여 괴로움을 당하는 '의인(義人)'과 동시대에 살고 있음에 틀림이 없다. 거기에 바로 기회가 있다. 그를 참으로 있는 그대로 인정하라. 그러면 그대는 그와 같은 고난을 받을 것이다! 그러나 그대는 그를 참으로 있는 그대로 공공연히 인정하지 않고, 오히려 어떻게든 회피하는 것이 현명한 행동이라고 생각하고 있다. 혹은 그를 참으로 있는 그대로 인정한 일을 다른 사람과는 다른 고상한 행동이라고 생각하고 있을지도 모른다. 그러나 그대는 그 사실을 공포하지 않으므로, 그 때문에 위험에 노출되는 일은 없다. 그대는 위험하다고 깨닫는 순간 이미 그를 승인하지 않는다. 오, 나의 벗이여, 그대는 그대 자신을 속이고 있는 것이다. 그대는 어리석게도, 그대가 진리를 위하여 괴로움을 당할 수 있도록 - 그것은 사람이 영원히 기억할 수 있는 유일한 것이다 - 주어진 기회를 이용하지 않은 것이다.

그렇다, 이 단 하나만을 사람은 영원히 기억할 수 있다. 무엇이든 그대가 원하는 것을 들어보라. 그 어느 것도 영원히 기억할 수 있는 것은 없다. 비록 가장 아름다운 소녀를 사랑하고, 더할 나위 없이 사랑스러운 아내와 함께 일생을 행복하게 살았다고 해도, 그런 것을 사람이 영원히 기억할 수는 없다. 그것은 영원과는 다른 것이고, 부서지는 소재(素材)로 이룩된 것이다. 나라나 땅을 점령하였다고 하는 외적 세계에 있어서의 위대한 업적, 최대의 흥미와 긴장을 동반한 사건의 중심인물이 된 것, 자연계에 존재하는 위대한 발견을 한 인물이 되었다는 것 따위를, 사람이 영원히 기억하지는 못한다. 그것이 모든 세대에 걸쳐서 전해진다고 해도 그대 자신은 그것을 영원히 기억할 수는 없다. 그것은 영원의 진리도 아니고 또 영원히 그대의 것도 아니다. 단 한 가지만이 남아있을 뿐이다. 사람은 단 한 가지만을 기억할 수 있다. 진리를 위하여 괴로움을 당하였다는 사실이다.

진리는 이 세상에 있어서는 밑바닥과 비천 속에서 걸어가고, 머리 둘 곳도 없다.* 한 그릇의 물을 주는 사람이 있으면, 진리는 그 사람에게 감사할 것이다. 그러나 사람이 그렇게 할 때, 진리를 공공연히 진리로 승인할 때, 이 비천하고 가난하고 조소당하고 깔보이고 박해받은 존재인 '진리'는, 이런 표현을 해도 좋을지 모르지만, 손에 든 붓으로 작은 판자에다 '영원히'라고 써서, 그 판자를 동시대성에 있어서 진리를 있는 그대로 승인하고, 또 진리를 위하여 괴로

---

* 마태복음 8장 20절 참조.

움을 당한 인간에게 준다. 그의 이름은 하늘나라에 기록되고* 그의 생애는 사람이 영원히 기억할 수 있는 단 한 가지 일만을 위하여 쓰인다(물론 인간은 그것을 가장 두려워한다).

그대가 누구이든 이 일을 숙고하라! 무엇보다도 목사의 인도(引導)를 피하라. 고난의 진리, 즉 그리스도교에 관한 진리에 대해서는 이 장사치로부터는 아무것도 배울 수 없다는 것을 그대는 잘 알고 있다. 그들을 따르지 말라. 그들은 괴로움을 당하는 이외의 다른 조건으로 영원을 얻을 수 있다고 그대에게 믿게 하기 때문에, 그들은 영원에 관해 그대를 속이고 있는 것이다. 정신을 차려라. 그대가 놓인 이 세상에서는, 그대에게 올바른 길을 가르쳐주는 소리는 지극히 희미하고, 그것과는 정반대의 것을 알려주는 외계로부터의 소리는 수천 개나 울려오기 때문이다. 그대가 지극히 희미한 속삭임에마저도 귀를 기울이고 있는지 아닌지를 시험하려 하기 때문에 그 소리는 희미하다 - 이것이 바로 엄연한 사실이다. 생각해 보라. 다른 소리들이 드높이 울려올 때, 자신을 위하여 소리높여 외쳐야 하는 그런 것이 그대를 필요로 하는 영원일 수 있겠는가. 아니다, 영원을 필요로 하는 자는 그대다. 그리고 영원은 - 엄연한 사실! - 그대가 정신을 차리고 있는가를 시험하려고 한다. 그러므로 다른 소리가 드높으면 드높을수록 - 그렇게 드높은 것은 그대의 책

---

* 누가복음 10장 20절 참조.

임이다 - 한층 희미해지지 않을 수 없다.

　진리를 위하여 괴로움을 당하는 것은 사람이 영원히 기억할 수 있는 유일한 것이라고 말해 주는 영원의 소리를 지워버리기란 매우 쉬운 일이고, 그 일을 위해서는 목사까지 동원할 필요조차 없다. 그러나 물론 목사의 손을 빌릴 때, 이 세상에서는 가장 용이한 일이 된다. 무서운 일이다! 영원히 자기 자신을 속이다니! 그 일이 그다지도 쉬운 일이라니 영원은 이다지도 엄연한 사실임에도 사람들은 영원히 자기 자신을 속이는 일이 가장 손쉽다고들 하니, 재삼 무서운 일이로다!

5. 인생의 모습과 인생으로부터의 모습

　어떤 학급의 경우를 예로 들어 보기로 하자 - 어떤 학생이 친구들 사이에서 가장 존경을 받는 것일까? 가장 게으른 자일까? 아니다, 그렇지가 않다. 가장 부지런한 자일까? 아니다. 그렇다면 가장 머리가 좋은 자일까? 그것도 아니다. 그러나 교묘하게 선생의 눈을 속일 수 있는 방법을 알고 있어서 언제나 빈틈없이 그 일에 성공을 거두고, 언제나 성적이 좋고, 언제나 학급에서는 상위에 있고, 언제나 칭찬을 받고 우등생의 자리를 지키는 아이가 있다고 하면 - 그런 학생이 있다면, 그는 반에서 존경을 받는다.

그 이유는 무엇인가? 왜냐하면 학우들은 그가 이중의 수익을 올리고 있다는 사실을 잘 알고 있기 때문이다. 그는 부지런히 공부도 하지 않고, 놀거나 즐기는 시간을 충분히 갖고 있는 점에서 게으름뱅이와 같은 수익을 올리고 있다. 그런데 게으름뱅이는 그런 수익을 올리는 대신에 벌도 받는다. 이와는 반대로 그는 그와 동시에 부지런한 자와 같은 수익을 올린다.

학우들은 그를 보고 존경해 마지않는 듯이 이렇게 말한다. "루드빅센, 루드빅센이야. 그 녀석이야말로 멋진 녀석이야." "그렇지만 프레데릭센이 훨씬 부지런하지." "그건 그렇지. 그렇지만 그래서 뭐가 좋은 일이 있지? 루드빅센도 언제나 성적은 좋단 말이야. 프레데릭센은 뼈가 쑤시게 공부나 할 따름이야." "그렇지. 그렇지만 올센이 머리는 훨씬 좋은 편이야." "제기랄! 그까짓 녀석이 뭔데. 머리가 좋아서 어쩐다는 게야. 머리가 좋아서 탈이야. 역시 루드빅센이야. 루드빅센이야말로 멋진 놈이야." 이것이 인생의 모습이다. 그러면 이제는 인생으로부터의 모습으로 옮아가 보기로 하자.

이 세상에서는 어떤 그리스도교의 교사가 가장 인기가 있는 것일까? 까놓고 뻔뻔스럽게 자신은 재물이나 권력 같은 지상의 것을 추구하고 있다고 공언하고, 또 사실 그것을 얻은 뻔뻔스러운 속물일까? 아니다, 그렇지가 않다. 그렇다면 그리스도교를 진지하게 받아들이고, 그 때문에 이 세상의 재물이나 향락을 사실상 잃어버리고, 사도(使徒)의 말에 따라 그대로 사는 - 만일 우리가 바라는 것이 이 생에만 있다면, 우리는 모든 사람 가운데서 가장 불쌍한 인간들일 것이다* - 그런 참으로 경건한 사람일까? 아니다, 그런 사람도 아니다. 그러나 만일 여기에 교묘하게, 지극히 교묘하게 하느님의 눈을 속일 수 있는 방법을 알고 있어서, 언제나 빈틈없이 그 일에 성공을 거두고, 뻔뻔스러운 속물 이상으로 지상의 재물과 향락을 입수하고, 그러면서도 경건하고 하느님을 두려워하는 하느님의 사람이고, 그야말로 성실한 사람이라면, 사람들은 그를 칭찬한다. 그는 이중으로 수익을 올리고 있기 때문이다. 재물 - 그리고 **동시에** 영광과 후광(後光)과 그리고 그것에 어울리는 존경을 얻는다.

그가 이런 일을 아무도 눈치 챌 수 없을 정도로 완전히 멋지게 수행할 수 있다면, 승리는 그의 것이다. 그 이상 바랄 것이 없다(non plus ultra). 비교를 할 수가 없는 유일한 것이다 - 남자에게도 그렇지만, 특히 여자에게는 더욱 그렇다. 특히 여자에게는 그렇다고 하는 까닭은, 여자는 무엇인가 마음에 드는 것이 있고, 또 그것이 각별히 미칠 듯이 칭찬해 마지않을 수 없는 그런 것일 경우에는, 동시에 약간의 불안(不安)을 느끼게 된다. 그리고 이 경우에도 그것이 약간 나타난다. 이러한 인간을 추켜올림으로써 축복의 흥분을 느끼고, 커다란 천국의 환희를 맛보는 속에 희미하나마 '혹시

---

* 고린도전서 15장 19절 참조.

나 …이나 아닐까? 하는 일말의 불안이 움튼다. '그렇지만 그렇지 않다. 그럴 리가 없다!' 이리하여 이 두 개의 기분이 합쳐져 우러러보는 감탄이 생긴다.

하느님에게는 위선만큼 불쾌한 것이 없으시다. 하느님의 정하심에 따르면, 인생의 과제는 바로 인간이 개조되는 것이다. 왜냐하면 인간은 누구나가 나면서부터 위선자이기 때문이다.

이 세상에게는 한층 교묘한, 그리고 가장 교묘한 위선의 형식만큼 찬양을 받는 것은 아무것도 없다.

한층 교묘한, 그리고 가장 교묘한 위선의 형식! 그러나 이런 경우에 흔히 있는 일이지만, 도덕적으로는 그것이 반드시 본인에게는 최대의 죄를 의미한다고는 할 수 없다는 점에 유의해야만 한다. 위대한 천품, 뛰어난 교활 그리고 나약한 성격 - 이런 것들의 결합으로써 가장 교묘한 위선이 생겨나는 것이지만, 그럼에도 불구하고 그런 인간이 도덕적으로 볼 때는 반드시 본인이 죄를 범하는 것도 아니고, 하느님 앞에서 커다란 죄를 범한 것도 아닐 경우가 있다. 그러나 그런 일이 타인에게, 즉 그런 교사를 따라 다니며 배우려고 하는 타인에게는 가장 위험하다는 사실은 의심할 여지가 없다.

6. 하느님의 의(義)

세상의 일들이 어찌되어 갈 것인가를 한 번이라도 생각해 본 일이 있다면, 그대도 남들과 마찬가지로 낙담하여 일체의 것을 외면하고, 혼자서 서글픈 듯이 다음과 같이 말했을 것이다. 과연 이것이 올바른 섭리일까? 하느님의 의(義)는 어디에 남아 있단 말인가? 남의 재물을 범하고 훔치고 속여 빼앗는 금전(이 세상의 우상)상의 일체의 일이 이 세상에서는 엄히 처벌된다. 가난뱅이가 행인에게 거지 흉내를 낸다고 하는 정도로 거의 죄라고도 할 수 없는 일조차도 엄하게 벌을 받는다.

이 올바른 세상(?)에서는 그렇게까지 엄하게 취급된다. 그런데 어떤 사람이 거룩한 것이나 진리를 함부로 사용하고 그 때문에 그의 생활이 매일매일 거짓의 연속이 되는 무서운 죄를 저질렀다고 해도, 그것을 배제하려는 응징적인 정의(正義)는 조금도 찾아볼 수가 없다. 그는 조금도 방해를 받지 않고 자신의 세력을 확장하고, 크고 작은 사회를 지배하고, 아마도 사회 전체를 지배할 것이다. 그런데도 사회는 그에게 경탄하고, 그의 앞에 무릎을 끓고, 온갖 지상의 재물로써 그에게 보답한다. 그 어디에 하느님의 의(義)가 남아 있단 말인가?

이에 대해서는 다음과 같이 대답해야 할 것이다. 즉, 이러한 상태에 있는 것을 가공할 준엄 속에 그대로 버려두시는 것이야말로 바로 하느님의 의이신 것이다. 하느님의 의는 눈을 크게 뜨고 그것을 응시하고 계신다. 그러나 다만 하느님의 의는 스스로를 숨기고 있을 따름이다. 하느님의 의는 어떤 사소한 것도 다 눈여겨보고 계시며 또 현전(現前)하고 계심에도 불구하고, 자신의 본질을 올바르게 계시하기 위하여 계시의 때가 올 때까지 이것을 알리지 아니 하신다.

만일 하느님의 의가 재빨리 벌로써 임한다고 하면, 진짜 중한 죄는 애당초 성립하지 않을 것이다. 연약하기 때문에 욕망에 사로잡히고, 감정이 격렬하여 그것에 패배한 자, 또 연약하여 그릇된 죄의 길로 들어간 자, 그런 자에게는 하느님의 의는 긍휼을 베푸시고, 긍휼이 크면 클수록 죄는 무거워진다. 그러나 진짜 중한 죄인에게는 - 그에 대해서는 하느님의 의는 너무나도 너그럽고, 아니 전혀 존재하지 않는다고 그대가 탄식한 사실을 기억하라 - 하느님의 섭리는 그의 눈을 장님으로 만드신다. 그래서 그는 자신의 생활이 하느님을 기쁘게 하고 있다는 착각을 일으키게 하고, 하느님의 눈을 속이는 데 성공한 듯이 생각하게 된다. 당신께서는 무서운 분이십니다. 오오, 하느님의 정의여!

그렇기 때문에 하느님의 의에 대한 이런 항의를 들어도, 아무도 놀라지 않는다! 하느님의 의가 진정한 의이기 위해서는 죄를 완전한 죄가 될 때까지 버려두셔야만 하기 때문이다. 그러나 진정한 중죄(重罪)는 - 주의하라 - 그것이 성립되기 위해서는 일생이 소비되어야 한다. 일생동안 계속함으로써 그것이 진정한 중죄가 된다. 또 어떠한 죄도, 그것이 발생하기 전에는 벌을 받지 않는다. 그러므로 앞서 제기된 항의는 폐기되어야만 한다. 애당초 그 항의에 의하면, 하느님께서는 신속히 벌을 주셔야하고, 따라서(같은 결론이지만) 도둑이 죄를 범하기 전에 벌을 주어야만 한다는 뜻이 된다. 그러나 죄는 벌을 받기 전에 죄로 성립돼 있어야만 하고, 또 중죄는(그대는 그것 때문에 하느님께 항의하고 있다) 그것이 중죄로 성립되기 위해서는 일생이 걸려야만 하기 때문에, 이것은 이 세상에서는 처벌되지 않는다. 이런 죄를 이 세상에서 벌하는 것은, 그것을 벌하는 것이 아니라 오히려 벌하는 것을 방해하는 일이 된다.

마치 도둑을 도둑질하기 전에 벌한다는 것은 벌한다기보다는 오히려 그런 도둑질의 행위를 방지하고, 그가 도둑이 되는 것을 방지하는 것과 마찬가지다. 그러므로 무서운 죄가 성공하는 것을 보고 하느님에 대한 불만을 느낄 때도, 그대는 결코 탄식해서는 안 된다. 탄식할 것이 아니라, 오히려 떨며 다음과 같이 말해야 한다, "하늘에 계신 하느님이시여, 그는 죄를 완성하기 위하여 일생이라는 시간을 소비한 중한 죄인 중의 한 사람입니다. 그리고 그 벌은 영원에서 비로소 시작됩니다."

그러므로 중한 죄가 이 세상에서는 처벌되지 않게끔 되어있다는 그 사실이, 바로 처벌의 준엄성이 살아있다는 증거인 것이다. 이것은 동시에, 흔히 우리들에 대한 배려에서 그렇기도 한 것이다. 왜냐하면 사람과 사람 사이에는 차이가 있고, 한쪽이 다른 쪽보다 훨씬 우월할 수도 있기 때문이다. 중한 죄인이라는 사실도 어떤 의미에서는 하나의 우월성이리라.

따라서 섭리는 그를 처벌하지 않고 버려두신다. 그것은 만일 우리들이 그를 중한 죄인이라고 알 경우에는 앞서 말한 우리들의 표현 방식은 완전히 혼란에 빠져 버릴 것이기 때문이다. 그대는 그대가 죄로서 인정한 것을 하느님께서는 처벌하지 않으신다고 탄식하고 있지만, 그때 그대가 생각한 것보다 훨씬 무서운 일이 여기에 있다는 것을 알게 될 것이다. 즉, 경우에 따라서는 어느 누구도 알아차리지 못하는 범죄인이 있었을지도 모른다.

그렇다, 하느님께서마저도 그러한 범죄인의 일원으로 살고 있는 인간들에게 당신 자신을 알릴 수가 없었다. 만일 하느님께서 그를 벌하셨다면, 시간 속에서 처벌하시는 그 사실로 말미암아(그것이 죄를 방해한다는 점은 고사하고라도) 하느님께서는 이 범죄인과 더불어 살고 있는 인간들을 거의 혼란에 빠뜨리게 하셨을 것임에 틀림이 없다. 그러나 하느님께서도 그렇게 하시는 것은, 인간에 대한 사랑과 배려 때문에 중시하신 것이다. 이렇게 되어서 이 범죄인은 시간 안에서 벌을 받지 않고 있는 것이다. 이 무슨 무서운 일이란 말이냐!

그렇다, 죄로서 성립되기 위해서는 전체 시간이 필요한 그런 범죄가 있다는 사실에 우리는 무서워 떨어야 한다. 그것은 흔히 우리들에 대한 관대한 마음에서, 이 세상에서는 한 번도 벌을 받지 않는 것이다. 그대는 이 사실에 무서워 떨어야만 할 일이지, 그것을 가지고 하느님의 의에 항의를 해서는 안 된다. 오로지 영원에서만 벌을 받는다는 이 무서운 특권을(이런 표현을 사용하는 자체가 무서운 일이다!) 생각하고, 오히려 무서워 떨어야만 한다! 오로지 영원에서만 벌을 받는다는 것을.

오오, 긍휼이 많으신 하느님이시여, 범죄자나 죄인이 이 세상에서 벌을 받는다면, 그들은 또 구원도 받을 수 있다. 영원히 구원을 받을 수도 있다! 그러나 이 세상에서는 처벌을 받지 않을 특권을 가진 범죄자는 구원을 받을 수가 없다. 그는 이 세상에서 벌을 받음으로써 영원한 구원을 받을 수가 없다. 오히려 그는 오로지 영원에서만 벌을 받고, 그리고 그것이 그의 특권인 것이다. 이래도 그대는 하느님의 의(義)를 향하여 항의할 이유가 있다고 생각하는가?

7. 떨지어다 – 왜냐하면 사람은 **어떤 의미에서** 가장 쉽게 하느님을 우롱할 수가 있으므로!

이렇게 말하고 있지만(하긴 떨림이란 말은 곧 완전히 없어지고 말 것이다) 사람들은 이것을 대개 다음과 같이 바꿔버리고 말 것이다. '떨지어다. 왜냐하면 전지전능하시고 어디에나 계시는 하느님을 속일 수는 없으니까 말이다'라고. 이 사실은 물론 참이고 옳다. 그러나 내가 보건대, 사람들이 사태를 언제나 이런 식으로 바꿔버린다면, 이 말이 겨냥하는 효과는 결국 거두지 못하게 될 것이다.

아니다, 떨지어다 - 왜냐하면 사람은 어떤 의미에서 가장 쉽게 하느님을 우롱할 수가 있기 때문이다! 오오, 나의 벗이여, 하느님께서는 무한히 높은 곳에 계시고 그대는 하느님과 견줄 때 무한히 낮은 곳에 있다. 그러므로 그대가 하느님의 뜻에 순종하려고 하고, 또 하느님의 모든 눈길을 알려고 일생동안 죽음의 불안 속에서 자지 않고 노력을 거듭한다고 해도, 그 공적에 어울리는 하느님의 은총을 단 한 순간일망정 간청하기에는 그대는 아직도 무한히 작은 존재다. 그런데도 그대는 하느님을 속이려고 한다.

오오, 인간이여, 그것은 지극히 쉬운 일이다! 그러므로 떨지어다. 아니, 눈을 떠라. 눈을 떠라! 하느님께서는 하나의 벌을 하느님 자신께서 가장 무서운 것으로 간주하시는 벌을 준비하고 계신다 - 진실로 하느님께서는 당신 자신이 그 자체이신 무한한 것에 관한 진정한 관념을 소유하신 유일한 분이시다! 그 벌이란 다음과 같은 것이다. 하느님께서는 그대가 무(無) 그 자체이니만큼 그 무에 관해서 알기를 원하시지 아니하신다. 어떤 의미에서는 하느님의 그 높으심 때문에 - 하느님께서는 그러한 분이 아니시다. 전지전능하신 존재에게는(이런 표현이 허용될지 모르겠지만) 무를 응시하고, 무를 알고, 무에 관해 배려를 베푸시는 일이야말로 가장 큰 노력임에 틀림 없을 것이다. 그런데 이 무가 하느님을 우롱하려고 한다. 오오, 인간이여, 그것은 가장 쉬운 일이다.

그대를 위하여 나의 생각을 분명히 해 두기로 한다. 한 사람의 시민을 예로 들어 보기로 하자. 이 시민에게는 가장 우롱하기가 어려운 인간이 누구일까? 그것은 그와 같은 또래의 시민이 아닐까? 왜냐하면 같은 또래라면, '이런 자에게 우롱 당할 수는 없다'고 하며, 필사적으로 우롱당하지 않으려고 신경을 쓸 것이기 때문이다. 이 시민에게는, 신분이 높은 사람을 우롱하는 편이 훨씬 쉽다. 왜냐하면 신분이 높은 사람은 그런 일에는 그다지 관심이 없기 때문이다. 또 왕(王)을 우롱하는 편이 훨씬 더 쉽다. 왜냐하면 위엄 있는 자는 그런 일을 전혀 문제시하지 않기 때문이다. 그렇다고 해서 그대는 오해하지 말라. 내가 말하는 바는 다음과 같은 뜻이다.

고위층에 있는 사람이나 왕은 선량한 시민이 우롱한다고 해도 그것을 모르고 있는 것은 아니다. 그러나 비록 그런 일이 있다고 해도 일개의 시민의 일 따위는 조금도 문제 삼지 않는다. 파리와 사슴의 이야기를 상기해 보라. 사슴의 뿔끝에 앉은 파리가 사슴에게, "그대에게 방해가 되지 않느냐?"

라고 묻자, 사슴은 "그대가 거기에 있었다는 것조차도 모르고 있었네" 하고 대답했다. 시민은 신분이 높은 자에게 접근하려면 성실과 정직으로 어질게 행동해야만 한다. 그것이 시민으로서 취해야 할 태도다. 이와는 반대로 일개의 시민 따위에는 관심이 별로 없는 고위층의 인사에게 우롱을 하면서 접근하려고 하는 일은 더할 나위 없이 어리석은 일이고 또 골이 빈 처사다 - 그런데 이런 일이 지극히 쉽사리 자행되고 있다!

그런즉 이제는 무한히 높은 곳에 계시는 하느님과 무에 불과한 그대를 돌이켜 생각해 보라 - 그리고 하느님을 우롱하는 일이 얼마나 그대에게 쉬운 일인가를 생각해 보고, 떨지어다! 그대는 하느님을 당신(Du)이라고 부르고, 어린아이 때부터 잘 알고 있고, 또 온갖 잡담 사이사이에 그분의 이름을 경솔하게 언급하는 일에 습관이 붙어서, 하느님은 그대의 벗이고 그 관계는 대포집 주인들 사이와도 같은 것이므로, 그래서 하느님은 그대가 우롱하거나 말을 곡해하거나 못 들은 척하거나, 그 밖의 그와 비슷한 일을 하는 것을 발견하였을 경우에는 한바탕 소동이 벌어지는 것이라고나 생각하고 있을지도 모른다. 또 하느님께서 그렇게 하시지 않으실 경우에는 멋지게 우롱해 버린 증거라고 생각하고 있을지도 모른다. 오오, 인간이여, 떨지어다. 그대는 그 일에 성공을 거두었으니….

그렇다, 높은 곳에 계시는 하느님은, 사람이 하느님을 우롱하려고 생각할 때에는 되도록 쉽게 우롱하게 하신다. 즉, 하느님께서는 다음과 같이 정하셨다. 하느님께 사랑을 받고 하느님을 사랑하는 소수의 사람은, 이 세상에서는 무서운 고난을 받아야만 하고, 따라서 사람들의 눈에는 하느님으로부터 버림을 받은 존재로 보이고, 그와는 반대로 사기꾼들은 눈부시게 출세하고, 따라서 사람들의 눈에는 하느님께서 그들과 같이 하고 계신 듯이 보이고, 그들 자신들도 더욱더 그 사실을 확신하게끔 되도록 정해 주셨다.

하느님께서는 이다지도 높이 계신다. 하느님께서는 사람이 하느님을 속이는 것을 어렵게 하지 않으시고, 오히려 무한히 쉽게 하신다. 그뿐 아니라 하느님을 속이는 자에게 상을 주시고, 온갖 지상의 것으로 보답하신다. 오오, 인간이여, 떨지어다.

제9호

1. 현상은 이렇다.

2. 이상(理想)은 전달되어야만 한다 - 그렇지 않으면 그리스도교는 가장 깊은 밑바닥에서 가짜가 될 것이다.

3. 한 첩(貼)의 염세주의

4. 수다(饒舌)에 열중하라 - 그러면 그대는 온갖 어려움이 사라지는 것을 알 것이다.

5. 목사는 식인종이고 그 방법은 악독하다.

6. 목사는 그리스도교의 진리를 증명할 뿐만 아니라, 동시에 또 그것을 반증한다.

1855년 9월 24일
쇠얀 키르케고르
코펜하겐

1. 현상은 이렇다.

1855년 5월 31일

한쪽에 한 인간이 서 있다. 이 사람은 다년간의 저술활동을 통하여, 또 공인(公人)으로 등장한 이래로, 그리스도교란 무엇인가에 관해 이 나라의 대부분의 사람들이, 아마도 모든 사람이 알지 못하고 있는 사실을 언급하는 자격(보증)을 가진 사람이다.

다른 쪽에는 성직자들이 서 있다. 그들은 사람들이 죽은 자를 추모하며 이야기하는 기회를 이용하여, 무덤 앞에서 화려한 연설을 하여 여자나 어린애들을 선동하는 따위의 손쉬운 일에는 가장 말솜씨가 능숙하다. 그러나 문제가 진지해지면 유인물(油印物)처럼 깊은 침묵에 빠진다. 물론 - 진리의 증인이라는 용기를 지니고! - 구석에서는 더 지독한 수다를 교환하지만.

나를 향해 공격해 오는 상대는 코펜하겐 포스트와 프류베 포스트이고 - '진리의 증인'들은 다행스럽게도 그 뒷전에서 침묵을 지키며 모습을 드러낸다 - 그리고 이 공격은 급소(첨단)에 이르면, 나를 쇠얀(Søren)이라고 부른다. 그 외에도 또 하나가 있다. 진리의 증인인 마르텐센 감독도 - 감독은 '섣달 그믐날 밤의 악동들처럼 기회를 틈타서' 하나의 새로운 소동을 일으키려고 했다 - 나를 반박하는 글을 쓰면서, 급소에 이르러서는 나를 쇠얀이라고 부르고 있다. 이렇게 되면 나는 쓰러질 수밖에 없다. 나는 이 진실 앞에서 굴복하고 헛되이 그것에 저항하려고 몸부림칠 뿐이다. 왜냐하면 내 이름이 쇠얀임에는 틀림이 없기 때문이다.

앞서 가신 내 사랑하는 아버지여, 당신 때문에 내가 이런 화를 입다니! 이데아[理想]에 있어서는, 나는 그 어느 누구도 얻지 못한 승리를 거두었다. 나는 그만한 가치가 있었다. 그러나 내 이름은 쇠얀이다.

그러나 나는 물론 - 오오, 하느님, '기꺼이 감사하며!' - 그 일을 참고, 이 무력하고 고약한 시련을 참고 견디어야만 한다. 그러나 이 덴마크 국민에게 봉사한 결과로 이 국민이 웃음거리가 된다는 것, 이 국민이 쇠얀이라는 사내의 존재를 정신의 유일한 증명으로 삼고 있다는 사실을 안 다른 국민의 웃음거리가 된다는 것은, 이것은 별개의 문제다.

그런즉 이제 나는 되풀이하련다. "이것만은 말해야겠다. 그대는 현재 집행되고 있는 공인된 예배에 참석하는 일을 (만일 참석하고 있다면) 그만둔다면, 하나의 무거운 죄를 면하게 된다." 그대가 누구이든 조심하라. 만일 그대가 예배라는 눈에 보이는 착각에 만족하고 있고, 하느님을 우롱하는 일에 참석하는 것으로써 종교를 진지하게 생각하고 있는 것으로 여긴다면, 그대는 영원한 세계에 도달하지는 못할 것이다.

종교는 이 인생을 위하여, 이 인생을 행복하고 멋지게 보내기 위해서 있는 것이 아니라, 다른 삶을 위해서 있는 것이다. 저승의 세계 속에 종교의 진지성이 있다. 하느님의 말씀은 저승의 세계에서 그대에게도 내게도 울려온다. "자기 자신을 속이지 말라. 하느님께서는 조롱을 받으실 분이 아니시다."* 그렇다, 하느님께서는 조롱을 받으실 분이 아니시다. 예배라는 미명 밑에서 신약성서의 그리스도교와는 정반대의 것을 조작해 내는 것을 하느님께서는 당장에 당신 자신의 전지전능으로 시간 안에서 저지하지는 않으시지만, 결단코 영원히 그것을 참지는 아니하신다.

이 예배는 몇 세기 동안 장구한 세월을 거쳐 서서히 이루어진 것이라는 핑계가 일단은 성립될는지도 모르지만, 그것으로써 그대의 구원이 이루어지는 것은 아니다. 우선 그대는 목사들에게 속지 않도록 하라. 나를 믿어라. 아니면 단 한 순간이라도 편견에 사로잡히지 않고 신약성서를 읽어라. 그러면 그리스도교가 이 세상에 온 것은 목사들에게 번창하고 즐거운 장사를 보증해 주기 위해서가 아닐 뿐만 아니라, 그대를 자연의 상태에 안주시키기 위해서도 아니라는 사실을 알 것이다.

아니다, 그리스도교가 온갖 것을 포기하고 이 세상에 온

---

* 갈라디아서 6장 7절 참조.

것은, 그대를 영원 앞에서 몸서리치게 함으로써 그대의 자연적인 안주에서 그대를 떼어놓기 위해서이다.

이제까지 일어난 일 중에서 나를 몸서리치게 한 일이 하나 있다. 그러나 그것에 대해 언급을 한다고 하더라도 사람들은 결코 나를 이해하지 못하리라고 생각하면 - 나는 그 사실을 잘 알고 있음에도 불구하고 다시금 몸서리쳐진다.

나를 몸서리치게 한 것은 다음의 사실이다. 내 생애는 물론 일찍이 생존한 영광된 사람들에 견주면 아무것도 아니지만, 그래도 나의 영혼을 영원히 구원하려고 고통을 당하며 싸운 사실을 표현하고 있다. 그렇지만 나는 고작해야 관객으로서 이러한 일들을 재미있어 하는 대중에 둘러싸여 있다. 사람들은 들뜬 기분으로 내 말을 듣고, 다음 순간에는 그것을 미적(美的)으로 판단한다. 또 다음 순간에는 내게 대할 공박문을 읽고 그 결과가 어떻게 될 것인가를 고대하는 따위다.

요컨대 그들은 구경꾼이다. 한 사람도, 그들 중에 한 사람도 인간이란 존재로서 나와 같은 조건 밑에 있다는 사실, 영원의 결산이 그들을 기다리고 있다는 사실, 또 이 세상에서 '남들과 같은' 구경꾼으로 남으려는 모든 자들에 대하여 영원은 스스로 폐쇄한다는 유일하고 확실한 사실을 알아차리지 못하고 있다.

보라, 나를 몸서리치게 하는 것은, 이런 자들이 위험한 것은 자기네들이 아니라 나라고 생각하고 살고 있다는 사실이다. 그러나 나는, 내가 영원을 위하여 악전고투하고 있는 이상, 위험도에 있어서는 그들보다 훨씬 덜하다는 것을 영원히 알고 있다. 그뿐 아니라 또 내가 몸서리치게 되는 것은, 그리스도교계에서 벌어지고 있는 일이지만, 나와 동시대에 살고 있는 이 사람들이 신약성서에 서약한 천 명의 교사를 거느린 그리스도인의 단체를 만들고 있고, 그러면서도 그들은 그리스도교가 무엇인가를 참으로는 조금도 모르고 있다는 사실을 생각할 때다. 이것은 무서운 일이다. 그리스도교가 여기에는 전혀 존재하지 않는다고 하는 나의 주장, 그리고 그것은 '진리의 증인들'의 그리스도교의 전도의 결과라고 하는 내 주장이 이다지도 적중하다니, 내게는 이것이 무섭다.

2. 이상은 전달되어야만 한다 – 그렇지 않으면 그리스도교는 가장 깊은 밑바닥에서 가짜가 될 것이다.

그리스도교와는 상관이 없는 다른 하나의 관계를 예로 들어 보기로 하자. 장군이 되기를 원하지 않는 병사는 쓸모가 없다는 속담이 있다.

그것은 그렇다. 군대에 활기를 충만케 하기 위하여서는, 장군이 되려고 하지 않는 병사는 쓸모가 없다는 속담으로써 전원을 분발하게 해야만 한다.

대대로 내려온 경험은 이와는 다른 사실을 가르쳐 왔다. 즉, 수많은 병사들 중에서도 극히 소수의 병사만이 하사관이 되고, 더 적은 수의 병사만이 위관(尉官)이 되고, 예외적인 몇 명만이 영관(領官)이 되고, 그리고 장군(將軍)이 되는 자는 완전히 희귀한 한 사람의 예외자뿐이다. 그렇다면 이 관계를 거꾸로 놓아보자. 경험이 가르치고, 대대로 되풀이하여 입증된 바에 의하면, 사람들은 다음과 같이 말할 것이다. "장군이 되려는 꿈을 꾸다니 바보 같은 병사로군. 그대는 현실에 만족하라. 우리들도 경험이 가르치는 바에 따라서, 수천 명의 인간이 늘 신통치도 않은 일에 만족하고 있다." 이 말은 군대의 사기를 저하시키는 말이 아닐까?

그리스도교에 있어서도 꼭 마찬가지다. 사람들은 이상(理想)을 전달하는 대신, 몇 세기에 걸친 경험이 가르치는 바를 도입한다. 즉, 기백만의 인간이 다만 속물이 될 뿐이라는 것이다.

그래서 사람들은 **진정제로서의** 그리스도교를 도입한다. 비열한 목사의 거짓말이여! 그러나 그것은 그리스도교를 가장 깊은 밑바닥에서 **눈뜨게 하는 것**, 불안에 사로잡히게 하는 것 대신에 **안심시키는 것**으로서 이끌어 들인 보답을 받는다! 사람들은 그것을 진정제로 삼기 위해 끌어들인다. "이상을 향하여 노력하는 일은 어리석은 짓이고, 바보짓이고, 미친 짓이다. 그것은 거만이고 망상이다"(따라서 하느님을 배반하는 일이다). "중용(中庸)이 진정한 지혜다. 마음을 푹 놓으라. 그대는 다른 수백만의 사람들과 전적으로 동일하다. 그리고 수세기에 걸친 경험이 가르치는 바와 같이, 사람은 그 이상은 할 수 없다! 마음을 푹 놓으라. 그대는 다른 사람들과 같고, 모든 다른 사람들과 전적으로 꼭 같이 행복해질 것이다." 이 상쾌한 말은 그대도 다른 모든 사람들과 마찬가지로 지옥에 갈 것이라는 뜻이다. 그러나 이 진리는 목사들에게는 아무런 쓸모가 없다. 오히려 첫 번째의 것이 눈부신 돈벌이가 된다.

그런데 여기에 만일 그런 식의 구원에 만족하지 않고 안심할 수 없는 한 사람의 외톨이가 있다고 하면, 거짓 선서자의 명령에 따라 모든 대중은 그에게 등을 돌리고, 저 사람은 이기주의자다, 다른 사람들과 행동을 같이 하지 않기 때문에 악랄한 이기주의자라고 선언한다.

그러나 신약성서는 언제나 옳다. 왜냐하면 이 외톨이는, 전적으로 당연한 일이지만, 진정한 그리스도교적인 갈등에 봉착하기 때문이다. 그는 그리스도인이 되려고 원했기 때문에 사람들의 미움을 산다. 그러나 그를 미워하는 사람들은 다만 그리스도인의 복장을 하고, 그리스도인이라고 불릴 뿐이고, 또 신약성서에다 선서를 한 목사들에게 - 이 무슨 엄숙한 일이랴 - 지도를 받고 있을 뿐이다.

이리하여 사람들은 이상을 전달하는 대신에 그와는 반대의 일을 하고, 그리스도교를 타락시켰다.

그러나 목사들의 거짓말에 의지하고 이 인생을 손쉽게 살고, 쾌적하게 살았다고 해서, 과연 그것이 무슨 소용이 있겠는가? 도대체 그것이 무슨 도움이 된단 말인가? 사람들은 영원을 우롱할 수가 없다. 그리고 인류는 다른 사람들과 같기를 원치 않는 자를 벌하고 사형에 처하기까지 하면서 자신의 입장을 지키지만, 이와 마찬가지로, 영원은 다른 사람들과 같이 되고서 만족하는 자를 영원한 벌로 처벌함으로써 자신의 입장을 지킨다.

3. 한 첩의 염세주의

인간은 - 당연한 일이지만 - 인생의 쾌락을 유지시키고 증진시켜 주는 것을 희구하고 있다. 이와 마찬가지로 영원을 위하여 살려고 하는 자는 언제나 한 첩(貼)의 염세주의가 필요하다. 그는 이것으로써, 이 세상에 젖어버리는 일이 없이, 오히려 이 비참한 세상의 어리석음과 허위에 싫증을 느끼고, 혐오하고, 구역질을 느끼는 일을 올바르게 배운다. 이제 여기에 그런 한 첩의 약을 드린다.

하느님-사람(神人)은 배반을 당하고 경멸을 받고 모든 사람들로부터 버림을 받으셨다. 모든 사람들로부터 말이다. 모든 사람들로부터. 진짜 문자 그대로 어느 누구도 그분에게 충실한 자는 없다. 먼 훗날에, 지극히 먼 훗날에 수백만의 사람들이 수백 년 전에 그분이 발자국을 남겼다고 생각되는 곳을 경건하게 순례하였다. 먼 훗날에, 먼 훗날에, 지극히 먼 훗날에 수백만의 사람들이, 그분이 못 박혔던 십자가의 파편에 경배하였다!

그리고 현재에 있어서도 여전히 꼭 같은 일을 하고 있다. 먼 훗날에 이르러, 먼 훗날에 이르러, 지극히 먼 훗날에 이르러 말이다!

그러니 이제 인간으로 존재한다는 사실에 어찌 혐오를 느끼지 않을 수 있겠는가!

다시 한 번 말한다. 인간으로 존재한다는 사실에 어찌 혐오를 느끼지 않을 수 있겠는가! 왜냐하면 그분의 무덤을 향하여 경건하게 순례한 이들 수백만의 사람들, 어떤 권력도 쫓아버리지 못하였던 이들 인간의 무리 - 그들에게 단 한 가지 필요한 일은 그리스도의 재림이 아닐까? 그때 이들 수백만의 무리들은 당장에 추방되고 도망칠 것이다. 군중은 낙엽처럼 깡그리 사라질 것이다. 아니면 격분한 집단으로 돌변하여 그리스도에게 쇄도하여, 그분을 때려죽일 것이다.

그리스도, 사도 그리고 모든 진리의 증인들이 한결같이 절실히 희구한 것은 단 하나, 곧 순종(順從)이었다 - 그러나 이 단 하나의 것을 인류는 기뻐하지 않고, 또 그것에는 아무런 흥미도 느끼지 못하였다.

"아니다, 위험물은 제거해 버리자 - 그러면 우리는 놀아날 수 있다." 그리하여 인류의 군단(軍團)은 멋진 재주를 부렸다(오오, 구역질이 난다!). 그리스도를 따르는 대신에 경건한 재주가(오오, 구역질이 난다!) 선서를 한 목사들의 지휘와 명령 밑에서(오오, 구역질이 난다!) 벌어지고 있다. 그들 목사들은 상사나 중위 따위의 소임을 다한다. 이리하여 임명을 받은 자들은 성령(聖靈)의 가별한 보호 밑에서 이 엄숙한 일을 담당한다.

4. 수다에 열중하라 – 그러면 그대는 온갖 어려움이 사라지는 것을 알 것이다.

만일 내가 이런 충고를 함으로써, 인류에게 미래에 해야 할 일을 가르치려고 생각하였다고 한다면, 나는 네가 늦게 왔다거나, 너무나도 늦었다는 말을 들을지도 모른다. 왜냐하면 그 일은 이미 몇 세기 전부터 행해지고 있고, 현저한 성공과 압도적인 번영을 가져왔기 때문이다.

모든 고차원적인 인생관은(그리스도교는 물론이거니와 이교 중에서도 비교적 탁월한 이교는 다 그렇다) 다음과 같은 견해를 가지고 있다. 즉, 인간의 과제는 열심히 하느님을 더 듬어 찾아내는 일이다.* 그리고 그 노력은 인생을 어렵게 하

---

* 사도행전 17장 27절 참조.

고, 진지하게 힘을 다하여 심하게 구하면 구할수록 어려움은 더욱 더해진다. 그래서 인류는 시대가 경과함에 따라서, 인생의 의의와 과제에 관해 이와는 다른 생각을 품게 되었다. 본디 인류는 영리하기 때문에, 인간 세계의 비밀을 탐지하고, 사람이 만일 인생을 안이한 것으로 만들려고 원하기만 하면(이것이야말로 인간이 바라는 바다), 그것은 간단히 이루어진다고 하는 사실을 염탐해 했다. 그러기 위해서는 인간으로서의 자기 자신을 하찮은 존재로 만들어 버리면 그만이다. 그러면 인생은 더욱 더 안이한 것이 될 것이다. 수다에 열중하라 - 그러면 그대는 온갖 어려움이 사라지는 것을 알 것이다!

일찍이 '여자'는 사고(思考)보다도 감정에 중점을 두고 있었던 시대가 있었다. 하나의 슬픔이 그녀의 일생을 좌우하기에 충분하였다. 사랑하는 사람의 죽음이나 배반은, 그녀로 하여금 인생의 과제가 상실된 것처럼 생각되게 하기에 충분하였다. 만일 이런 일이 그대로 지속되어야만 한다고 하면, 거기에는 길고도 긴 내면의 싸움과 시련이 생기게 되고, 타인들과의 서글픈 충돌을 수없이 야기하게 된다. 요컨대 인생이 어렵게 된다.

그러나 이런 모든 곤란은 무엇 때문인가 - 이런 일을 가지고 수다에 열중하라. 그러면 그대는 온갖 어려움이 사라지는 것을 알 것이다! 그렇게 하면 사랑하는 사람의 죽음이나 배반 따위는 고작해야 무도회에서 한참을 쉬는 중간 휴식에 불과해진다. 그대는 삼십 분만 지나면 다른 남자와 춤을 추고 있다 - 그도 그럴 것이다. 밤이 새도록 같은 남자와 춤을 춘다는 것은 지루한 일이니까. 그리고 영원(永遠)에 관해서도, 많은 남자가 거기에서 기다리고 있다는 사실을 알면 매우 고마운 일이 아닐 수 없다. 보라, 온갖 어려움은 사라지고, 인생은 밝고 충족하고 경쾌하고 안이한 것이 되고 말지 않았는가. 요컨대 멋지게 적응해 가는 방법만 알고 있으면, 이 세상은 멋진 세상이다 - 이리하여 사람들은 수다에 열중한다.

일찍이 '남자'는 기골(氣骨)을 지킨다는 과제를 중심으로 일체의 사고를 결정한 시대가 있었다. 남자는 원칙을 고수하고, 어떤 희생을 치르고서라도 그것을 굽히거나 버리지 않았다. 그 원칙을 조금이라도 굽히느니보다는, 오히려 목숨을 버리고 온갖 학대를 받으며 일생을 보내는 편이 낫다고 생각하였다. 왜냐하면 그 원칙을 조금이라도 굽힌다는 것은 그것을 저버리는 것을 의미하고, 원칙의 포기는 자기 자신의 포기를 의미한다는 것을 알고 있었기 때문이다. 물론 그 때문에 인생은 엄청나게 어려워졌다.

그러나 그런 모든 어려움은 무엇 때문인가 - 이런 일로 수다에 열중하라. 그러면 그대는 온갖 어려움이 사라지는 것을 알 것이다! 수다에 열중하라. 오늘은 이 견해를, 내일은 또 다른 견해를, 모레는 그저께의 견해를, 금요일에는 또다시 새로운 견해를 지니라. 수다에 열중하라. 그대 자신을 몇 개로 나누라. 어떤 견해는 익명(匿名)으로, 다른 견해는 본명(本名)으로, 어떤 견해는 구두로, 다른 견해는 문서로, 어떤 견해는 공인(公人)으로서, 다른 견해는 사인(私人)으로서, 어떤 견해는 그대의 아내의 남편으로서, 다른 견해는 모임에서 - 그러면 그대는 온갖 어려움이 사라지는 것을 알 것이다. 그대는 틀림없이 알 것이다. 그대는(그러나 한편 기골 있는 모든 사람은, 기골 있으면 있을수록, 이 세상이 저급하고 비참하고 통한할 만큼 타락한 악의 세계이고, 오로지 악한과 수다쟁이만을 위해 만들어져 있는 사실을 발견하고 그것을 증명해 왔다) 틀림없이 알 것이다. 그대는 발견할 것이다. 이 세상이야말로 오로지 그대만을 위하여 만들어진 멋진 세상이라는 것을!

일찍이 '인간'은 그리스도인이 된다고 하는 무한한 과제를 중심에 놓고 자신의 사고를 결정한 시대가 있었다. 이 시대에 있어서 그는 세상을 위해서 죽는 일과 자신을 미워하는 일과 가르침을 위하여 괴로움을 당하는 일을 진지하게 받아들였다. 그 때문에 인생은 어려워지고, 그야말로 고뇌에 찬 것이 되었다. 그 인생은 가장 용맹한 자마저도 어려움 밑에 쓰러져서 벌레처럼 몸부림칠 정도였고, 또 가장 겸손한 자마저도 거의 절망할 정도의 것이었다.

그러나 그런 모든 어려움은 무엇 때문일까 - 이런 일을 두고 수다에 열중하라. 그러면 그대는 온갖 어려움이 사라지는 것을 알 것이다! 수다에 열중하라. 그리고 목사, 부감독, 감독이 되어, 신약성서에 선서한 신성한 서약에 의지하고, 일주일에 한 번 45분 동안의 훌륭한 설교를 하고, 그러나 그 이외의 시간에는 숭고한 일과는 완전히 담을 쌓든가, 아니면 평신도가 되어서 45분 동안 목사의 훌륭한 설교를 황홀하게 듣고, 그러나 그 이외의 시간에는 숭고한 일과는 완전히 담을 쌓든가, 아무래도 좋다. 하여간 그대는 온갖 어려움이 사라진 것을 알 것이다. 인생에 관해 하느님 혹은 그리스도교가 지닌 견해를 가장 깊은 밑바닥에서 가짜로 바꾸어 놓아 보라. 하느님께서 기뻐하실 올바른 도표(道標)는 (하느님의 말씀과는 정반대로) 안이한 길이라고 생각해 보라 - 그러면 그대는 온갖 어려움이 사라지고, 이 세상은 멋진 세상이 되고, 이런 식으로 살아가면 한 세기가 지날 때마다 더욱 더 멋진 세상이 되고, 즐겁고 안이해지는 것을 알 것이다. 담대하게 자신(自信)을 가져라. 나를 믿어다오. 그대는 누구 앞에서도 부끄러울 것이 없다. 사회 전체가 모두 똑같은 제품이고, 그대를 기다리고 있는 것은 찬사뿐이다. 그 찬사는 남들이 그대가 영리하다고 해서 주는 것이다. 그러나 그 남들은 그대를 찬양함으로써 - 이 얼마나 교묘한 계산인가! - 자기 자신을 찬양한다. 그러니 그대가 만일 남들과 같이 행하지 않는다면, 당장에 비난을 받을 것이다.

5. 목사는 식인종이고 그 방법은 악독하다.

식인종이 어떻다는 것은 누구나가 다 잘 알고 있는 사실이다. 글자 그대로 그들은 사람을 잡아먹는다. 적을 죽여서 잡아먹는 야만인이 있다고 하는 무서운 이야기를 읽거나 들으면 깜짝 놀라게 된다. 깜짝 놀라서 자신은 그런 것들과는 동족이 아니고, 그들은 인간이 아니라고 말한다. 나는 여기서 목사는 식인종이고, 그 방법은 더욱 악독하다는 사실을 제시하려고 한다.

신약성서의 그리스도교는 무엇일까? 그것은 고난을 당하는 진리다. 이 평범하고, 비참하고, 죄 많고, 사악하고, 하느님을 잃은 세계에 있어서는 진리는 고난을 당하지 않을 수가 없다 - 그리스도교는 그렇게 가르치고 있다. 그러므로 그리스도교는 고난을 당하는 진리다. 왜냐하면 그리스도교는 진리고, 또 이 세상에 존재하니까.

그러므로 창시자는 이 가르침 때문에 십자가의 죽음을 당하셨을 뿐만 아니라, 그분의 일생은 처음부터 끝까지 고난이었던 것이다. 사도는, 또 진리의 증인은, 이 가르침 때문에 고난을 당하였다. 그리고 구세주께서는 단 한 가지만을 요구하셨다. 또 그분의 뒤를 따르는 사도와 진리의 증인도 이와 똑같이 단 한 가지만을 요구하였다. 그것은 주님을 따르는 일이다.

그렇지만 '목사'는 무엇을 하고 있는가? 이 학식이 풍부한 사내는 물론 바보가 아니다. 그를 따르라! 그것 참, 영리한 사람에게는 멋진 제안이다. 우선 이 영리한 자들을 변조해야만 하겠다. 그런 일에 관계하려고 생각하기 전에, 먼저 이 영리한 인간을 바보로 만들어 버려야 하겠다. 그건 안 되지. 그렇지만 저 영광의 사람들의 고난을 열거하고, 그들의 가르침을 교의(敎義)로써 설교할 수는 없을까? 또 인생을 즐기려는 사람이, 그것으로써 생활하고, 결혼하고, 자식을 낳고, 그 자식을 그것으로써 양육할 수 있는, 그런 엄청난 수익을 올릴 수 있게 만들 수는 없을까? 요컨대, 영광의 사람들을 돈으로 바꾸고, 혹은 먹을 것으로 만들고, 그로써 처자와 더불어 살아갈 수는 없을까?

보라, 그대 앞에 식인종이 있다. 목사라고 하는 식인종이 "앞서 가신 영광된 분들이시여, 더 뛰어난 부분이라고 해서 인간 세계라고 불리고 있는 이 동물계에서, 당신네들은 살아계실 때나 돌아가셔서나, 잡아먹히는 운명입니다. 당신들은 살아 있을 때에는 동시대의 구더기들에게 먹히고, 끝내는 인간에게 죽임을 당하였습니다. 그리고 사후에도 어김없이 이 식인종인 목사가 당신들을 먹고 살기 시작했습니다."

마치 가정에서 도살기(屠殺期)가 되면 겨울에 먹을 저장물을 소금에 절여 두듯이 '목사'는 진리를 위하여 고난을 받은 영광의 사람들을 소금에 절여둔다. 죽은 자들이 "나를 따르라, 나를 따르라"고 외쳐도 소용이 없다! 목사의 대꾸는 이렇다. "이 자식들아, 돼먹지도 않은 소릴 작작해라. 말없이 조용히 있으면 돼. 거기 죽치고 있어. 난 너를 먹고 살아가야 하는 판에, 나를 따르라니 그 무슨 잠꼬대 같은 요구냔 말이야. 나뿐만 아니라 처자도 너를 먹고 살아야만 한단 말이야. 내가 너를 따르다가 실수를 하면 나 자신까지도 희생을 당해야 할 것이 아닌가? 그러나 나는 너를 밑천으로 삼아 살고 있으며, 너를 잡아먹고, 그럼으로써 눈부신 출세를 하고, 나와 처자를 위한 거금을 벌고 있다. 저기 자식 놈들을 보아라. 그들이 성장해 가는 것을 보면 즐겁기 한이 없단 말이야." 이것이 사람을 잡아먹는 장사다. 그 방법은 악독하다. 이제 나는 그것을 증명하련다.

1) 식인종은 야만인이다. '목사'는 학식과 교양을 겸비한 인간이다. 그러나 이 사실이 악독함을 더욱 격화시킨다.

2) 식인종은 적을 잡아먹는다. '목사'는 그러지 않는다. 그는 자신이 먹고 살아가고 있는 대상에 깊이 헌신하고 있는 듯한 외모를 보인다.

목사야말로, 바로 목사야말로, 저 영광의 사람들의 가장 헌신적인 친구다. "그에게서 들으라. 오로지 그에게서만 들으라. 그가 얼마나 영광의 사람들이 겪는 고난을 멋지게 묘사하고, 그들의 가르침을 풀이하는가를. 그에게는 은으로 만든 식기와 공로훈장과 자수를 놓은 한 쌍의 안락의자와 수천금 이상의 연봉(年俸)으로 보답해야 할 것이 아니겠는가? 이 훌륭한 사람은 스스로 감격하여 눈물을 흘리며 영광의 사람들이 겪은 고난을 멋지게 묘사할 수가 있는 것이다."

보라, 식인종이 하는 식은 다르다. 그는 자신이 식인종이라는 사실을 분명히 인정한다. 그리고 자기는 자기가 잡아먹을 상대의 벗이라고는 말하지 않는다. 오히려 상대를 적이라고 부르고, 또 자신을 상대방의 적이라고 한다. 이와는 반대로 목사는 자신이 식인종이라는 사실을 극구 숨기고, 또 더하여 잡아먹으려는 상대의 가장 헌신적인 벗인 것처럼 보이게 하는 표정을 하고 있다(마치 악어가 살려달라는 듯이 거짓 눈물을 흘리는 것과 흡사하다).

'목사'는 서약 때문에 신약성서에 매여 있고, 따라서 구세주를 따를 의무를 지니고 있다. 그런데도 그는 이 순종과는 작별을 고하고, 구세주를 잡아먹거나, 그의 고난을 묘사하거나, 그의 가르침을 교의로 강론하는 일로써 가족과 더불어 살림을 한다. 그리고는 십자가에 매달리신 분의 진정한 헌신적인 제자인 척하고 있다. "그대는 일요일에 그의 이야기를 들어 보라. 그 사람은 그리스도의 진정한 제자이고, 그리스도가 겪으신 고난을 묘사하고, 증언할 수 있다…. 그는 비로드로 가장자리를 장식하고, 성형훈장(星形勳章)이나 수천금의 연봉을 탈 만한 가치가 있는 것이 아닐까?"

3) 식인종은 재빨리 해치운다. 그는 광폭하게 엄습하여 적을 쓰러뜨리고 죽여서 그 살의 한 조각을 먹는다. 그것으로 끝난다. 그 후로는 적에 대한 광폭성이 다시금 발동할 때까지 평상시의 음식물을 먹고 살아간다.

  식인종으로서의 '목사'의 경우는 그렇지가 않다. 그의 사람을 잡아먹는 장사는 충분한 고려와 교활한 계획 위에 진행되고, 남들과 경쟁을 않고 일생 해먹을 수 있도록, 따라서 그 수입은 오히려 해가 거듭됨에 따라 늘어나서, 가족을 가진 사내를 먹여 살릴 수 있게끔 짜여 있다. 목사는 그의 저택을 쾌적하게 꾸며 놓고 승진의 기회를 기다리고 있다. 마누라는 보기 좋게 살이 찌고, 자식들도 마찬가지다.

  그리고 이런 모든 일이 그로서는 고난을 겪은 영광의 사람들과 구세주와 사도들과 진리의 증인들의 덕을 입고 있는 셈이다. 이 목사는 그들을 잡아먹으며 살고 있고, 생활의 즐거움을 기뻐하며, 그들을 처자의 먹이로 제공하고 있다. 그는 이 영광의 사람들을 소금에 절여 두었다. "나를 따르라, 나를 따르라"고 하는 그들의 외침은 헛되이 울리고 있을 뿐이다. 당분간 그는 이 외침에 저항해야만 할 것이다. 그렇지 않으면 이 외침이 - 그가 한 서약과 결부되어 - 그의 장사를 방해하게 될지도 모르기 때문이다. 해를 거듭함에 따라서, 이 외침을 듣는 귀는 쇠잔해 지고, 마침내는 전혀 들리지 않게 된다.

  처음 한동안은 그리스도의 진정한 제자라고 부르는 소리

를 듣고, 조금은 부끄럽게 여긴 때도 있었을 것이다. 그러나 해가 거듭됨에 따라 그러한 호칭에 익숙해져서, 자신도 그렇다고 생각해 버리게 된다. 이리하여 무릇 인간은 가능한 한도까지 완전히 타락하여 죽어 버린다. 그리고 무덤에 묻힐 때는 '진리의 증인'이 되어 있다.

6. 목사는 그리스도교의 진리를 증명할 뿐만 아니라, 동시에 또 그것을 반증한다.

사람이 계시된 진리에 대하여 취해야 할 단 하나의 태도는 신앙이다. 믿는다는 사실은 오로지 단 하나의 방법으로써만 증명된다. 즉, 신앙을 위하여 고난을 당할 각오의 유무로 증명이 된다. 신앙의 강도(强度)는 그 신앙을 위하여 고난을 당할 각오가 충분한가 아닌가로 증명이 된다.

그리스도교는 이런 방식으로 이 세상에 찾아왔다. 그리고 신앙을 위하여 무조건 일체의 고난을 당할 각오를 가지고, 또 현실적으로 고난을 받고, 신앙을 위하여 피와 살을 바친 증인들의 봉사를 받았다.

이리하여 그들의 신앙의 용기는 인류에게 아로 새겨지고, 그 결과로 인류는 다음과 같은 결론을 내리지 않을 수 없게 되었다. 즉, 일체를 저버리고, 피와 살을 바칠 정도로 사람들을 감동시킬 수 있는 그것은 진리가 아닐 수 없다고.

이것이 그리스도교의 진리성(眞理性)을 끌어내는 증명이다.

이와는 반대로, 이제 목사는 밥벌이를 위하여 그것을 증명하는 일에 솜씨가 매우 능란하다(그러나 밥벌이는 수난과 희생으로써 증명하는 일과는 정반대의 것이다). 목사는 그리스도교의 진리성을, 일체를 저버리고 피와 살을 그리스도교를 위하여 바친 사람들이 일찍이 살아 있었다고 하는 사실로써 증명한다.

그러므로 증명과 반증을 동시에 해치운다! 그리스도교의 진리성은 사람이 일체를 그것을 위하여 바치는 사실로부터 증명되어 나오지만, 그 사실을 강론하면서도 그것과는 정반대의 일을 하는 목사에 의하여 반증되고, 혹은 의아스러운 것으로 변질된다. 영광의 사람들과 진리의 증인들이 일체를 그리스도교를 위하여 바친 사실을 알 때, 그리스도교는 진리임에 틀림이 없다는 결론이 나올 것이다. 그러나 목사들을 볼 때는 그리스도교는 아무리 보아도 진리가 아니고, 오히려 돈 벌이가 진리라는 결론이 나올 것이다. 진리의 증명은 사람이 그것을 위하여 고난을 당하려고 각오하는 사실에 있는 것이기 때문에, 그것은 오로지 스스로 그것을 위하여 기꺼이 고난을 겪으려는 사람에 의해서만 증명된다.

그러나 목사의 증명에 의하면, 그리스도교의 진리성은 목사가 그것을 미끼로 돈을 받고, 수익을 올리고, 연명하고, 가족들을 거느리고, 견실하게 출세함으로써만 증명할 수밖에 없다 - 남이 고난을 겪었으니까 진리라고 하는 증명은 자기모순이고, 그리스도교적으로는 사기다. 그러므로 도둑에게 도둑질을 그만두게 하도록 해야 한다는 말이 있듯이, 그리스도교적으로 말한다면, '목사'에게 장사를 그만두게 해야 한다. 그리고 유대인들에게 등 뒤에서 '헵프'라고 외치며 욕지거리를 퍼붓듯이, 목사의 모습이 보이지 않을 때까지 다음과 같이 외쳐야만 한다. 도둑을 잡아라! 저놈을 붙들어라! 저놈은 영광의 사람들의 소유물을 훔쳤다고. 그들이 그 고귀한 청렴 때문에 당연히 받아야만 했을 것을 조금도 받지 않은 것 - 그들은 배은망덕의 보답을 받고 박해를 받고 피살되었다 - 목사는 그것을 훔친다. 왜냐하면 목사는 그들의 생애를 자기들을 위해 이용하고, 그들의 고난을 묘사하고, 그리고는 영광의 사람들은 그리스도교를 위하여 고난을 겪을 각오를 하였다고 하는 사실로써 그리스도교의 진리를 증명하기 때문이다. 이런 식으로 목사들은 영광의 사람들을 약탈한다. 그럼으로써 그는 단순한 대중을 속인다. 이들 대중에게는 그리스도교의 진리성을 증명하는 동시에 반증도 하는 목사들의 수법을 간파할 능력이 없다.

그리스도교가 이제 여기에는 전혀 존재하지 않고, 그리스도교계에 관한 일체의 것이 엉터리라고 해도 이상할 것이 없을 것이다. 그리스도인이라고 하는 사람들은 목사의 증명을 믿고 있다. 그들은 목사의 증명에 의지하고 그리스도교는 진리라고 믿고 있다. 요컨대 사람들이 기꺼이 수익을 올릴 각오가 되어 있으니까 진리다. 혹은 더욱 간교하게도 고난을 당할 각오가 되어 있다고 단언하면 수익이 증대하니까 진리라고 하는 식의 증명이다. 이런 증명을 의지하고 그리스도교의 진리성을 긍정한다는 것은, 마치 자기의 것이 아닌 큰돈을 가지고 있으니까, 혹은 사용할 수 없는 지폐를 가지고 있으니까, 자기는 부자라고 생각하는 것과 마찬가지로 엉터리 짓이다.

X
제10호

1. 내가 속임수라고 부르는 것

2. '너희가 서로 영광을 주고받으면서도 오직 한 분이신 하느님께로부터 오는 영광은 구하지 아니하니 나를 믿을 수 있겠느냐?

3. 메아리의 대답

4. '그리스도교계'의 죄는, 정당한 자격도 없이 유산을 취하려는 죄에 견줄 수 있다.

5. 순간이란 어떤 때냐?

6. 나의 과업

7. 성찰록(省察錄)

1. 내가 속임수라고 부르는 것

8월 25일의 초고

그것은 얼핏 보기에는 차원이 높은 것, 무한한 것, 이상(理想), 하느님께 봉사하고 있는 것처럼 보이지만, 눈여겨 잘 살펴보면 유한한 것, 차원이 낮은 것, 이익에 봉사하는 것이라는 사실이 분명해지는 것이다. 뮌스터 감독은 확실히 이런 일을 완전무결하게 해치웠다. 그 한 예로서, 아직도 잊어버릴 수 없는 사건을 상기하는 일을 용납하라. 그것은 또 나의 생각을 분명하게 해주는 것이기도 하다. 등장인물은 뮌스터와 마르텐센이라는 두 감독인데 한 사람은 이미 작고하였지만, 한 사람은 아직 살아있다.

마르텐센은 수년간 교수로 있었지만, 이때는 이미 코펜하겐에서는 마르텐센 교수가 대학에서 강의하는 외에도 교회에서 설교하기를 갈망하고 있다는 소문이 자자하였다. 훌륭한 일이다! 마르텐센은 교수이고, 인간적으로 말하면 출세를 할 만큼 한 사람이다 - 그런데도 신도들에게 설교를 하고 싶다는 그 열성을 그는 순수한 마음으로 지니고 있었을 것이고, 유한한 것이나 일시적인 보수에 좌우되는 일에서는 완전히 자유로웠을 것임에 틀림이 없다. 그가 지니고 있는 것은 진정한 종교적인 열성이었을 것이기 때문이다.

그리고 그것을 실현시키기란 결코 어렵지 않다. 그가 그런 열성을 품었다면, 시내에 있는 어떤 목사에게 강단을 빌려 달라고 청하기만 하면 그만이다. 어떤 목사든 기꺼이 빌려 줄 것이다.

만일 마르텐센이 그랬더라면, 뮌스터 감독의 눈에는, 그것이 매우 불쾌하게 보였을 것이다. 그리고 그랬으리라는 것은 내가 쇠얀 키르케고르라고 불리는 것과 마찬가지로 확실한 사실이다. 뮌스터 감독의 날카로운 후각은 금세 그 사실을 탐지하고 다음과 같이 말할 것이다. "그런 의미에서의 열성분자는 내 편이 아니다. 교회 지도자인 나로서는 그런 열성을 진심으로 싫어한다. 그런 열성이 사람들을 어디로 끌고 가려는지 누가 알겠는가"라고. 뮌스터 감독의 마음이 이러리라는 사실을 잘 알고 있는 사람은 나밖에 없다. 그것을 어디서 알았냐 하면, 그가 내게 관용을 베풀었다는 사실, 그뿐만 아니라 극히 보잘것없는 배려를 - 아주 대단한 것처럼! - 보인 것을 가지고 커다란 은혜 이상의 은혜를 베풀었다고 생각하고 있는 사실로 알 수 있다(뮌스터 감독을 좋지 않게 생각하는 사람은, 이것을 나에 대한 그의 공포라고 풀이하는 모양이다). 왜냐하면 나의 존재 전체가 그의 반감을 최고도로 자극하였기 때문이다.

나는 그가 월요일에야 사실상 인정한 단 하나의 그리스도교적인 범례인 - 지배욕이 있는 사내라면 반드시 인정할 것이지만 - 무한한 것을 위한 모든 노력은 유한한 보수나 이익으로 측량된다고 하는 내용의 완성된 그리스도교의 범례에는 절대로 굴복하지 않았던 것이다. 물론 그것에 굴복하는 일이 사람들에게는 극히 용이하고, 또 그런 사람을 통제하기보다 더 쉬운 일은 없을 것이다.

그건 그렇고, 다시 마르텐센 감독의 열성으로 되돌아가자. 이 열성을 충족시켜 주기 위해서는 어떻게 하면 좋을까? 왕실설교자(王室說敎者)가 되면 되는가? 그렇게 되면 이야기는 다르다! 열두 번의 설교로 400타렐, 게다가 동시에 감독의 걸상이 늘 앞에 매달려 있다. 이것은 다른 길을 택해 가지고는 그리 간단히 얻어지는 것이 아니다. 거기에다 이 감투를 쓰면, 신도들을 대규모로 모을 필요가 없다. 하물며 교수의 자격으로서 일정한 교회를 택하여, 여섯 번째 일요일마다 단상에 오르면 그만이다(이것처럼 쉬운 일은 없다).

이리하여 왕실설교자, 열두 번의 설교로 400타렐과, 감독이란 감투에 오를 기회 - 더하여 그것은 뮌스터 감독의 뜻에 부응하고 있었다. 그는 이제야 마르텐센의 열성을 충분히 이해하고 동의하고 공감할 수가 있었고, 신도들에게 설교를 하려고 하는 마르텐센이 품은 열성을 찬양할 수가 있었을 것으로 짐작된다. 지배욕이 충만한 교회 지도자는, 그날 밤 느긋한 기분에 젖어 옴블 게임에 열을 올리며 더없이 마음이 상쾌하였다. 왜냐하면 마르텐센이 품은 이런 열성을 두려워할 필요가 추호도 없고 오히려 마음을 진정시키기에는 안성맞춤이었기 때문이다.

이리하여 본문은 종교적인 열성이고, 주석은 왕실설교자, 열 두 번의 설교로 400타렐과 감독이란 감투를 쓸 수 있는 기회가 된다. 그러나 선량한 민중들은 조금도 눈치 채지 못한다. 그들은 이 종교적인 열성에 감격한다. "마르텐센이 이런 종교적인 열성을 품었다니, 이 얼마나 훌륭한 일이냐. 설교를 하려는 심오한 열성을 품은 사내를 최대로 신뢰해야 한다." 이것이 속임수인 것이다.

그리고 뮌스터 감독의 교회 지도는 그 전체가 속임수를 지향하여 왔다. 그의 교묘한 이중성은 그의 제2의 천성(天性)이 되고 말았다.

그는 장구한 세월에 걸쳐서 놀라우리만큼 교묘하게 동시대 사람들을 이끌어왔다. 그러나 그리스도교적으로 말하면 그의 동시대 사람들을 우롱한 것이다. 동시대의 사람들은 감사한 마음에서 그의 기념비를 세우려고 했었다. 아마도 마르텐센이 추진한 역량 때문이겠지만, 하여간 진리의 증인이니 거룩한 쇠사슬의 한 고리니 하며 야단들이었다. 마르텐센은 뮌스터 감독의 본질이 에피쿠로스 파, 쾌락과 '향락가' 바로 그것이고, 훗날에는 어찌되든 아랑곳없다는 주의였다는 사실을 나와 마찬가지로 잘 알고 있는 사람이다. 그렇다, 그는 그것을 나와 마찬가지로 잘 알고 있다. 만일 그가 그 사실을 부정하려고 한다면, 내가 도와서 상기시켜 주어도 무방하다.

2. '너희가 서로 영광을 주고받으면서도 오직 한 분이신 하느님께로부터 오는 영광은 구하지 아니하니 어찌 나를 믿을 수 있겠느냐?' (요한복음 5장 44절)

1855년 7월 15일의 초고

여기에 또 공인된 그리스도교 전체에 대한 사형 선고가 있다.

그리스도교적인 세계, 그리스도교적인 국가, 왕국, 지방이라는 거대한 공중누각, 속물인 주제에 서로 끼리끼리 칭찬을 해가며 모두가 신앙인이라고들 하는 기백만의 그리스도인들의 유희 - 이 모두가, 그리스도 자신의 말을 빌리면, 신앙을 불가능하게 하는 터전 위에 세워진 것들이다. 신약성서의 그리스도교는, 사람들과 대립하면서 하느님을 사랑하는 일이고, 자신의 신앙을 위하여 사람들로부터 **고난을 당하고** 가르침 때문에 사람들로부터 고난을 당하는 일이다. 신앙은 오로지 이 사실만을 의미한다. 서로가 영광을 주고받는 일은 신앙을 불가능하게 만든다.

나의 주장. 그리스도교가 여기에는 전혀 존재하지 않는다. 사람들과 대립하고, 완전히 고립하여, 오로지 하느님과만 사귀려고 하는 정열(그리스도께서는 신앙을 오로지 이런 의미로만 생각하셨다. 그러므로 그분께서는 '사람들로부터 영광을 받는 것' - 41절 - 혹은 서로 영광을 주고받는 것에 반대하여, '하느님으로부터 오는 영광만을 구하라' - 44절 - 고 말씀하셨다). 그런 정열은 이미 전혀 찾아볼 수 없다. 지금 살아있는 그런 종류의 인간은, 신약성서의 그리스도교의 것과 같은 강렬한 것을 전혀 감당할 수가 없다. 그들은 그것 때문에 죽어 버리든가, 아니면 미치광이가 되고 말뿐이다. 그래서 술을 마시지 못하는 어린애에게는 레몬수를 주는 것과 마찬가지 의미로, 현재 인간이라고 불리고 있는 친구들에게는 공인된 그리스도교를 레몬수로 제공한다 - 그것마저도 그들에게는 견딜 수 있는 가장 강한 것이리라. 그들은 이 수다(饒舌)를 자신들의 말로 그리스도교라고 부른다. 그것은 어린애가 레몬수를 술이라고 부르는 것과 같다.

그리스도교계에 있어서는, 그리스도교나 그리스도인은 다음과 같은 사람을 수범으로 삼는다. 누구누구는 훌륭한 사람이다, 참다운 신앙인이다, 그는 기사십자장(騎士十字章)을 받기에 합당하다… 아니다, 이처럼 훌륭한 믿음의 사람을 모시기에는 그것으로는 부족하다, 대십자장(大十字章)을 드려야 한다는 따위. 그리고 이 기사나 사령관이나 종교국 평의원이나 상의관(商議官)들의 다행스러운 활동 밑바닥에 있는 것은 언제나 신약성서다. 그런데 거기에는 다음과 같이 기록되어있다. '서로 영광을 주고받는 그대들이 어찌 하느님을 믿을 수가 있겠는가'라고. 요컨대 그리스도교계는 대대로 mensa(책상)를 domus(집)로 변화시키는 재주를 부려왔다.

그러므로 나로서는 새끼손가락의 천분의 일 정도라도 공인된 그리스도교에 대해 언급하느니보다는, 오히려 다음과 같은 일에 진지하게 몰두하는 편이 좋겠다. 장난감 가게에서 깃발을 하나 사다가 게양한다. 그리고는 엄숙한 표정으로 그것에 접근하여, 세 손가락을 세워서 깃발에 맹세한다. 삼각 모자와 탄창과 긴 칼로(모두 장난감이다) 무장하고 목마(木馬)를 타고 친우들과 함께 전진하여, 적을 향하여 돌격한다. 목전에 다가오는 죽음의 위험 따위는 문제가 아니다. 깃발에 맹세한 바의 뜻을 아는 자는 진지하다 - 정직하게 말해서, 나는 이런 일에 진지해지는 것을 즐겨하는 것이 아니다. 그러나 공인된 그리스도교와 일요일의 예배와 위선자들이 벌이는 진지한 일에 참여하기보다는, 이런 편이 훨씬 낫다. 전자는 자기 자신을 우롱할 뿐이지만, 후자는 하느님을 우롱하는 일이다.

3. 메아리의 대답

7월 9일의 초고

진정한 그리스도교를 어떻게 알 수 있는가를 명시하기 위하여 두툼한 책이 많이 저술되었다. 그것은 지극히 간단히 명시할 수 있다.

자연은 음향학적인 구조를 갖고 있다. 메아리의 대답에 유의하라. 그러면 그대는 그대가 무엇인지를 금방 알 수 있을 것이다.

그런즉 누군가가 그리스도교를 이 세상에 전하였을 때, 메아리로 하여금 다음과 같이 대답을 하게끔 시켰다고 하자. "영광스럽고 심오하고 진지한 마음을 지닌 그리스도인이여, 그대는 작위를 받아야만 한다"고. 그때 이 메아리의 대답이 의미하는 것은, 그 그리스도교의 전도가 그리스도교적으로 말해서 비열한 거짓말이라는 사실이다. 쇠사슬에 묶인 자가 모두 절대적으로 죄인이라고는 말할 수 없다. 왜냐하면 재판소가 무고한 자를 처벌한 예도 있으니까 말이다. 그러나 그리스도교를 선전함으로써 온갖 지상적인 것을 얻은 자가 거짓말쟁이고 사기꾼이라고 하는 사실은 영원히 확실하다. 그는 어떤 점에서건 하느님께서 정하신 바에 대한 가르침을 왜곡해 버렸다. 그 가르침이란 이 세상에서는 남들과 대립하는 것이고, 사람은 이 세상에 있는 동안 고난을 당하고, 돌림을 당하고, 미움을 받고, 저주를 받지 않고서는 참다운 그리스도교가 무엇인지를 참으로 전할 수 없다. 영원히 불가능하다는 것을 의미한다.

누군가가 그리스도교를 전함에 있어서, 메아리를 시켜서 "이놈은 미치광이다"라고 대답하게 하였다고 하자. 그때 이 대답의 진짜 의미는, 그가 전하고 있는 것이 비록 신약성서의 그리스도교 그 자체는 아니지만, 진정한 그리스도교가 지닌 중요한 요소를 내포하고 있다는 사실을 제시하고 있다고 생각해도 좋다. 그는 뱅뱅 돌아가는 과녁을 맞힌 셈이다. 그러나 그의 말에 의한 전도도, 또 생활로서 보여주는 전도도 충분한 효과를 거두지 못하고 있는 것이 아닐까. 따라서 그의 그리스도교는, 그리스도교적으로 말하자면, 자칫하면 피상적인 것이 되기가 일쑤다. 그의 전도는 역시 신약성서의 그리스도교가 아니다.

그러나 누군가가 그리스도교를 전하면서, 메아리를 시켜 "이런 놈은 땅 위에서 추방해 버려라. 이런 놈은 살 자격이 없다"라고 대답하게 했다고 하자. 그때 이 메아리의 대답이 의미하는 것은, 그의 그리스도교가 신약성서의 그리스도교라는 것이다. 진정한 그리스도교는 자신을 미워하고 하느님을 사랑하는 일이고, 자신을 증오함과 동시에 인간의 삶의 원천인 모든 것을 증오하는 일이다. 그런데 인간은 그것을 얻기 위하여서는 함부로 하느님의 도움을 청하고, 그것을 얻지 못하였거나 그것을 잃었을 경우에는 위로를 받기 위해 함부로 하느님의 도움을 청한다 - 이렇게 말하며 그리스도교를 있는 그대로 전한다면, 우리 주님 예수 그리스도의 시대에 있어서와 조금도 다름없이 사형으로 처벌될 것이다.

자기 자신의 진지성을 충실하게 전할 것 - 왜냐하면 설교자까지도 오늘날에 있어서는 객관적인 것을 가지고 재주를 부리는 것을 훨씬 위대하다고 생각하고 있고, 따라서 그의 생활이 바로 정반대의 것을 표현할 때 세상 사람의 관심을 얻는다. 그리고 그런 관심은 결코 박해 따위는 불러일으키지 않는다. 자기상실이야말로 이 세상이 기뻐하는 것이다.

그러나 그리스도교계는, 그리스도교는 완성능력을 갖고 있다는 학설의 도움을 받아, 그리스도교를 속화시킨 공적이 있다. 이렇게 되면 물론 박해는 없어진다. 왜냐하면 속된 것이 속된 것을 박해한다는 것은 생각조차 할 수 없는 일이기 때문이다. 그리스도교를 속화시킨 것, 이것이 첫 번째의 거짓이다. 두 번째의 거짓은 다음과 같다. 이제 세계는 너그러워졌고, 진보하였다. 박해는 이미 존재하지 않는다 - 요컨대 박해해야 할 것이 아무것도 없다는 말이다.

그렇다, 그리스도교는 완성 능력을 갖고 있다! 그리고 그것은 항상 전진한다! 그리스도교가 이 세상에 왔을 때, 이 세상은 이 세상의 일과 지상적인 것을 추구하는 데 몰두하고 있는 것을 보았다. 그래서 그리스도교가 가르친 것은 단념이었다. 그러나 그리스도교계는 말한다. 그리스도교는 완성능력을 갖고 있다. 우리는 그런 곳에 머물러 있을 수가 없다. 단념은 하나의 계기에 불과하다. 우리는 전진해야만 한다. 수익(收益)이야말로 만세! 이 얼마나 멋진 생각인가! 이교(異敎)는 단념을 모르는 단념 이전의 세계지만, 그리스도교의 세계는 편견에 불과한 단념보다도 훨씬 차원이 높다고 주장한다.

4. '그리스도교계'의 죄는, 정당한 자격도 없이 유산을 취하려는 죄에 견줄 수 있다.

8월 24일의 초고

어떤 사내가 죽자, 어떤 사람이 그 사내의 전 재산의 상속인으로 지정을 받았다 - 그러나 거기에는 조건이 있었고, 상속인은 그것을 지키라고 요구하고 있다. 그 사실이 상속인에게는 못마땅하다. 그때 그는 어찌할 것일까? 그는, 하여간 나는 상속인이니까 하면서 그 재산을 취한 뒤에 의무와는 작별해 버린다.

누가 보아도 분명한 일이지만, 이것은 불성실이다. 그는 조건 없이 유산의 상속인이 된 것이 아니다. 그는 오로지 의무를 지킨다는 조건 밑에서 상속인이 된 것이고, 만일 그렇지 않다면 다른 사람들과 마찬가지로 상속인이 아니다. '그리스도교계'에 대해서도 꼭 마찬가지다. 그리스도교는 그대가 바라는 용어를 사용한다면 선물이고, 구세주와의 계약에 의하여 인류를 위하여 마련된 것이다. 그러나 거기에는 의무가 수반된다. 그리고 그리스도교에 관한 한, 양자의 관계는 다음과 같다. 선물과 의무는 가장 정확하게 대응한다. 따라서 그리스도교는 선물인 동시에 그만큼의 의무이기도 하다.

'그리스도교계'의 속임수는, 선물은 받지만 의무는 싫다는 것, 선물은 받지만 의무는 받지 않겠다는 것이다. 이 속임수는 인류가 구세주께서 친히 정해 주신 상속인인 것처럼 꾸미는 일이다. 그러나 사실을 말하면, 의무를 이행함으로써만 인류는 상속인이 될 수 있다. 더 정확하게 말하면, 인류 측의 개개인만이 상속인이 될 수 있다(왜냐하면 의무의 이행이 문제일 경우에는, '인류'라는 추상개념을 상속인이라고 부르는 것은 적당하지 않기 때문이다).

그런데도, 그리스도교계에 있어서는 만사가 다 그렇지만, 여기서도 위선적으로 거동하여, 그리스도교계는 세례를 강요함으로써 그리스도교가 의무라는 사실을 견지하고 있는 듯이 보이려고 한다. 아아, 이것은 의무를 손쉽게 후다닥 해치우자는 말이다! 삼위일체이신 하느님의 이름을 빌려, 태어난 지 얼마 안 되는 어린 아기의 머리에다 몇 방울의 물을 떨어뜨린다 - 이것이 의무라니!

아니다, 의무란 예수 그리스도를 따르는 일이다. 그러나 따른다고는 하지만, 선물과 의무는 서로 대응하고, 선물과 같은 비율로 의무도 맞먹고 있다. 그래서 인류는 그리스도교를 사절한다. 따라서 남은 것이라고는 가짜뿐이다 - 그리고 그대는 정당한 자격도 없이 유산을 취하려고 하는 죄를 범하는 그리스도교계를 소유한다.

5. 순간이란 어떤 때냐?

1855년 5월 29일의 초고

순간이란 그분이 존재하는 때를 말한다. 즉, 의로운 분, 순간의 사람이 존재하는 때를 말한다.

이것은 비의(秘義)이고, 이 세상의 온갖 지혜*나 온갖 어중간한 것으로부터는 영원히 숨겨진 것이다.

이 세상의 지혜는 사건과 환경을 호시탐탐 엿보며, 환경에서 순간을 증발시킬 수 있지나 않을까 싶어 계산만을 일삼고 있다. 그것을 할 수만 있으면 영원의 돌파구인 순간의 도움을 받아 세력을 되찾고, 그 새로운 힘의 도움을 받아 오랜 숙원이었던 회춘(回春)을 완수하려고 한다.

무익한 일이다. 반드시 실패한다. 그런 대용물로써는 영원히 성공할 수 없다. 마치 아무리 화장기술이 좋아도 자연의 아름다움을 창조할 수 없는 것과 마찬가지다.

아니다, 그분이 나타나 대담하게 해야 할 일을 감행하였을 때(이 세상의 지혜와 속물성은 바로 그것을 회피하려고 한다) 거기에 순간이 존재한다. 그리고 환경이 이 순간의 사람에게 순종한다. 이 세상의 지혜와 속물성만이 있는 곳에

---

* 고린도전서 1장 18절 이하 참조.

는 순간 역시 결코 나타나지 않을 것이다. 십만 년이 지나건 백만 년이 지나건 간에, 있는 그대로 있을 뿐이다. 지금 당장에라도 그것이 나타날 듯이 생각되는 일도 있을 수 있다. 그러나 이 세상의 지혜와 속물성과 그와 유사한 것들이 죽치고 있는 한 순간은 오지 않는다. 그것은 마치 불임증에 걸린 여자가 자식을 낳지 못하는 것과도 같다.

그러나 의로우신 분이 오실 때, 그렇다, 거기에 순간이 있다. 왜냐하면 순간은 환경 속에 있었던 것이 아니라 새로운 것, 영원이 돌입해 온 것이기 때문이다. 그러나 그것은 동시에 환경을 지배하고, 그래서 순간은 마치 환경 속에서 태어난 것처럼 생각된다(이것은 이 세상의 지혜와 속물근성을 경멸하기 위해서다).

순간만큼 이 세상의 지혜가 탐욕스럽게 달라붙는 것은 달리 없다. 이 세상의 지혜는 그것을 정확하게 계산해 보려고 온갖 수단을 다 쓴다! 그러나 이 세상의 지혜로써는 결코 순간을 포착할 수가 없다. 왜냐하면 순간은 하늘나라의 선물이고, 이교도의 말을 빌리면 행복한 자나 용감한 자에 대한 선물이고, 그리스도인의 말을 빌리면 믿는 자에 대한 선물이기 때문이다.

그렇다, 이 세상의 지혜가 몹시도 경멸하는 것, 혹은 고작 일요일이 되면 그럴싸한 말로 장식되는 것, 즉 믿는 일, 이것만이 가능성으로서의 순간에 맞먹는다. 이 세상의 지혜는 영원히 배제되고 멸시되고 외면당한다. 그것은 하늘나라에 있어서는 온갖 종류의 악덕과 범죄보다도 더 고약한 것이다. 왜냐하면 그것은 본성으로 보아서 무엇보다도 이 비참한 세상에 속하고 있고, 하늘나라와 영원과 관계하기에는 가장 동떨어져 있기 때문이다.

6. 나의 과업

1855년 9월 1일의 초고

"나는 자신을 그리스도인이라고는 부르지 않는다. 나 자신이 '나는 그리스도인입니다' 라는 말은 하지 않는다." 이 말을 나는 되풀이하지 않을 수 없다. 내게 짐지워진 전적으로 특별한 임무를 이해하려는 사람은, 이 사실을 각별히 유의해 주기 바란다.

나는 잘 알고 있지만, 한 사람도 예외가 없이 모두 그리스도인이고, 그리스도인이라는 사실은 나면서부터 그렇다고 하는 이 그리스도교적인 세계에 있어서는, 누군가가 자기는 그리스도인이 아니라고 자진해서 말했다고 하면(그는 물론 나와 마찬가지로 그리스도교에 관심을 갖고 있다), 그렇다, 그 발언은 마치 일종의 미친 짓처럼 들릴 것이다.

그러나 그것은 당연한 일일 것이다. 수다의 세계에 있어서는, 진리는 항상 일종의 미친 짓처럼 취급받는다. 그리고 내가 살고 있는 곳은 수다의 세계라는 사실과, 누구나가 예외 없이 그리스도인이 된 것이 이 수다 때문이라는 사실은 의심할 여지가 없다.

그렇다고 해도 나는 내 발언을 바꿀 수가 없다. 바꿀 의사도 없거니와, 또 그런 일이 용납되지도 않는다 - 만일 바꿨다고 한다면, 더욱 색다른 변화가 생길 것이다. 즉, 내 무력함을 각별히 써주신 전지전능하신 분의 힘이 내게서 제거되고, 나는 내 멋대로의 길을 걷게 될 것이다. 아니다, 내 발언을 바꾼다는 것은, 할 수도 없고, 원하지도 않고, 또 용납도 되지 않는다. 나는 돈벌이를 꾀하는 이들 일단의 사기꾼들에게 - 목사들을 두고 하는 말이다 - 봉사할 수는 없다. 그들은 돈벌이를 위해서라면, 그리스도인의 개념을 위조하여서, 기백만 명의 그리스도인을 계속 만들어냈다. 나는 그리스도인은 아니다 - 그리고 다른 사람들도 역시 그렇다. 나보다 한층 심하게 그렇다고 언명할 수 있다. 왜냐하면 그들은 자신이 상상하고 있거나, 아니면 사칭하고 있거나, 또 아니면 남들이(예컨대 목사들) 그렇게 생각하게 만들었거나 - 목사라는 장사는 그래서 더욱 번창한다 - 그 중의 어느 하나니까 말이다.

내가 지적해야만 할 관점, 또 현재 지적하고 있는 관점은 지극히 독특하여, 그리스도교계의 1,800년이라는 세월에도 글자 그대로 유례가 없고, 또 내가 의지할 수 있는 본보기를 찾아볼 수 없다. 이런 점에서도 나는 - 1,800년과 대치해여 - 글자 그대로 홀로 서 있다.

이와 유사한 단 하나의 비유를 들자면, 소크라테스를 들 수 있다. 내게 지워진 과업은 소크라테스적인 과업이다. 즉 그리스도인의 개념(概念)을 음미하는 일이다. 나는 스스로 나 자신을 그리스도인이라고 부르지 않는다(이렇게 함으로써 이데아에게 장소를 제공한다). 그뿐만 아니라 다른 사람들도 역시 나보다 더 그리스도인이 아니라고 하는 사실을 밝힐 수가 있다.

그대 고대의 고귀하고 단순한 사람이여. 그대 사상가로서 경탄해 마지않는 단 한 사람의 **인간**이여. 그대는 지혜를 위하여 순교한 유일한 인간이고, 인물로서나 사상가로서나 위대하였건만, 그대에 대해 전해진 것은 너무나도 적다. 그러나 이 적다는 것은 그 얼마나 무한한 풍요함일까! 나는 그리스도교계가 그리스도교적인 사상가라는 상표를 붙여서 출동시킨 이들 여러 군단(軍團)의 사상가들에게서 빠져나와(물론 그리스도교계에도 몇 세기를 거치는 동안 몇몇 개의 중요한 사상가는 있었지만), 비록 반시간 동안이라도 그대와 대화하기를 얼마나 갈망하였을까!

그리스도교는 궤변의 심연 속에 빠져 있고, 그 상태는 그리스에서 소피스트들이 번영한 시대보다도 질이 더욱 고약하다. 목사와 그리스도교적인 대학의 강사들의 군단은 모두가 소피스트들이고, 아무것도 모르고 있는 무리인 그들에게 무엇인가를 알고 있는 듯이 착각하게 하고는 보수를 받고 -

고대의 정의(定義)*에 의하면 이것이 소피스트의 본질이었다 - 다음으로는 이 대중을, 진리란 무엇인가, 그리스도교란 무엇인가를 결정하는 최고 법정으로 삼음으로써 보수를 받고 있다.

그러나 나는 자신을 그리스도인이라고는 부르지 않는다. 나는 이 사실이 소피스트들에게는 매우 불쾌하게 생각되리라는 것을 잘 알고 있다. 나는 내가 요란스럽게 나 자신을 진정한 그리스도인이라고 선전하면, 그것이 그들에게는 매우 통쾌하리라는 사실을 잘 알고 있다. 또 세상 사람들이 나의 등장을 사실과는 반대로 저렇게 묘사하려고 하는 의도도 잘 알고 있다. 나를 우롱하지 말라! 어떤 의미에서 나를 우롱하기란 매우 쉽고, 사실상 나는 내가 관계한 거의 모든 사건에서 우롱당해 왔다. 그리고 세상 사람들이 그랬던 것은, 나 자신이 한때 그러기를 바랐기 때문이다. 그러나 이제 나는 그런 일을 원하지 않는다고 한다면, 어찌 될까? 나를 우롱하는 동시대의 사람들 중에는, 나만큼 뛰어난 검찰능력(檢索業力)을 가진 사람은 하나도 없다.

나를 우롱하지 말라. 나는 나 자신을 그리스도인이라고는 부르지 않는다. 어떤 의미에서는 나는 다루기가 쉬운 인간으로 보일는지 모른다. 왜냐하면 다른 사람들은 저마다 독특하고 이상한 성질을 갖고 있고, 또 그들은 모두가 진정

---

* 아리스토텔레스의 「궤변론」 1권 165 A 21.

한 그리스도인이기 때문이다. 암, 확실히 그렇게 보인다. 그러나 사실은 그렇지가 않다. 내가 나 자신을 그리스도인이라고 부르지 않는다는 사실은, 나라는 인간이 다루기 쉬운 인간임을 불가능하게 하고 있다. 나는 나 자신을 그리스도인이라고 부르지 않음으로써, 다른 사람들도 한층 더 그리스도인이 아니라고 단언할 수가 있기 때문에, 참으로 저주받을 성질의 소유자다.

오오, 소크라테스여. 만일 그대가 요란스럽게 자신을 가장 뛰어난 지자(知者)라고 선전하였으면 소피스트들은 곧 그대와 화해하였을 것이다. 그러나 그대는 무지의 사람이었고, 그러면서도 동시에 (그대가 무지의 사람이라는 사실을 통하여) 다른 사람들도 한층 더 무지의 사람이라는 사실, 또 그 무지마저도 알아차리고 있지 못하고 있다는 사실을 단언할 수 있는 저주받을 성질을 소유하고 있었던 것이다.

그대는 (『변명』 속에서, 그대는 전적으로 아이러니컬하게도 '변명'을 동시대인에 대한 무서운 풍자*라고 부르고 있다) 그들이 무지라는 사실을 분명히 함으로써 많은 적을 만들었다. 또 사람들은 그대를 향하여, 우리들의 무지를 증명할 수 있는 그대는 지자(知者)가 아니냐고 힐난하며 질투하여 원한을 품었다. 나 역시 이와 똑같은 꼴을 당하고 있다. 나는 남들이 나보다 훨씬 그리스도인이 아니라는 사실을, 그러면

---

* 『소크라테스의 변명』 22E-23A.

서도 그렇게 말하는 나 자신은, 자신이 그리스도인이 아니라는 사실을, 참으로 알고 또 긍정하면서도 그리스도교에 의지하고 있음을 밝혔기 때문에, 사람들의 진노를 샀다. 그래서 사람들은 나를 다음과 같이 비방하였다 - "너는 네가 그리스도인이 아니라고 하지만, 그것은 외견상의 겸손에 불과하다. 우리를 그리스도인이 아니라고 증명할 수 있는 너는 그리스도인이어야만 한다." 그러나 이것은 오해다. 내가 그리스도인이 아니라고 하는 사실은 전적으로 진실이다. 따라서 내가 남들이 그리스도인이 아니라는 것을 증명할 수 있다고 해서, 나 자신이 그리스도인이어야만 한다는 결론은 지나친 속단이다. 이것은 마치 어떤 사람이 다른 사람보다 키가 20센티미터쯤 더 크다고 해서, 그의 키가 20센티미터라는 결론을 내리는 일이나 마찬가지다.

내게 지워진 과제는 그리스도인의 개념을 음미하는 일이다. 살아있는 사람 중에서 나의 일을 올바르게 비판할 만한 조건을 구비한 사람은 한 사람밖에 없다. 그 사람은 나 자신이다. 그러므로 현재의 부감독(副監督) 코페즈 한센이 몇 해 전에 한 말은, 어느 정도 진상을 전하고 있다. "『결론으로서의 후서(後書)』를 비판할 생각이었지만, 이 책에 기술된 이전의 저술활동에 대한 비판을 읽고서는, 비판을 단념하지 않을 수 없었다. 올바르게 비판할 수 있는 사람은 저자 한 사람밖에 없으니까" 라고 그는 말했다. 바로 그대로다. 나의 저술에 비판을 가할 수 있는 조건을 구비한 사람은, 나와 동시대에는 한사람도 없다. 내가 지닌 참 뜻에 가까운 발언을 가끔이나마 한 사람은 다만 한 사람 R. 닐센뿐이다. 그러나 그 발언도 나와의 개인적인 대화에서 얻은 것이었다.

이제 이스라엘, 레빈, 다비드센, 씨스뷰 등 여러분이 구성하는 권위 있는 법정, 혹은 그류네와 같이 자유로운 사상가, 혹은 무명씨와 같은 밝은 성격의 사람들 - 그들 일당이 이 진귀한 사건을 재판하려고 하고 게다가 그 재판을 대중(大衆)이라는 것에 익숙한 재판소에서 진행하려고 한다면, 거기서 나올 결론은 뻔하다. 그렇다, 결론은 이미 나왔다. 나는 그 사실을 이 보잘것없는 국민을 위하여 슬퍼한다. 왜냐하면 국민 전체가 그런 태도를 취함으로써 웃음거리가 되었기 때문이다.

또, 비록 사정을 알고 있는 일부의 사람들이 내 인물과 임무에 대해 뭐라고 언급할 경우에도, 결국 저술가로서의 나의 처지를 슬쩍 훑어보고는, 과거의 몇 개의 예를 들어, 그것을 나의 처지인양 설명하는 데 불과하다.

그런 방법은 아무런 소용도 없다. 어떤 사람이 나의 한가로움, 나의 조명, 나의 재능, 나의 교양을(이런 것들은 뮌스터 감독이 인쇄물로써 증명해 주었다) 다하여 14년 동안을 소비하고, 아니 근본적으로는 전체 생애를 소비한 단 하나의 것, 그것을 평가하기 위해서는 슬쩍 한 번 훑어보면 충분하다고 어떤 목사는 말하고, 또 어떤 대학교수도 그렇게 말하고 있지만, 그런 말은 엉터리 같은 말이다. 문제 자체가 애당초 이해하기 어렵다. 그래서 당장에 '외톨이 - 나는 그리스도인이 아니다'라는 낙인이 찍혔지만, 이런 일은 모든 사람에게 '교회, 사회 - 나는 진정한 그리스도인이다'라는 낙인을 찍어주는 그리스도교계의 1,800년 안에서는 전혀 찾아볼 수 없었던 것이다.

그런데도 몇몇 목사나 또는 대학 교수까지도 당장에 이것과 유사한 것을 찾아내려고 한 일은 역시 엉터리 같은 짓이다. 아무리 주의 깊게 살펴보아도, 그들이 발견할 수 있는 것이란 그것이 불가능하다고 하는 사실뿐이다. 결국 그들은 그런 일에 노력을 기울일만한 가치가 없다는 것을 안다. 그리고는 나를 한 번 슬쩍 훑어보고, 과거의 역사를 재빨리 더듬어 보고는 나와 유사한 존재를 곧 발견한다. 그러면 민중들은 곧 그것을 그대로 받아들인다. 나는 다음과 같이 말한다 - "그리스도교계의 1,800년을 통하여 나의 과업에 필적하는 것이나 그와 유사한 것은 전혀 없다. 나의 과업은 '그리스도교계'에 있어서 처음 있는 일이다"라고.

나는 그 사실을 잘 알고 있다. 또 그것 때문에 얼마만큼 대가가 치러졌고, 얼마나 괴로움을 당했는지도 알고 있다. 그 괴로움이란 한 마디로 말해서, 나는 한 번도 남들과 같아본 일이 없다는 점에 있다. 오오라, 청년 시절의 더할 나위 없이 무섭게 끊임없이 계속되었던 코피여. 나는 남들과 같아 본 일이 없었고, 또 그 사실을 상기하며 괴로워하지 않았던 날이 하루도 없었다. 나는 기뻐 날뛰는 청년들 틈에 끼어본 일이 한 번도 없었다. 한 번도 자유자재로 무엇인가에 몰두해 볼 수가 없었다. 과감하게 무엇인가를 하려고 해도, 인간적인 생명이니, 쾌활이니, 기쁨이니 하고 불리는 일체의 것으로부터 나를 만류하고 격리하는 쇠사슬이 언제나 뇌리에 떠올랐으니, 그것은 거의 절망적인 고통이었다. 사람들은 청년 시절에 있어서는 자신이 남들과 같지 않다는 것을 부끄러워하고 기를 쓰고 그것을 숨기려고 한다. 그 노력이 어느 정도 성공하는 수도 있을 것이다. 그러나 괴로움은 여전히 마음속에 남아있다. 그리고 어느 정도밖에 성공하지 못하기 때문에, 단 한 번의 부주의가 무서운 복수를 하는 일도 있다.

물론 이 고통은 해가 거듭됨에 따라 점차 줄어든다. 왜냐하면 사람은 그가 정신적이 되면 될수록, 자신이 남들과 같지 않다는 사실에 고통을 느끼지 않게 되기 때문이다. 정신은 바로 남과 같지 않다는 그것이기 때문이다.

그리고 이전에는 자신을 괴롭힌 - 실제가 번번이 그렇게 생각되었다 - 힘이 자신의 비밀을 보여주며 다음과 같이 언급할 순간이 찾아올 것이다 - "그대는 무엇인가를 호소하고 싶은가? 나는 - 사랑하기 때문에 - 그대의 소년 시절을, 또 청년 시절의 처음부터 끝까지 괴롭히기는 하였지만, 그대는 그 때문에 남보다 더 심한 고통을 받았다고 생각하는가? 그대는 그 대상(代償)을 받고 있는데도, 나한테 속았다고 생각하는가?" 이제 나는 이 말에 대하여 다음과 같이 대답할 수 있을 뿐이다 - "무한한 사랑이시여, 절대로 그렇게는 생각하고 있지 않습니다." 그런데 대중은 내가 이렇게 고통을 겪으며 얻은 것을 어김없이 사절할 따름이다.

사람은 내가 겪은 것과 같은 고뇌를 통하여, 희생되는 일에 견딜 수 있는 인간으로 육성된다. 이미 보여주셨고 또 앞으로도 보여주실 무한한 은혜는, 내가 희생이 되게끔 정하고 선택하셨다는 사실이다. 더하여 희생이 된다는 것은 사랑이신 하느님께서 당신이 사랑하는 모든 자식들에게 보여주시는 최고의 은혜라는 사실을, 내가 전능과 사랑에 힘입어 말할 수 있도록, 나를 키워주신 사실이다.

나의 친애하는 독자여! 이것이 이득을 얻고자 해서 한 일이 아니라는 것은 분명해졌을 것이라고 믿는다. 이득은 내가 죽은 후에, 서약을 한 장사치들이 다시금 내 생애를 소금에 절여버리는 때가 되어서야 비로소 얻게 되리라.

그리스도교는 이렇듯이 엄숙하다. 그렇기 때문에 모든 속된 인간들은(꺼져라, 꺼져라, 깨끗하지 못한 자들이여!) 그리스도교가 이해하는 은혜를 우선적으로 사절한다. 거짓말쟁이, 즉 목사들은 은혜를 면죄부(免罪符)로 바꿔 버린다. 따라서 은혜는 인간이 지극히 간단하게 하느님으로부터 이익을 얻는 일, 목사가 인간들로부터 이익을 얻는 일이다. 목사는 "모두들 내게로 오라"는 그리스도의 말을 써서 사람들을 불러놓고, 이런 일을 가르치고 있다.

이 말의 참다운 뜻은, 확실히 부름은 모든 사람에게 빠짐없이 전해졌다는 뜻이다. 그러나 그것으로 말미암아 문제가 심각해지고, 그리스도가 그들을 부르는 까닭이 무엇인지가 (그리스도를 따라서 희생이 되는 일이다) 명확해져서, 그것이 이미 모든 사람들이 기뻐할 공치사로 바꿀 수 없게 될 때에는, 그때는 그리스도의 시대에 일어났던 것과 같은 일이 나타난다.

사람들은 그 부름에는 결코 응하지 않는다. 극히 예외적인 소수의 사람들만이 따라간다. 그러나 그 소수의 사람들 중에서도, 이 부름이 형언할 수 없는 무한한 은혜이고, 자기에게 희생이 되라고 지시하시는 것이라고 확신하고 따라가는 자는 오로지 한 사람, 진정한 외톨이뿐이다. 그것은 형언할 수 없는 은혜다. 왜냐하면 그것은 하느님께서 인간을 사랑하시고, 인간으로부터 사랑을 받을 수 있는 유일한 방법이기 때문이다. 하느님께서 자진하여 인간을 사랑하시려고 하셨고, 또 인간들로부터 사랑을 받으시겠다고 승인하신 일은, 그렇다, 그것은 무한한 은혜다. 그러므로 나는 깨끗하지 못한 일체를 피하기 위하여, 그 중간규정으로서 사람이 희생되어야만 한다는 사실을 미리 말해 두었다.

만일 하느님으로부터 사랑을 받고, 하느님을 사랑한다는 일을 돈벌이를 위해 이용하는 그런 어리석은 짐승 같은 모독을 저지른다면, 이처럼 구역질을 느끼게 하고, 가슴을 짓누르고, 질식케 하는 것이 어디 있겠는가?

여러분! 신약성서의 그리스도교는 무한히 높은 것이다. 그러나 잘 유의하라, 높다고 하는 그것은, 재능이나 그 밖의 점에서 인간들 서로서로 사이의 차이와 관계된 것이 아니다! 신약성서의 그리스도교는 모든 인간을 위한 것이다. 누구나가, 조건 없이 누구나가 - 무조건 그것을 원하고, 무조건 자신을 미워하기를 원하고, 무조건 모든 일에 견디고, 어떤 고난이라도 달게 받으려고 한다면(누구나가 원하면 이 일을 감당할 수 있다) 이 무한히 높은 존재에 가까이 갈 수가 있다.

여러분! 내 생활은 그대들의 그것과 하등 다를 바가 없다. 아시다시피 나는 길거리에서 살고 있고, 모든 사람에게 얼굴이 팔려 있다. 그뿐만 아니라 나는 어떤 감투도 쓴 일이 없고, 고관대작들의 자만과는 인연이 없는 사람이다. 내가 만일 어떤 누구하고 인연을 맺었다면, 그대들과 맺었을 뿐이다. 그런데도 그대들은, 그대들이 소지한 돈을 빼앗으면서도 그대들의 행복을 도모하고 있다고 자칭하는 사내에게 속은 나머지, 나와 내 태도를 깔보게 되었던 것이다. 내가 그대들과 한편이라고 해서, 그대들이 나를 참을 수 없는 존재라고 하거나, 빌어먹을 놈이라고 말해야 할 까닭이 조금도 없을 것이다. 오히려 고관대작이라면 그럴 만한 까닭이 있을지도 모르겠다. 왜냐하면 나는 그들과는 분명히 화해를 하지 않았고, 다만 명확치 않은 관계만을 유지하여 왔을 뿐이기 때문이다.

여러분! 나는 그리스도인에 관한 나 자신의 견해를 숨길 생각이 없다. 그것은 무한히 높은 존재고, 거기에 도달하는 사람은 언제나 개인뿐이다(이 사실은 그리스도의 시대를 생각해 본다면 그리스도의 생애가 그것을 증명하고, 또 그리스도의 말씀을 올바르게 듣는다면 거기에 암시되어 있는 사실이다). 나는 다만 하나의 사실만을, 하늘에 계신 하느님과, 또 모든 거룩한 존재를 두고 그대들에게 맹세할 수가 있다.

목사들로부터 도망쳐라. 이 비열한 자들로부터 도망쳐라. 그들은 그대들이 진정한 그리스도교에 조금이라도 주목하는 것을 방해하면서 밥벌이를 하고 있다. 그리고 그대들을 수다와 착각에 사로잡히게 하여, 그들이 이해하는 진정한 그리스도인으로 그대들을 바꿔놓고 있다. 즉, 국가 교회니, 국민 교회니 하는 따위의 회원으로 만들어 놓고는 돈을 치르게 하고 있다. 그들로부터 도망쳐라. 그렇지만 그들이 돈을 받겠다고 하면 기꺼이 지불하는 것이 중요하다. 그렇지 않으면 지불하기가 싫어서 도망쳤다고 할지도 모를 일이기 때문이다. 오히려 그대가 상대방과는 관계가 없다는 것을 충분히 분명하게 해두기 위해서도 곱으로 치르는 편이 더 좋다. 요컨대 상대가 관심을 갖는 것은 금전의 문제이고, 그대는 그런 일은 문제 삼지 않고 있고, 그리고 그대는 그들이 문제로 삼지 않는 그리스도교에 무한히 관계하고 있다는 사실을 분명히 해두기 위해서다.

7. 성찰록(省察錄)

1855년 8월 2일

1) 목사의 예배

진상을 더욱 명확하게 알기 위해서 생각나는 대로 하나의 예를 들어 보기로 하자!

우리 인간이 듀아하베(동물원)로 산책을 안 가는 것이 하느님의 뜻이라고 가정해 보기로 하자!

물론 '인간'은 그런 일에 승복할 리가 없다. 그러면 어떤 일이 벌어질 것인가? 다음과 같을 것이다. 예를 들면 말 네 필이 끄는 홀시타인 마차에다 축복을 하고, 말에다가는 십자가의 표지를 달고, 듀아하베에 가는 것은 하느님을 기쁘시게 하는 일이라고 목사는 꾀를 낼 것이다.

그 결과로 사람들은 첫날이나 다름없이 자주 듀아하베에 갈 것이나, 다만 다른 것이 있다면 이제는 첫날보다 값이 비싸진 일이다. 고위층은 5타렐 이상, 목사는 5타렐, 가난뱅이는 4실링을 지불해야 한다. 그뿐만 아니라 듀아하베에 간다는 것은 동시에 예배를 드린다는 매력이 곁들여진다.

목사는 또 아마도 말과 마차를 빌려주는 장사를 하려는 착안을 할 것이다. 듀아하베에 가는 일이 하느님을 기쁘시게 하는 일이라고 한다면, 사람들은 목사한테 가서 마차를 빌려와야만 한다. 아마도 목사가 동행을 할 것이고, 아마도 - 하느님께서 각별히 기뻐하실 것이지만 - 목사가 마부가 될 것이고, 아마도 - 최고로 하느님께서 기뻐하시겠지만 - 감독이 마부가 될 것이 틀림이 없다. 그러나 사람들은 최고로 하느님을 기쁘시게 하기 위해서 더 많은 돈이 필요하다. 그리고 이런 식의 예배는, 비록 완성된 그리스도교의 결과라 할지라도, 하느님을 기쁘시게 할 수 있는 억만장자에게만 가능하다.

2) 목사 - 배우

배우는 거짓말을 하지 않는다. 그는 흔히 분명하게 자신은 배우라고 이야기한다.

이런 말을 목사들의 입에서 토하게 만들기란 정말 불가능한 일이다. 어떤 대가를 치른다 할지라도 불가능하다. 아니다, '목사'는 확실히 배우와는 정반대의 존재다. 그는 배우를 그리스도교적인 땅에 묻어도 좋은가라는 질문을 남의 일처럼(그는 그것이 자기와는 관계가 없다고 생각하고 있기 때문에) 뇌까리고, 그것에 대꾸한다. 그러나 이 물음의 대답이 자기 자신에게도 관계된다는 사실을 전혀 모르고 있다 - 그것이 한낱 유희가 아니라면, 무대 예술의 걸작이리라. 그렇다, 문제가 배우에게 유리하게 결정되었다고 해도, 목사는 그리스도교적인 땅에 묻혀도 좋은지 어떤지는, 그래도 역시 대답을 해야 할 필요가 있을 것이다.

3) 병풍(屛風)으로서의 목사

사업을 하는 장사치의 세계에는 맞장구를 쳐주는 동료 사원이라는 것이 있는 법이지만, 대개 이런 존재는 명목상의 존재이기가 일쑤다. 그런데 얼마쯤 형식을 떠나서 행동하며, 너무 욕심을 부리지 말고 대범하게 처리하자고 말하면, 다음과 같은 변명을 한다 - "제발 내 얘기를 믿어 주십시오. 저로서는 기꺼이 당신의 도움이 되어 드리고 싶습니다. 저는 근본이 착한 인간이니까요. 그런데 저의 동료가 있는데, 그자가 호락호락 말을 듣질 않습니다 그려." 물론 이건 죄다 거짓말이다. 동료만 없다면, 되도록 떼를 써서, 되도록 많이 벌어야겠다, 그렇지만 동시에 전혀 다른 표정을 지어야겠다는 뜻이 거기에는 깃들어 있다.

사람들은 대개 아내가 있다. 그런데 조금이라도 용기를 내서 대담한 행동을 해야 할 때가 되면, 다음과 같이 말한다 - "아시다시피 나는 문제가 없습니다. 나는 이래봬도 오기가 있으니까요. 나는 기다리고 있었습니다. 그렇지만 마누라가 내 기분을 알아줄 것 같지가 않군요." 물론 이 말은 죄다 거짓말이고, 만일 다행히도 아내가 없었더라면, 가련한 꼴로 이 세상에서 득을 보는 한편 용감한 사내로 통할

속셈을 내포하고 있는 말이다.

'목사'의 존재는 이와 마찬가지로 사회의 위선을 숨기기 위한 것이다. 사회는 말한다. "우리에게는 책임이 없다. 우리는 평신도다. 우리는 서약을 한 목사를 의지하고 있다." 혹은 "목사를 비판하는 일은 용납할 수 없다. 우리는 그의 말을 신뢰해야한다. 그는 하느님의 사람이고, 신약성서에 서약을 했다." 혹은 "우리는 필요할 경우에는 일체를 버릴 것이다. 그러나 그럴 필요가 있는지 없는지의 결정을 하는 일은 우리에게는 허용되어 있질 않다. 우리는 단순한 평신도다. 그러나 목사는 엄연한 권위고, 우리가 결정을 한다면, 그것은 죄라고 선언한다" 등.

'인간'의 모든 지혜는 하나의 사실을 추구한다. 즉, 책임을 면하고 살아가는 일이다. 사회에 대한 목사의 의의(意義)는, 각자가 자기 생애의 모든 순간에 한 일이나, 혹은 그가 꾀한 어떤 작은 일에 관해서나를 막론하고, 각자로 하여금 영원히 책임을 지게 만드는 데 있어야 한다. 왜냐하면 그것이 그리스도교이기 때문이다. 그런데 목사가 사회에 대하여 실제로 지니고 있는 의의는, 사회가 '목사'에게 책임을 전가할 경우 그 위선을 숨겨주는 데 있다.

4) 이교(異敎) - '그리스도교계'의 그리스도교

이 차이는, 마치 술꾼이 평상시에 브랜디를 마시는 것과, 금주 기념이라고 하며 마시는 것과의 차이와 흡사하다. 후자는 전자보다 훨씬 질이 좋지 않다. 왜냐하면 교활한 음주니까 말이다. 전자는 정정당당한 음주지만 후자는 금주를 한답시고 마시는 교활한 음주이기 때문이다.

5) 끔찍한 비례 관계

이 관계는 참으로 진리를 원한(그 결과로 희생이 된) 한 사람에 대하여 십만 명의 향락가, 이 세상의 자식들, 속물들이 있다는 것이 아니다. 오히려 다음과 같은 관계다. 참으로 진리를 원한 한 사람에 대하여 - 몸서리 쳐라! - 천 명의 목사가 있고, 향락가와 이 세상의 자식들과 속물들의 거대한 무리들이 참으로 진리를 원한 저 단 한 분을 옳게 인식하는 것을 방해하며, 그들은 가족들과 함께 생활하고 있다는 관계다.

6) 심장을 가진 자 - 심장을 갖지 않은 자

심장을 목구멍이나 혀나 바지에 가지고 있는, 요컨대 있을 곳에 가지고 있지 않은 사람이, 심장을 있어야 할 곳에 가지고 있는 사람에게, 그대는 심장을 가지고 있지 않다고 비난하는 일도 확실히 있을 수 있는 일이다.

요컨대 그들은 자신들이 알고 있는 심장이 있어야 할 장소에서 그의 심장을 찾아보려고 하였지만 찾아볼 수가 없어서, 그는 심장을 갖고 있지 않다고 단정한 것이다. 말을 바꾸면 그는 심장을 있어야 할 장소에 가지고 있었지만 그들은 거기를 찾을 생각을 미처 못 했던 것이다.

7) 교활한 비열성

이런 것은 어떤 의미에서는 이 세상에서는 찾아볼 수 없다. 그렇지만 그것이 절정에 달하면 그것은 전혀 정반대의 것으로 보이게 된다.

이 세상에서 볼 수 있는 것, 그리고 더러운 비열성이라는 낙인이 찍힌 것은, 그것만으로도 이미 사람들을 두렵게 하기에 족한 것이다. 그러나 그런 것은, 교활성에 - 이것은 교활하게도 비열의 반대로서 통용된다 - 견준다면, 전혀 문제가 되지 않는 것이다. '하늘에 호소할 죄(극악무도한 죄)'*라고 불리는 것이 있기도 하지만, 가장 심하게 하늘에 호소할 죄는, 바로 - 교활하게도 - 거룩함을 가장할 줄 알고, 그래서 그것이 하늘을 향하여 호소하고 있다고는 알아차리지 못하는 죄다. 그러나 이것은 바로 소리 없는 위선이기 때문에, 다른 의미에서는 하늘에 호소할 어떤 죄보다도 훨씬 극악무도한 죄다. 한 예를 들어 보기로 하자.

어떤 도시에 한 외국인이 살고 있었다. 그는 한 장의, 그렇지만 매우 액면이 큰 지폐를 갖고 있었다. 그러나 이 도시에는 그 지폐를 알고 있는 사람이 하나도 없었다. 따라서 그들에게는 그것은 없는 것이나 마찬가지여서, 누구도 그것

---

* 창세기 4장 10절 참조.

을 받고 물건을 팔아주는 자가 없었다.

어느 날, 그 지폐를 잘 알고 있는 사내, 어떤 외국인이 그를 찾아와서 다음과 같이 말했다. "나는 그대의 벗이다. 벗으로서 당연한 일이지만, 어려운 처지에 있는 그대를 돕고 싶다. 자 이것을…." 그리고는 그에게 그 지폐의 반액에 해당되는 돈을 내놓았다. 보라, 이것이 교활하다는 것이다! 이것은 우정과 친절을 표시하여 그 도시의 주민들을 감탄하게 하고 칭찬하게 하는 동시에, 생전 보지도 못한 사람으로부터 절반을 사취할 심산인 것이다. 그러나 이 도시의 주민은 그 사실을 눈치 채지 못하였고, 눈치를 챘다고 해도 알 수가 없다. 그들은 오히려 매우 드문 아량이라고 생각한다.

금전상의 것과 같은 일이 정신의 관계에도 통용된다.

어떤 사람이 비록 많은 동시대의 사람들에게 에워싸여 있으면서도, 그의 본질과 진가와 의의에 대해서는 누구에게도 이해되지 못하고 있을 수도 있다. 물론 많은 사람이 그가 갖고 있는 일체를 일고의 가치도 없는 것으로 간주할 수도 있다는 사실은 새삼스럽게 말할 필요도 없다.

그러나 거기에 그의 진가(眞價)를 알고 있는 사내가 찾아와서, 그에게 다음과 같이 말했다고 하자. "나는 그대의 벗이다, 그대를 위하여 변명하리라." 그리고 그 사내는 그를 잘 알고 있는 주제에, 그에게 돌려야 할 가치를 공적으로 절반밖에 인정하지 않았다고 하자. 이것이 교활하다는 것이다. 이것은 자신의 태도가 동시대인의 눈에는 더할 나위 없이 헌신적인 무사(無私)로 보이고, 이제까지 인정을 받지 못하였던 사람을 공평하게 대접하고, 그러면서도 자신을 되도록 숨기는 세상에서도 드문 용기, 사람들을 감격케 하는 존재로 보이고, 동시에 그럼으로 해서 그에게 가장 큰 해를 미치게 할 것을 노린 짓이다. 이 사내는 절반만 그를 인정함으로써, 그가 완전히 오해를 받고 있었을 때와는 다른 새로운 더 고약한 곤란을 초래하게 한 셈이 된다. 그러나 이런 사실은 아무도 눈치 채지 못한다. 동시대의 사람들의 눈에는, 이 교활함이 사람들을 감격시키는 고귀하고 공평무사하고 용감한 태도로밖에는 보이지 않는다.

1855년 7월 7일의 8)에서 10)까지의 초고

8) 그것은 후계자를 위해서다.

어쩌면 나는 목사님들에 대하여 비례(非禮)를 저지르게 될지도 모르겠다. 그렇지만 그들이 자신들의 권리 위에 도사리고 앉아서, 받아들일 것은 한 푼이라도 깡그리 청구하고, 마치 법률가나 마찬가지로, 지불하지 않으면 한 발자국도 물러서지 않는 광경을 볼 때, 그들이 지상의 것에는 무관심하다고는 아무도 보장할 엄두가 나지 않을 것이다.

그러나 내가 오해하고 있는지도 모르겠다. 내가 세상을 너무 몰라서, 사실은 전혀 그렇지가 않은데도, 그것을 알아차리지 못하고 있었는지도 모르겠다. 그러므로 마르텐센 감독이 6만 파운드의 밀 대신에, 12만 파운드의 연봉을 제안하였다고 해도, 여기서 어떤 사실을 눈치 채지 못한 것은, 아마도 내편이었으리라. 즉, 그렇게 결정된 것은, 그만한 성직자가 이런 지상적인 문제에 신경을 썼을 리가 만무할 것이고, 오히려 폐하께서 그렇게 결정하셨으리라. 그렇게 폐하께서 후계자에 대한 당신의 의무로써 후계자를 위해 결정하시고, 후계자 역시 폐하의 후계자를 위하여 같은 결정을 내렸으리라 - 나는 이 사실을 눈치 채지 못하고 있었던 것이다. 그렇다고 한다면, 이것은 문제가 되질 않는다! 아니, 이것은 후계자를 위한 고귀한 처사다!

이제 나는 마르텐센 감독을 이해한다. 그의 제안은 내가 그 자신의 입으로부터 들은 바와 일치하고 있음을 안다. 그러니 이것은 틀림이 없다. 나는 이 사실을 다른 사람들에게 주저 없이 실토한다. 왜냐하면 그렇다고 해서 그의 명예를 빼앗는 것이 아니기 때문이다. 즉, 그가 감독이라는 직분에 선발된 사실을 받아들이게끔 결심하게 한 것은, 전적으로 오로지 의무감에서 그랬을 뿐이다. 참말이지 셰란 지구의 감독 자리에 취임할 사람으로서, 우리는 이런 인물을 필요로 한다 - 이 사실에는 거짓이 없다.

따라서 이것은 후계자를 위하여, 오로지 전적으로 후계자에 대한 의무에서, 후계자를 위해서만 취해진 일이다. 그러므로 만일 사정이 바뀌어서 마르텐센 감독에게 후계자가 없는 경우가 생길 때는, 그는 즉석에서 이 제안을 철회하든 가, 혹은 이미 인가가 난 후라면, 즉석에서 추가된 6만 파운 드를 취소해 줄것을 요청하였을 것임에 틀림이 없다. 왜냐 하면 그는 자기 자신을 위하여 이것을 제안한 것이 아니라, 오로지 후계자를 위하여 그랬을 뿐이기 때문이다. 아니면 관리(官吏)는 이것이 후계자를 위한 것이라는 사실을 고려 하여, 12만 파운드의 밑을 승인은 하지만, 6만 파운드는 후 계자에게 주어질 것이기 때문에(그것은 후계자를 위해서 그 랬을 뿐이었다) 이 추가분은(6만 파운드) 후계자가 생겨야 비로소 제공된다고 정했다고 하자. 그 경우에 마르텐센 감 독은 그 관리에게 감사할 것이다. 왜냐하면 어쩌면 감독이, '동시에' 자기 자신을 위하여 이런 제안을 한 것이나 아닐 까, 감독은 후에 가서 후계자에게 주어질 12만 파운드를 이 미 지금 입수할 전망이 생긴 데 대하여 기뻐한 것이나 아닐 까 하는, 누구나가 생각해 볼 수 있는 의혹을 그 관리가 풀 어주기 때문이다.

9) 코벤트 맥주

이러한 점에 관해서는 다행히도 나는 - 귀중한 추억! - 작 고한 뮌스터 감독과 완전한 의견의 일치를 보았다. 그도 역 시 코벤트[牧師會議]의 결의를 도수가 약한 맥주와 같은 것 이라고 생각하고 있었다.

그런 까닭에, 얼마 전에 지금껏 전혀 모르고 있던 책에서약한 맥주를 코벤트 맥주라고 부르고 있는 사실을 읽어서 알고, 나는 매우 만족하였다. 뮌스터 감독은 그것을 모르고 있었을 것이지만, 가르쳐 주었더라면 매우 기뻐하였으리라.

10) 전임자와 후계자가 있다는 사실이 주는 커다란 교훈
잘못은 모두가 전임자의 탓
지상의 재물을 추구하는 것은 모두가 후계자를 위한 일.

이래서 전임자와 후계자가 있는 덕택에 인생을 즐겁게 보내고 동시에 진리의 증인이 된다. 하느님이시여, 전임자도 후계자도 없는 인간을 도우소서. 그에게는 진정한 그리스도교를 바라는 것이 인생일 것이리라. 요컨대 인생이란 속일 수 없는 시련이다.

역자 후기

『순간』은 키르케고르가 쓴 마지막 책인 동시에 당시의 기존 그리스도교에 대한 가장 격렬한 공격이다. 나는 이 『순간』을 그의 저서 중에서도 『그리스도교의 훈련』과 『사랑의 역사(役事)』와 함께 읽어 주실 것을 독자들께 간곡히 부탁드린다. 그래야만 죽음을 예감한 키르케고르가 왜 이런 글을 썼는가가 더욱 깊이 이해될 것이다.

1854년 1월 20일 셰란 지구의 감독이었던 뮌스터 감독이 죽었다. 그런데 그해 2월 5일 코펜하겐 대학의 신학 교수였던 마르텐센 교수는, 고인이 된 뮌스터의 덕을 찬양하는 추도사를 발표하고, 그 추도사에서 뮌스터를 사도시대로부터 현대에 이르기까지 이어진 '진리의 증인'의 한 사람, '거룩한 쇠사슬의 한 고리'라고 불렀다.

'진리의 증인'이란 말은 키르케고르가 진정한 그리스도인으로서 그리스도의 가르침에 따라서 살다가 순직한 사도들을 가리키는 말로 이해하고, 각별한 뜻으로 그의 모든 저서를 통하여 되풀이하여 사용하여 온 개념이었다. 따라서 키르케고르는 마르텐센의 이런 표현을 자신에 대한 공공연한 도전으로 받아들였다. 그래서 그는 곧 마르텐센에 대한 반박문을 썼다. 그것이 곧 「뮌스터는 '진리의 증인'이고, 진정한 진리의 증인 중의 한 사람이었던가 - 그것은 진리인가?」라는 글이다. 그는 이 글을 그 해 2월에 당시의 일간 신문에 발표할 셈으로 썼던 것이다. 그러나 키르케고르는 이 글이 마르텐센에 대한 개인적인 공격으로 오해될 것을 두려워하여, 당분간 발표를 보류하였다. 공석이 된 셰란 지구의 감독의 자리를 마르텐센이 이어받을 때까지 공격을 일단 보류하는 것이 좋겠다고 판단하였던 것이다. 그해 4월 30일 마르텐센이 감독에 임명되었다. 그러나 여러 가지 정세를 감안하여 그 해 12월에 가서야 비로소 키르케고르는 이 글을 발표하였다.

1854년 12월 18일에 그는 이 글을 당시의 일간지 「조국」에다 발표하였다. 당시의 덴마크 국민들은 깜짝 놀랐다. 국민 전체가 나면서부터 그리스도교인으로 자타가 공인하고 있었고, 또 나라의 종교가 그리스도교였던 당시로서는 무리도 아니었다. 왜냐하면 국민들은 키르케고르를 경건하고 성실한 교인으로 간주하고 있었고, 그런 사람이 어찌 감히 국가 종교와 국가 종교의 지도층을 그렇게까지 공격할 수가 있는가 하고 생각했기 때문이다. 아무튼 그의 이 글이 실마리가 되어 그와 마르텐센과의 격렬한 공방전은 이듬해인 1855년 5월 26일까지 지속되었고, 그간 그는 무려 20여 편의 글을 「조국」에 발표하여 마르텐센과 그가 대표하고 있는 국가 교회를 공격하였다.

그러나 1855년 5월 26일부터는 『순간』이라는 소책자를 스스로 발간하였다. 그는 호마다 당시의 기성 교회와 목사들을 공격하는 글을 7~8편씩 실었다.『순간』은 그 후 격주로 발행되었고, 그가 종전에 발표 수단으로 이용하였던「조국」의 발행 부수를 능가하였다.『순간』의 제9호는 9월 24일 자로 발행되었고, 마지막 호인 제10호는 그가 죽었을 때 인쇄에 들어갈 준비가 되어 있었는데, 발행 직전인 10월 2일 키르케고르는 코펜하겐 시내의 노상에서 쓰러졌다. 그리고 11월 11일 주의 품으로 돌아갔다.

『순간』에 수록된 글의 핵심을 이루고 있는 사상은 그의 저서인『그리스도교의 훈련』에 상세하고도 분명하게, 그리고 무섭게 남김없이 서술되어 있다.

키르케고르에 의하면 '진리의 증인'이란 인간에 대한 사랑 때문에, 일생을 고난 속에서 산 사람이고, 그러면서도 남들로부터 천대받고, 비난받고, 수모당하고, 조소받고, 매 맞고, 투옥되고, 이윽고는 십자가에 못 박힌 사람이다. 이런 사람이야말로 '진정한 진리의 증인'이고, 이런 진정한 진리의 증인은 오로지 예수 그리스도밖에는 없다는 것이 키르케고르의 시종일관된 주장이었다. 그런데도 마르텐센은 키르케고르에 대한 반박문에서, 오늘날에는 이미 그런 피비린내 나는 진리의 증인은 필요가 없다, 진리의 증인이 사는 방법은 시대에 따라서 다르다고 단정하였던 것이다. 이런 마르텐센의 주장은 키르케고르를 격노하게 하였고, 드디어 예언자적인 교회 공격을 유발케 하였다.

당시의 덴마크 교회는, 자신들의 교회를 승리한 교회로 망상하고 있었고, 기존 질서를 신격화하였고 스스로 영원을 선취하였다고 착각하고 있었다. 키르케고르에게는 이것이 반(反)그리스도로 생각되었던 것이다. 당시의 교회의 그런 착각을 타파하기 위하여 쓴 것이 『그리스도교의 훈련』이었다. 이 『순간』이란 책은 마치 예리한 단도와도 같다. 이 단도가 번뜩이는 곳에는, 어떤 계급이거나(특히, 목사 계급) 어떤 대중이거나 어떤 기존 질서 속에 안주하는 사람이거나 간에, 그들이 지닌 자기기만과 착각과 망상이 가차 없이 폭로되고, 동시에 한없이 거룩한 영원이 그 모습을 나타낸다. 이 단검이 번뜩이면 영원과 시간이 뚜렷이 대립된 존재로 부각되고, 신약성서의 그리스도교와 그리스도교계의 상극되는 본질이 정면으로 충돌을 일으킨다. 그런 의미에서 이 『순간』이란 책은 착각과 망상에 사로잡힌 교회에 대한 단순한 공박의 내용을 실은 책이 아니라, 진리가 무엇인가를 밝혀 주는 등불의 역할을 하는 희망의 책이기도 하다.

이 책에는 그가 생전에 즐겨 사용한 심미적인 요소는 전혀 찾아볼 수가 없다. 죽음을 예감하고 있던 그로서는 그런 장난을 부릴 시간적·심리적인 여유가 없었던 것이다. 그러면서도 이 책에는 많은 비유가 등장한다. 특히 당시의 목사 계급들에 대한 그리스도교적인 의미에서의 사기행위에 대한 야유는 모두가 비유로서 정확하게 그 본질이 묘사되어 있어서, 독자들로 하여금 부지불식간에 고소를 금치 못하게 하고 있다. 키르케고르가 이 책의 이름을 『순간』이라고 붙인 것을 역자는 역자 나름대로 다음과 같이 생각해 본다. 즉, 순간이란 신약성서에서는 때가 차는 찰나를 말한다. 때가 찬다는 의미에서의 순간이란 시간 속에서 하느님이 사람이 된 때, 계시의 때이지만, 키르케고르에 의하면 바로 그 계시가 인간에게 받아들여지는 때이기도 하다. 그러므로 그런 순간을 받아들인, 혹은 그런 순간 속에 놓인 인간은 하느님-사람인 예수 그리스도의 고난을 동시대성 속에서 받아들여야만 한다. 따라서 그 순간을 받아들인 인간은 고난을 받아야만 하고, 그것도 그리스도의 사랑을 그대로 살펴 고난을 받아들여야만 한다. 그렇기 때문에 이 『순간』이라는 책은 무서운 책인 동시에 소망을 깨우쳐 주는 책이기도 하다.

역자가 이 후기의 서두에, 이 책은 그의 저서 중에서도 『그리스도교의 훈련』과 『사랑의 역사』, 이 두 권과 함께 읽어 주시기를 독자들께 권한 것도 바로 이런 까닭이다. 그러나 역자는 이 후기에서 이 이상 역자의 천박한 지식과 신앙에 근거를 두고 키르케고르의 예언자적인 신앙 쟁취의 투쟁과정을 부언하지 않으련다.

이 번역본은 Hirsch 판 Der Augenblick을 토대로 하여 영역판인 라우리의 Attack upon Christendom을 참고로 하여 옮긴 것이다. 독역과 영역 속에 들어 있는 「조국」에 발표되었던 글은 생략하고, 『순간』에 발표되었던 부분만을 옮겼다. 역자의 허술한 번역을 관대히 보아 주시기 바란다.

현대의 비판

쇠얀 키르케고르 著

현대의 비판

 우리들의 시대는 본질적으로 분별(分別)의 시대고, 반성의 시대고, 정열이 없는 시대 중의 하나고, 어쩌다가 순간적으로 감격에 불타오르다가도 약삭빠르게 다시금 냉정 속으로 잦아들어 버리고 만다.

 알콜음료에 관한 소비통계표가 있듯이 만일 각 세대를 통한 '분별'의 소비통계표가 있다면, 우리는 조용하게 살고 있는, 규모는 작지만 유복한 가정에서마저도 막대한 양의 망설임과 심사숙고가 소비되고 있고, 또 청소년들과 심지어는 어린이들까지도 막대한 양을 소비하고 있는 사실을 보고 깜짝 놀랄 것이다. 왜냐하면 '어린이 십자군(十字軍)'이 중세의 상징이라고 말할 수 있듯이, '조숙한 어린이들' 이야말로 현대의 상징이기 때문이다. 아닌게아니라 단 한 번이라도 엉뚱한 어리석은 짓을 저지르는 자가 단 한 사람이라도 남아있는지를 묻고 싶은 유혹을 느낀다.

오늘날에 있어서는 자살하는 사람마저도 절망 때문에 자기 자신을 죽이지는 않는다. 일을 저지르기 전에 그는 너무 오래 그리고 너무 조심스럽게 심사숙고를 거듭한 나머지, 그는 글자 그대로 생각 때문에 숨통이 막혀 죽는 것이다. 그의 생명을 앗아간 것이 실질적으로는 심사숙고이기 때문에, 과연 그를 자살자라고 부르는 것조차 의문스러울 지경이다. 그런 사람은 심사숙고 끝에 죽은 것이 아니라 심사숙고 때문에 죽은 것이다.

그러므로 현세대를 고발한다는 것은 그 자체가 지닌 합법적인 평계 때문에 매우 어렵다. 실상 이 세대가 지닌 능력과 감식력(鑑識力)과 양식(良識)은 가능한 한 행동을 하지 않고 판단과 결정을 내리려고 하는 데서 성립된 것이다.

혁명의 기간을 난폭하게 달리는 기간이라고 말할 수 있다면, 현대는 고약하게 달리고 있는 시대라고 해야 할 것이다. 현대에 있어서는 개인과 그가 속한 세대가 항상 서로 꼼짝도 못하게 견제하고 있다. 그런 결과로, 고발하는 검찰관이 다음에 어떤 증거를 잡으려고 해도 불가능할 것이다. 왜냐하면 아무런 일도 일어나지 않았기 때문이다. 그러나 헤아릴 수 없이 많은 징후로 미루어 보아, 사람들은 지극히 이례적인 어떤 일이 방금 일어났거나, 혹은 방금 일어나려고 했다고 결론을 내릴 수 있을 것이다. 그러나 그런 어떤 결론도 전적으로 그릇된 결론이다. 실상 그런 징후란 이 시대가 이룩한 성과물에 불과하다. 사실 환상적인 착각을 쌓아올리는 일에 있어서의 이 시대가 지닌 숙련된 기술과 창의력이나 남의 눈을 속이기 위하여 계획된 변신술(變身術)로 사용하는 이 시대의 감각의 폭발은, 그 영리성(營利性)의 규모나 힘의 소극적인 사용의 규모로 보아, 에너지의 규모라는 면에서 혁명의 정력적이고 창조적인 에너지와 마찬가지로 높이 평가해야 할 것이다. 그러나 자신의 공상적인 노력 때문에 지쳐버린 지금의 세대는 완전무결한 나태 속으로 잦아든다. 이 세대의 이러한 꼴은 마치 아침녘에 가서야 비로소 잠이 들어버린 사람의 꼴과도 같다 - 처음에는 거창한 꿈을 꾸지만, 곧이어 게으름이 고개를 들고, 끝내는 이불 속에 머물러 있는 데 대한 재치 있고 그럴 듯한 핑계를 생각해 낸다.

개개의 개인이 아무리 뜻이 있고 강하다 하더라도(물론 그것도 그가 자신의 힘을 사용할 생각이 있는 한에서는 그렇지만) 여전히 반성이 지닌 소용돌이나 유혹적인 불확실성에서 벗어날 정열을 가지고 있지 못하다. 또 그가 처해 있는 환경도 그를 자유롭게 하기 위해서 필요한 사건을 공급해 주지 못하고 또 일반적인 열성을 생산해 주지도 못하고 있다. 그의 환경은 그를 도우려고 하기는커녕, 그의 주위에다 소극적이고 지성적인 장벽을 쌓아올리고 있다. 이 장벽은 어려움에서 빠져나갈 희한한 방법을 제시함으로써, 다시 말해서 가장 슬기로운 방법은 아무것도 하지 않는 것이라고 밝힘으로써, 끝내는 그를 속이기 위하여 얼마 동안만 그럴 듯한 전망으로 그의 눈을 속인다. 왜냐하면 현대의 특징인 변절의 밑바닥에는 나태한 성질이 있기 때문이다. 그리고 정열을 갖고 있지 못하는 개개인은 모두가 제각기 그것을 발견한 사람은 자기라고 주장하며 자축연을 베풀고 있고, 그리하여 그들은 더욱더 슬기로워진다. 십자군의 원정이 진행되고 있던 동안에는 누구에게나 원정훈장이 수여되었던 것과 마찬가지로, 혁명이 진행되는 동안에는 누구에게나 무기가 자유롭게 공급되었지만, 현대에 있어서는 판단을 함에 있어서 편의를 제공해 주는 처세술과, 유의사항이 적힌 책이 무한정 공급되고 있다. 만일 어떤 세대가 마치 어떤 일이 바야흐로 일어나려고 했다는 식으로 보이게 만들기 위해 모든 일을 보류하는 외교적인 과업을 부여 받았다고 한다면, 우리들의 시대야말로 저 혁명시대에 못지않은 놀라운 업적을 올렸음을 인정하지 않을 수 없다. 어떤 사람으로 하여금 자신이 살고 있는 시대에 대해서 그가 알고 있는 일체와 일상생활과 밀접하게 맺어진 일체의 사실 관계를 잊어버리게 하고, 말하자면 다른 세계에서 이 시대에 도착하게 하여 보라. 그때 만일 그가 어떤 책이나 신문에 실린 기사를 읽는다면, 아니 단지 지나가는 사람과 대화를 해 보기만 해도, 그가 받는 인상은 다음과 같을 것이다 - '큰일 났다.

오늘밤에는 무슨 일이 일어날 것이다. 아니면 그저께 밤에 무슨 일이 일어났군.'

혁명적인 시대가 행동의 시대라고 한다면, 우리들의 시대는 광고의 시대고 선전의 시대다. 무슨 일이든 일어나기만 하면 즉각적인 선전이 도처에서 자행된다. 현대에 있어서는 반란이란 도저히 생각할 수조차 없다. 그런 식의 힘의 표현은 우리 시대가 지닌 타산적인 지성에게는 우스꽝스러운 것으로 보일 것이다. 반면에 능숙한 정치인은 깜짝 놀랄 만한 묘기를 연출할 것이다. 그는 반란을 결의하게 될 대중집회를 시사하는 선언문을, 검열관도 그것을 통과시켜 줄 정도로 조심스럽게 다듬은 어휘를 골라서 작성할 것이다. 그리고 집회현장에서는 그는 그의 말을 경청하는 청중이 반란을 일으켰다는 인상을 자아내게 할 수 있을 것이다. 집회가 끝나면 그들은 모두 조용히 집으로 돌아갈 것이고, 그리고는 그 덕택에 무척 즐거운 밤을 보낼 것이다.

오늘날에 살고 있는 청소년들 사이에서는 심오하고 거창한 학문의 습득이란 거의 생각조차 할 수 없는 일이다. 그들은 그런 일을 가소롭게 여길 것이다. 반면에 능숙한 학자는 자기가 쓰려고 하는 일체를 포괄하는 체계를 요약한 저술 안내서를 작성할 것이다. 그러면 독자는 이미 그 체계를 읽었다는 느낌을 갖게 될 것이다. 왜냐하면 사람들이 끈질긴 노력을 경주하여 방대한 부피의 책을 쓴 백과전서파(百科全書派)의 시대는 지나갔기 때문이다. 그러므로 이제는 일체의 학문과 인생의 전체를 가볍게 처리해버리는 경량급의 백과전서파의 사람들의 차례가 돌아온 것이다. 또 매일의 자기부정(自己否定)을 통하여 터득되는 세속적인 것에 대한 참다운 종교적인 단념 역시 오늘날을 살고 있는 청소년들 사이에서는 생각조차 할 수 없는 일이다. 반면에 태반의 신학생들은 누구나가 훨씬 놀라운 일을 할 수 있는 능력을 갖고 있다. 그는 타락한 모든 사람들을 구제할 것을 유일한 목적으로 삼는 협회를 세울 수 있을 것이다. 위대하고 좋았던 행동의 시대는 지나갔고, 현대는 인식(認識)마저도 미리 알 수 있다고 하는 예상(豫想)의 시대다. 결과가 뻔한 일을 하는 것으로 만족할 사람은 아무도 없다. 누구나가 적어도 새로운 대륙 하나쯤 발견하였다는 착각을 수반한 반성에 젖어 우쭐대고 싶어한다.

9월 1일부터 열심히 시험공부를 하려고 결심하고, 그 결심을 한층 공고히 하기 위하여 8월 한 달 동안은 멋지게 놀기로 작정한 젊은이와 마찬가지로, 현재의 세대는 - 이것 역시 결정적으로 이해하기가 더욱 곤란한 일이지만 - 다음 세대가 진지하게 일에 착수해야 한다는 엄숙한 결의를 한 모양이다. 그리고 다음 세대를 방해하거나 지연시키는 것을 피하기 위해서 현재의 세대는 향연에 참석한다.

거기에는 단지 다음과 같은 차이가 있을 뿐이다 - 즉, 그 젊은이는 젊은이답게 가벼운 마음으로 자신을 이해하고 있는 반면에 우리들의 세대는 진지하게 그렇게 이해하고 있다…. 비록 향연에 참석한 자리에서나마.

현대에 있어서 행동이나 결단이 없는 것은 개울에서 수영하는 사람에게 헤엄치는 데 수반되는 위험스러운 즐거움이 없는 것이나 마찬가지다. 그러나 파도 속에서 싸우며 자신을 즐기고 있는 어른이 젊은이들에게, "자, 오라! 빨리 뛰어들라"고 외치는 것과 마찬가지로, 이를테면 인생 속에 있는(그렇더라도 물론 개인 속에 있는 것이지만) 결단은, 아직도 지나친 반성에 지치지도 않았고, 반성적인 사고 때문에 허덕이지도 않고 있는 젊은이들에게 다음과 같이 부르짖고 있다 - "자, 오라! 용감하게 뛰어들라. 비록 그것이 경솔한 비약이라 할지라도 그것이 결단에 의한 것인 이상 그것으로 족하다. 만약 그대가 어엿한 능력이 있는 인간이라면, 위험이나 그대의 경솔을 책하는 인생의 준엄한 심판도 그대가 어엿한 인간이 되도록 도울 것이다."

누구나가 갖기를 원하는 보석이, 얼어붙은 호수 한 끝, 즉 얼음이 매우 엷은 곳에, 죽음의 위험이 감시를 하고 있는 곳에 놓여 있다고 하고, 가까운 곳의 얼음은 안전하다고 하자. 그런 경우에 정열적인 시대에서라면 용감하게 모험을 감행하는 사람의 용기에 대하여 대중은 박수갈채를 보낼 것이고, 그들은 위험을 무릅쓴 그의 결단성 있는 행동에 그를 위해서 그리고 그와 더불어 몸부림칠 것이고, 만약 그가 물속에 빠지면 그를 위해 슬퍼할 것이고, 만일 그가 그 보석을 입수하게 되면 대중은 그를 신처럼 모실 것이다.

그러나 정열이 없는 시대에 있어서는, 즉 반성적인 시대에 있어서는, 사정이 이와는 딴판일 것이다. 사람들은 서로 자신들의 슬기를 인정하며, 그런 정도의 모험까지를 저지른다는 것은 이치에 닿지 않을 뿐만 아니라 그럴 만한 가치조차 없다고 의견의 일치를 볼 것이다. 이런 식으로 그들은, 무엇인가를 하기 위해서 **용감한 행위와 감격**을 하나의 **기술적인 묘기**로 바꾸어 놓는다. 왜냐하면 가부간에 '무엇인가를 해야만 하기' 때문이다. 대중들은 안전한 곳에서 얼마쯤 걸어 나가서 구경을 할 것이고, 거의 한계점(요컨대 얼음이 여전히 안전하여 아직은 위험이 시작되지 않은 곳)에까지 스케이트를 타고 나갔다가 되돌아오는 노련한 스케이트 주자에 대하여 제법 안목이 있는 전문가인양 칭찬을 아끼지 않을 것이다. 가장 노련한 스케이트 주자라면 그야말로 위험선 한끝까지 지쳐 나갈 것이고, 뿐만 아니라 그를 지켜보고 있는 관중들이 숨을 죽이며, "아이고, 미쳤군. 저러다간 목숨을 잃겠어!' 하고 외치게 하기 위하여, 더욱 위태로운 활주를 해내기도 할 것이다. 그러나 보라, 그는 얼음이 완전무결하게 안전하고 아직 위험이 없는 한끝에서 정확하게 되돌아올 수 있을 만큼 기술이 놀라웠다는 사실을 알게 될 것이다. 극장에서처럼 대중은 그에게 환호와 박수를 보낼 것이고, 그 위대한 예술가를 가운데 모시고 집으로 돌아가서, 성대한 향연을 베풀어 그의 명예를 치하할 것이다. 왜냐하면 이제 분별이, 인생의 현실적인 과제를 비현실적인 속임수로 바꾸어 놓고, 현실을 하나의 유희로 바꾸어 놓을 정도까지 판을 치고 있기 때문이다. 향연이 계속되는 동안에 찬사는 절정에 달할 것이다. 찬양을 하는 자가 자신도 그 영웅과 마찬가지인 인간이라는 생각을 함으로써 자신의 품성을 높이고, 자신은 그런 위대한 행동을 할 수 없는 인간이라는 생각을 함으로써 겸손해지고, 그러면서도 도덕적으로 자신의 힘이 미치는 한에서 열심히 그를 본받으려고 노력하는 그런 것이다.

그런데 분별이 판을 치는 곳에서도 이런 찬양의 성격이 완전히 바뀌고 말았다. 박수갈채가 요란하고 향연이 절정에 달했을 때마저도, 찬양을 하는 손님들은 모두가 한결같이, 온갖 명예를 누리고 있는 이 사람의 행동은 사실 그다지 특별한 것이 못 된다. 여기 모인 사람도 누구나 조금만 연습을 하면 그 정도는 해낼 수 있기 때문에 그를 위하여 이렇게 모인 것도 단지 우연에 불과하다는 간사한 생각을 할 것이다. 간단히 말해서 자신들의 식별력(識別力)을 강화하고 선행을 해야겠다고 고무되기는커녕 찬양객들은 아마도 모든 병 중에서도 가장 위험한 병(하기는 그렇기 때문에 또 가장 존경할만한 병이기도 하지만)에 대한 한층 강화된 경향을 간직한 채 집으로 돌아갈 것이다. 그런데 이 병은, 이제 일체가 농담으로 화했기 때문에, 그들이 마음속으로는 대단치 않다고 생각하는 것을 대중 앞에서는 찬양을 하는 병이다. 그러므로 요란한 찬양에 자극을 받은 그들은, 그들도 자신들을 그 정도는 찬양할 수 있다고 안심하고 동의한다.

자신의 행동 여하에 따라서 사람은 망하기도 하고 흥하기도 한다는 것이 종래의 통념이었다. 그러나 지금은 반대로 모두가 빈둥거리고 앉아 있으면서도 약간의 반성의 도움을 받아 휘황찬란한 일을 해낸다. 요컨대 그들은 무엇을 해야만 하는가를 완전무결하게 알고 있는 것이다. 두 사람이 나눈 이야기나, 모임에서 연설자가 연설한 내용을 사상이나 관찰로서 그들에게 제시하면 그들도 그것을 완전무결하게 이해하지만, 그것이 행동의 형태로서 제시되면 그들은 그것을 전혀 이해하지 못한다. 만일 어떤 사람이 이러저러해야만 한다고 사람들이 말하는 것을 엿듣고, 아이러니의 정신을 받들거나, 혹은 그 밖의 다른 이유에서 그대로 실천에 옮겼다고 한다면, 그들은 모두가 깜짝 놀라고 말 것이다. 그들에게 경솔한 짓이라고 생각될 행동도, 일단 그들이 그것을 이론적으로 토의해 보면 곧 그것은 그럴 수밖에 없었다는 것을 이해하게 될 것이다.

돌발적인 감격에 사로잡혔다가도 금방 무관심과 게으름에 잦아드는 성격을 간직한 현대는 거의 희극적인 존재라고 할 수 있다. 그러나 희극적인 것이 무엇인가를 잘 알고 있는 사람이라면 현대가 상상하고 있는 것 중에는 희극적인 것이 없다고 하는 사실을 명약관화하게 알 수 있을 것이다. 그렇다면 풍자는 어떤가? 만일 그것이 조금이라도 남에게 도움이 되고 헤아릴 수 없는 해독을 남에게 끼치지 않는 것이 되기 위해서는, 그것은 시종일관된 윤리적인 인생관에 터전을 둔 것이 되어야만 하고, 또 순간적인 성공을 부인하는 본래의 특성에 터전을 둔 것이어야만 한다. 그렇지 않을 경우에는 풍자라는 치료제가 병보다 무한히 위험한 것이 될 것이다. 참으로 희극적이라고 할 수 있는 것은 오늘날과 같은 시대가 기지에 넘치고 유머러스한 시대가 되어보겠다고 발버둥을 치고 있는 꼴이다. 왜냐하면 그것이야말로 막다른 골목에서 빠져나올 수 있는 최후의 그리고 가장 곡예사적인 방법임에 틀림이 없기 때문이다.

실상 반성과 사상으로 꽉 굳어버린 시대를 향하여 유머를 갖고 도전해 보았자 무슨 소용이 있겠는가! 왜냐하면 정열이 없는 존재는 에로틱한 가치에 대해서나 정치와 종교 속에 개재한 감격이나 성실에 대해서나 일상생활에 개재한 경건과 찬양과 가정에 대한 애착에 대해서도 전혀 무감각하기 때문이다. 그러나 군중들이 조롱을 한다고 해도 인생은 아무런 가치가 없는 기지(機智)에 대해서는 비웃음을 던질 뿐이다. 내면성(內面性)의 부(富)를 소유하지 못한 채 기지에 넘친 존재가 되려고 한다는 것은, 마치 사치에는 돈을 물 쓰듯 하면서도 필수품을 하나도 장만하려 들지 않는 것과도 같고, 또 속담이 말하고 있듯이, 자신의 바지를 팔아서 가발을 사는 것과도 같다.

그러나 정열이 없는 시대는 아무런 가치가 없고, 모든 것이 구체적인 관념으로 화한다. 이리하여 세상에서 유통되고 있는 것은, 비록 어느 정도까지는 참이고, 그럴듯한 것이기는 하지만 전혀 생명이 없는 문구나 견해다.

반면에 어떤 영웅이나, 애인이나, 사상이나, 믿음의 기사나, 자랑하는 사람이나, 절망하는 사람을 막론하고 아무도 완전무결하게 인격적으로 자신들이 직접 체험한 바를 선포하지 못한다. 시정(市井)에서 지폐(紙幣)의 바스락거리는 소리를 듣다보면 진짜 돈인 금화(金貨)의 쨍그랑거리는 소리를 그리워하게 되는 것과 마찬가지로, 사람들은 오늘날 약간의 독창성을 그리워하고 있다. 그렇지만 기지보다 더 독창적인 것이 달리 있을까? 기지야말로 봄철의 첫 꽃봉오리보다도, 또 곡물의 발아하는 새순보다도 더 근원적이고 적어도 한층 놀라운 것이다. 왜냐하면, 비록 정해진 바에 따라서 오는 것일망정 봄은 여전히 봄이지만, 합의 아래 이루어지는 기지는 구역질나는 것이다.

그러나 이제 기지라는 것이 다음과 같은 것이라고 생각해 보자 - 즉 기지란 돌발적인 감격이 지닌 열병상태가 몰고온 일들이 멀리 사라진 후에 온 대용물이고, 또 그것은 바로 신적(神的)인 돌발사(業發事)이고 제신(諸神)들로부터의 그리고 형언할 수 없는 오묘한 근원으로부터의 신호를 받고 나타난 추가적인 선물이기 때문에, 인간들 중에서 가장 기지가 넘친 사람일지라도 '내일'이라고는 하지 못하고, 경건하게 '하늘의 뜻이라면' 하고 말한다.

그런데 그렇게 고귀한 기지가 그와는 정반대의 비천한

것으로, 즉 하찮은 생활 필수품으로 전락하여, 그 결과로 이제 기지는 낡거나 새로운 재담을 만들어 내거나 가공하거나 재생하거나 매점하는 호구지책으로 전락하였다고 가정해 보기로 하자 - 이 얼마나 기지에 넘친 시대에 대한 풍자적인 꼴이란 말인가!

그리하여 이윽고 금전은 사람들이 열망하게 될 유일한 것이 될 것이다. 사실 금전이란 무엇인가를 대신하는 대표물에 불과하고 하나의 추상(抽象)이다. 오늘날에 있어서는 젊은이들까지도 상대방의 천품이나, 기술이나, 아름다운 여성의 사랑이나, 명성 때문에 상대방을 시기하는 일은 거의 없고, 오로지 상대방의 금전 때문에 상대방을 시기한다. 현대의 청년은 "돈을 주시오, 그러면 나는 살아날 수 있다"고 말할 것이다. 그 청년은 폭동에 가담하는 일도 없을 것이고, 뉘우침으로써 보상을 해야 할 일은 하나도 하지 않을 것이다. 그는 자기에게 돈만 있었더라면 어엿이 살아갈 수도 있었고, 또 위대한 무엇인가를 성취할 수도 있었을 것이라는 헛된 생각을 품고, 자기 자신을 뉘우치는 일 없이 죽어갈 것이다.

이상에서 일반적인 관찰을 끝냈으므로, 이제는 혁명적인 시대와의 비교에서 현대가 지닌 변증법적이고 범주적인 여러 규정과 그 규정에서 발생한 여러 결과의 고찰로 되돌아간다는 것은 지극히 당연한 일이라 하겠다. 물론 여기서는 그런 것들이 실제로 주어진 일정한 시간 속에 실제로 존재하느냐 존재하지 않느냐는 고려의 대상에서 제외된다. 이것은 단지 그 시대가 '어떻게' 존재하고 있는가 하는 문제에 불과하고, 이 '어떻게'는 보다 보편적인 관점에서 관찰하면 도달할 수가 있고 그 자체의 마지막 결과는 **가능에서 존재로**(ab posse ad esse)라는 연역법을 통해서 도달되고, 그것의 결론은 **존재에서 가능으로**(ab esse ad posse)라는 관찰과 경험을 통하여 입증된다.

그 의의에 관한 한, 물론 현대 앞에 주어진 과업인 반성이라는 과제는 궁극적으로 보다 고차원적인 실존의 형태로 설명될 수도 있을 것이다. 또 그것의 질(質)에 관한 한 자신의 반성 속에 안주하고 있는 개인이 이미 자신의 결단을 내린 정열의 사람과 마찬가지로 선의의 사람일 수도 있음은 의심할 여지가 없다. 거꾸로 자신이 자신의 반성 때문에 속았다는 사실을 잘 알고 있으면서도 자신의 잘못이 결코 자명하지 않은 사람에게는 얼마든지 변명할 여지가 있을 수 있듯이, 자신의 정열 때문에 탈선한 사람에게도 얼마든지 변명할 여지는 있다. 또 위험천만하고 예측이 불가능한 것이 반성의 결과이기도 하다. 왜냐하면 사람을 악으로부터 구하는 결단이라는 것이 심사숙고 끝에 도달된 것인지, 아니면 그것이 나쁜 짓을 못하게 막는 반성의 결과로 생긴 기진맥진의 결과인지는 아무도 단언할 수가 없기 때문이다.

그러나 한 가지만은 확실하다 - 즉 지식이 더하면 인간의 고뇌도 더하듯이, 반성의 힘이 커지면 인간의 고뇌도 커진다는 사실이다. 그리고 무엇보다도 확실한 것은, 세대에게와 마찬가지로 개인에게도 반성의 유혹으로부터 탈출하는 것 이상으로 어려운 일은 없다는 사실이다. 이유는 간단하다. 즉 반성은 다분히 변증법적이며, 하나의 슬기로운 착상은 전체의 문제를 새로운 방향으로 제시할 수 있기 때문이고, 또 어떤 순간에도 반성은 일체를 전혀 다르게 설명할 수 있고, 사람들에게 구실을 줄 수가 있기 때문이고, 또 반성적인 결단의 마지막 순간에 있어서도 반성은 일체를 바꿔놓을 수가 있기 때문이다 - 민첩한 결단을 내릴 수 있는 사람이 사건의 와중에 뛰어 들어가기에 필요한 노력보다도 더 오랫동안의 노력을 거치고 나서도 말이다.

그러나 그런 일도 필경은 반성의 평계에 불과할 뿐이고, 반성 안에서 그런 평계가 지닌 본래의 위치는 변함이 없다. 왜냐하면 그것은 반성 **내부**에서 변한 것에 불과하기 때문이다. 현대는 아직도 온갖 '생성(生成)'의 어려움과 싸우고 있기 때문에, 그런 현대를 하나의 완결된 시기와 비교한다는 것은 현대에 대하여 불공평하다고 할 수 있을지는 몰라도, 그러한 규정은 역시 반성적인 규정에 불과하다. 그러나 반면에 현대는 **희망**이라는 불확실한 것도 가지게 된다.

정열적이고 난동적인 시대는 **모든 것을 전복하고 모든 것을 타도할** 것이다. 그러나 혁명적이기는 하지만, 동시에 정열이 없고 반성적인 시대는 이런 힘의 표현을 **하나의 변증**

법적인 곡예로 모습을 바꿔버린다. 변증법적인 곡예는 일체를 존속시키지만, 음흉하게도 그 의미를 박탈해 버린다. 반란에서 절정에 달하게 하는 것이 아니라, 변증법적인 곡예는 반성적인 긴장이라는 수단을 동원하여 여러 관계의 내면적인 현실성을 감축시킨다. 그런데 그 반성적인 긴장이라는 것이 일체를 존속시키지만 삶 전체를 양의적인 것으로 만든다. 그리하여 일체는 사실상 존재를 계속하지만, 감쪽같이 변증법적인 속임수를 사용하여, "그것은 존재하지 않는다"라고 하는 사실에 대한 비밀 해석을 공급한다.

윤리는 품격(品格)이고, 품격은 새겨진 것이다. 그러나 바다와 모래는 품격을 갖고 있지 않고, 또 추상적인 분별력도 품격을 갖고 있지 않다. 왜냐하면 품격이란 바로 내면성(內面性)이기 때문이다. 비윤리(非倫理)도 에너지로서는 역시 품격이다. 그러나 윤리적이지도 않고 비윤리적이지도 않다는 것은 곧 양의적(兩義的)이란 말이고, 양의성은 질적(質的) 차별(差別)이 반성의 잠식으로 말미암아 약화되었을 때 삶 속으로 뛰어든다. 정열의 폭동은 원소적(元素的)이지만, 양의성 때문에 야기되는 해체(解體)는 밤낮을 가리지 않고 말없이 진행되는 연쇄식 궤변법(連鎖式 詭辯法 ; sorites)*이다. 선과 악의 구별은 피상적이고 고차원적이고, 이론적인 악의 지식 때문에 약화되었고, 또 선이란 이 세상에서는 높이 평

---

* 한없이 꼬리에 꼬리를 물고 계속되는 추리식으로서, 진리를 점차적으로 불합리한 것으로 몰고 가는 궤변의 한 형식을 말한다.

가되지도 않거니와 가치도 없다, 그것은 거의 어리석은 것이 되고 말았다고 깨달은 오만한 분별력 때문에 약화되고 말았다. 선에 대한 욕구 때문에 위대한 업적을 참는 자도 없으려니와, 악에 시달려서 극악무도한 죄를 저지르는 자도 없다. 그러므로 선악을 시비할 필요도 없다. 그러나 바로 이런 이유 때문에 사람들은 더욱더 수다스러워진다. 왜냐하면 양의성은 무척이나 강한 자극제이고, 선에 대한 기쁨이나 악에 대한 혐오보다도 훨씬 수다스러운 존재이기 때문이다.

정열이 질적인 구별을 할 때만 본연의 모습으로 존재하는 인생의 여러 용수철은 이제 그 탄력성을 잃었다. 어떤 사물을 질적으로 그와 반대되는 것으로부터 떼어놓는 거리(距離)가 이제는 이미 여러 사물의 내면적인 관계를 통제하지 못하고 있다. 온갖 내면성이 상실되었고, 그만큼 거기에는 이미 관계는 현존하지 않고, 혹은 그 관계는 하나의 퇴색한 부착물이 되고 말았다.

소극적인 법칙은 '상반되는 것은 서로 상대방이 없어서도 안 되고, 그렇다고 서로 합칠 수도 없다'는 것이고 적극적인 법칙은 '상반되는 것은 서로 상대가 없어도 무방하고, 서로 합칠 수도 있다'는 것이지만, 이것을 보다 적극적으로 표현하면, '상반되는 것은, 그들 상호간의 연결 관계 때문에, 서로 상대방이 없어서는 안 된다'는 것이 된다. 그러나 내면성의 관계가 없어지면 그 자리에는 다른 것이 들어선다. 즉 서로 상반되는 한쪽 질(質)이 상대방 질과 더 이상 관계하지 않고, 그 대신 양자는 선 채로 서로를 관찰하고 있다. **이렇게 빚어진 긴장의 상태는 사실상 관계의 종식이다.** 찬양의 경우를 예로 들어보기로 하자. 찬양하는 자는 이제 더는 기꺼이 행복한 마음으로 상대방의 위대성(偉大性)을 인정하지도 않거니와, 즉석에서 자신의 평가 기준을 표명하지도 않고, 상대방의 오만과 불손에 대하여서 반항하지도 않는다. 어떤 의미에서도 이 관계는 그와 반대도 아니다.

찬양을 하는 자와 찬양을 받는 대상은 외면적으로는 동등한 권리를 가지고 있는 두 개의 존재고, 서로가 서로를 관찰하고 있다. 신하(臣下)는 이미 더는 아낌없이 자신의 왕을 공경하지도 않거니와 왕의 야망에 대해서 분개하지도 않는다. 이제 신하로서 존재한다는 것은 전혀 다른 무엇인가를 의미하게 되었다. 즉 그것은 제3자로 존재하는 것을 의미한다. 그런 신하는 왕과의 관계에 있어서 어떤 지위를 갖는 것을 단념하고 단순히 관찰자가 되어, 왕에 대한 신하의 관계라는 문제를 세심하게 풀어간다.

자신들의 본연의 모습을 정열적으로 간직하려고 하는 사람들이 여전히 존재하는 한, 당분간은 위원회가 꼬리를 물고 조직되고, 급기야는 시대 전체가 하나의 위원회가 된다. 아버지도 이제는 더 이상 아버지로서의 자신의 모든 권리를 행사하여 분노에 차서 자식에게 욕설을 퍼붓지 않고, 자식 역시 아버지에게 대들지 않는다. 부자지간의 분규는 마음속으로 용서하는 것으로 끝나기가 일쑤다. 그들의 관계는 흠잡을 데가 없다. 왜냐하면 그들은 이제 더는 부자라는 관계 안에서 서로가 관계하고 있지 않으므로, 그들 사이의 관계는 사실상 존재가 소멸되어가는 과정에 있기 때문이다. 실상 관계는 하나의 문제로 화했고, 그 문제 안에서 그들은 서로가 어떤 관계도 맺지 않고, 트럼프 놀이에서처럼 쌍방은 서로를 관찰하고 있는 것이다. 그리고 그들은 확고한 헌신(獻身)을 표시하는 대신 서로의 발언 내용을 기록해 두고 있다. 점점 더 사람들은 하느님을 기쁘게 하는 보다 위대한 무엇을 성취하기 위하여, 다시 말해서 보다 고차원적인 관계 안에서 인생의 여러 관계를 생각하기 위하여, 그렇게 중요한 조용하고 겸허한 인생의 과업을 단념하고 있다. 그리하여 급기야는 세대 전체가 하나의 대표자가 된다. 그러나 대표한다고는 하지만 누구를 대표하는가는 말하기가 곤란하고, 또 그런 여러 관계를 생각한다고는 하지만 누구를 위해서인지는 찾아내기가 힘들다.

말썽꾸러기 젊은이는 이제 더는 그의 선생을 두려워하지 않는다 - 그들의 관계는 오히려 대등한 관계고, 학생과 선생이 좋은 학교는 어떻게 운영되어야만 하는가 하는 방법을 토론하는 관계다. 학교에 간다는 것은 이제 더는 선생을 두려워하는 것을 의미하지도 않거니와 단지 배우는 것만을 의미하지도 않고, 오히려 교육의 문제에 관심을 갖는다는 것을 의미한다. 또 여성에 대한 남성의 차별관계도 무례한 방종 때문에 깨어지는 법이 없다. 사람들은 그런 일도 남녀간의 순진한 불장난이라는 식으로 대수롭지 않게 보아준다.

그렇다면 과연 이런 관계를 무엇이라고 불러야 할 것인가? 내가 생각하기로는 그것은 하나의 긴장이라고 부르는 것이 가장 적절한 표현일 것이다. 그러나 그것은 끊어질 정도까지 대치한 힘을 팽팽하게 잡아당기는 긴장이 아니라, 오히려 삶 그 자체와 격정의 불꽃과 내면성(성실성)을 쇠잔케 하는 긴장인 것이다. 그런데 이 내면성이야말로 예속의 속박과 지배의 왕관을 가볍게 해주고, 자식의 순종과 아비의 권위를 즐거운 것으로 만들어 주고, 거리낌 없이 찬양할 것을 찬양하게 하고, 위대한 것을 높이게 하고, 교사에게는 인정된 중요성을 부여하고, 또 제자들에게는 배우는 기회를 주고, 여성의 나약함과 남성의 억셈을 동등한 헌신의 힘으로 묶어주는 것이다. 여러 관계는 여전히 현존하고 있지만, 그런 관계에는 그런 관계를 내면성 안으로 모아서 조화 속에서 하나로 묶을 수 있게끔 만드는 바로 그 긴장이 없는 것이다. 그런 관계는 그 자체의 현존(現存)과 부재(不在)를 동시에 나타내고, 완전무결하게가 아니라 오히려 마치 맥빠진 듯이 꺼벙하게, 그리고 간헐적으로 나타낸다. 어쩌면 나는 내가 하고 있는 말의 내용을 지극히 간단한 비유로 설명할 수가 있을 것이다.

첫날에 내가 알고 있던 어떤 가정에 커다란 괘종시계가 있었다. 그런데 어찌된 영문인지 그 시계는 결함이 있었다. 그러나 그 결함은 태엽이 갑자기 풀어진 결과로 생긴 것도 아니고, 사슬이 끊어진 결과로 생긴 것도 아니고, 또 망치가 종을 치지 않은 결과로 생긴 것도 아니다. 반대로 종은 계속하여 쳤지만, 그 치는 방식이 기묘하게 추상적인 방법이었기 때문에 사람들을 어리둥절하게 하였다. 그 시계는 종을 12시에 열두 번 치고, 1시에 한 번 치는 것이 아니라, 일정한 간격을 두고 온종일 한 번씩만 쳤다. 그러니 그 시계는 온종일 종을 치고 있었지만, 일정한 시간을 알려 주지는 못하였다.

쇠잔한 긴장의 상태도 이와 마찬가지다. 관계는 계속되고, 어떤 진정한 단절도 저지하고 있는 추상적인 연속 때문에 무엇인가가 표현되고 있다. 그러니만큼 그것 역시 관계의 표현이라고 묘사해야만 하겠지만, 그 관계는 모호하게 표현되어 있을 뿐이어서, 그것은 거의 의미가 없다.

이것이 곧 사실로서 관계를 지속하고 있는 관계 속에 깃들인 눈을 속이는 소강상태다. 위험은 바로 그것이 반성의 교활한 잠식을 돕고 있다고 하는 사실이다. 왜냐하면 반란에 대해서는 군대를 사용할 수 있고, 명백한 사기에는 형벌이 기다리고 있을 뿐이지만, 변증법적인 혼란은 뿌리를 뽑기가 힘들고, 반성이 자신의 은밀하고 양의적인 길을 따라 도적같이 움직이는 운동을 추적하기에는 무척 민감한 귀가 필요하기 때문이다.

사물의 기존 질서는 실존을 계속하고 있지만, 반성적이고 정열이 없는 우리들의 시대를 만족시키고 있는 것은 바로 그 질서가 지닌 애매모호한 성격이다. 예컨대 왕의 권력을 박탈하기를 원하는 사람은 하나도 없다. 그러나 왕의 권력을 야금야금 변모시켜 어떤 순수한 허구적인 존재로 만들 수만 있다면 사람들은 모두가 왕에게 갈채를 보낼 것이다. 예컨대 뛰어난 사람을 몰락시켜 버리려고 하는 사람은 하나도 없다. 그러나 만일 차별이 순수한 허구에 불과하다는 것이 밝혀지면 모두가 그것을 찬양할 것이다.

마찬가지로 사람들은 그리스도교의 용어를 다치지 않게 하고 그대로 버려둘 생각이지만, 그들은 그것이 아무런 결정적인 사상도 내포하고 있지 못하다는 사실을 속으로는 잘 알고 있다. 그래서 사람들은 전혀 후회를 하지 않고 있는 것이다. 왜냐하면 결국 아무것도 파괴한 것이 없기 때문이다. 그들은 강력한 왕도 영웅적인 해방자도 또 종교적인 권위자도 갖기를 원치 않는다. 사람들은 천진난만하게 기존 질서가 존속되기를 원하지만, 다소간의 반성적인 지식을 통하여 그것이 이제 더는 실존하고 있지 않다는 것을 알고 있다. 그러면서도 그들은 자신들의 태도가 아이러니컬하다고 생각하며 우쭐대고 있다 - 마치 진정한 아이러니는 본질적으로 소극적인 시대에 있어서는 숨겨진 격정(激情)이 아니었다는 듯이(물론 적극적인 시대에 있어서는 격정을 외부에 선포하는 것은 영웅이다), 또 아이러니의 위대한 스승은 사형까지 당하였는데도 마치 아이러니는 희생을 동반하지 않았다는 듯이 말이다.

이 반성적인 긴장은 끝내는 자기 자신을 하나의 원리(原理)로 꾸며놓는다. 그리고 정열적인 시대에 있어서는 **격정이 통일하는 원리**인 것과 같이, 지극히 반성적이고 정열이 없는 시대에 있어서는 **질투가 소극적으로 통일하는 원리**가 된다. 그러나 이것을 하나의 윤리적인 비난으로 해석해서는 안된다. 이런 표현이 허용될지는 모르겠지만, 반성의 이념은 질투다. 그렇기 때문에 질투는 작용면에 있어서 이중적인 운동을 한다. 즉 그것은 개인 안에서는 이기적으로 작용하고, 그리고 그것이 그를 둘러싼 사회의 이기성(利己性)으로 낙착되면 개인에 대하여 적대적으로 작용한다.

개인 안에서 작용하는 반성에 깃들인 질투는 개인이 감동에 사로잡혀 결단을 내리는 것을 방해한다. 잠시 동안이나마 어떤 개인이 반성의 멍에를 벗어버리는 일에 성공한 듯이 보이는 수가 있더라도, 그는 곧 그를 에워싸고 있는 반성의 장벽에 부딪혀 방해를 받는다. 반성에서 솟아난 질투는 인간의 의지와 힘을 감금해 버린다. 그러므로 개인은 우선 스스로가 반성이 묶어놓은 구속에서 **빠져 나와야만** 한다. 그러나 빠져나온다 해도 그는 자유의 몸이 아니다. 자유의 몸이기는 커녕 그는 자신의 주위를 에워싸고 있는 반성이 설치한 거창한 감옥에 있음을 발견한다. 왜냐하면 자신의 반성에 대한 그의 관계로 말미암아, 그는 여전히 자기를 에워싼 반성에 대하여 어떤 관계를 갖고 있기 때문이다.

개인은 오로지 종교가 지닌 내면성을 통하여서만 이 제2

의 감옥으로부터 탈출할 수가 있다. 개인이 이런 관계의 비진리성을 아무리 뚜렷이 인식하고 있다고 해도 그것은 아무런 소용도 없다. 반성은 자신이 구사할 수 있는 온갖 수단을 다 동원하여 개인과 시대는 모두 다 이렇듯이 투옥된 상태에 있다는 사실을, 그것도 폭군이나, 성직자나, 귀족이나, 비밀경찰에 의해서 투옥된 것이 아니라, 반성 그 자체에 의해서 투옥되었다는 사실을 사람들이 깨닫지 못하도록 방해한다. 유치한 **결단**보다 월등하다고 하는 아첨적이고 사기적인 사상이야말로 반성의 **가능성**에 사용되는 도구이다. 이 기적인 질투는 개인에게 너무나도 많은 것을 요구함으로써 개인이 아무것도 하지 못하도록 방해한다. 그것은 마치 맹목적인 어미가 자식을 망쳐놓는 것과 같다. 왜냐하면 개인 안에 깃들인 질투는 개인으로 하여금 남을 위하여 자기 자신을 바치는 것을 방해하고 있기 때문이다. 이것에 더하여 개인을 에워싸고 있는 질투는(물론 개인은 그 안에서 남을 질투하는 일에 가담하고 있다), 소극적이고도 비판적인 의미에서 질투한다.

그러나 이런 일이 더 이상 진척되면 될수록 그런 반성의 질투는 더욱 뚜렷하게 하나의 윤리적인 질투로 화해 버린다. 밀폐된 공간에 들어 있는 공기가 독(毒)으로 발전하듯이, 유폐(幽閉)된 반성은, 그것이 어떤 종류의 행동이나 사건에 의해서건 간에 환류(換流)가 이루어지지 않는다면 괘씸한 질투로 번질 것이다. 그런데 반성이 팽팽한 상태(우리가 말하는 긴장)에 있을 경우에는 모든 고차원적인 세력이 중립을 지키고 있게 되므로, 전면에 나타나는 것은 모두가 천하고 야비한 것들뿐이다. 그런데도 그런 것들이 지닌 뻔뻔스러운 성격이 마치 힘의 효력을 갖고 있는 듯이 보인다. 그래서 그 자체가 지닌 야비성의 비호를 받고 있는 동안에, 그것은 질투의 이목으로부터 달아난다.

인간은 영원히 높은 자리에 머물러 있을 수도 없고, 어떤 것을 계속하여 찬양할 수도 없다는 것이 인간 본성의 근원적인 참모습이다. 인간의 본성은 변화를 요구한다. 가장 감격적인 시대에 있어서도 사람들은 항상 특출한 사람들에 관해서 시샘에 찬 농담을 던지기를 좋아하였다. 그것은 순리상 당연한 일이고, 또 위대한 것을 비웃고 나서 다시금 그 위대한 것을 찬양하는 눈으로 우러러 보는 한에 있어서, 그런 일은 전폭적으로 정당화될 수 있다. 그렇지 않다면 그런 짓은 무가치한 것이다.

이런 식으로 질투는 감격적인 시대에서도 자신의 배출구(排出口)를 찾았다. 비록 감격이 적은 시대라 할지라도, 하나의 시대가 질투를 자신의 고유한 품격으로 가질 수 있는 힘이 있고, 또 자신의 질투로써 무엇을 표현하겠다는 결심만 선다면, 질투는 비록 위험하기는 하지만 그 나름대로의 의의를 갖는다. 예컨대 그리스에 있어서의 패각추방(貝殼追放) 같은 것도 질투의 한 형식이고, 말하자면 대중의 편에서 보아 뛰어난 자질을 가진 유명인과 직면하여 그들의 균형을 유지하기 위한 일종의 정당방위였다. 이렇게 해서 특출한 인간은 추방을 당하였지만, 사람들은 누구나가 다 관계라는 것이 얼마나 변증법적인 것인가를 이해하였다 - 요컨대 패각추방은 하나의 표창(表彰)이었다.

그리스 초기의 어떤 시대를 묘사함에 있어서 아리스토파네스의 생각으로서는, 전혀 대수롭지 않은 인물을 패각추방으로 추방해 버리는 것이, 그런 인물을 독재자로 만드는 것보다 한층 풍자적이었을 것이다. 그러나 자신들이 패각추방으로 추방해 버린 그 사람을, 그 인물이 없이는 이제 아무런 일도 할 수 없다는 이유로 해서, 인민들이 그를 다시 불러오는 식으로 이야기를 마무리 지었다면 더 좋았을 것이다. 그랬던들 그에 관해서 아무런 특출한 점을 발견할 수 없었던 그의 유배지의 사람들에게는 그가 완전히 수수께끼의 인물이 되었을 것이다. 「기사(騎士)들」이란 작품에서 아리스토파네스는 부패가 극치에 달한 상태를 우리들에게 묘사해 주고 있다. 그 작품은 저속한 천민들이 - 티베트에서 사람들이 달라이라마의 배설물에 경배하듯이 - 그들 중의 찌꺼기를 대표자로 뽑으려고 계획하는 대목으로 끝난다. 요컨대 민주정치 체제 안에서의 부패의 정도가 군주정치 체제에서 왕관을 경매에 부치는 것과 필적할 정도라는 내용이다. 그러나 질투가 여전히 어떤 품격을 가지고 있는 한에 있어서, 패각추방은 하나의 소극적인 표창인 것이다. 아리스티데스에게 "나는 아리스티데스가 유일한 의인(義人)이라고 호칭되는 것을 참고 들을 수가 없어서" 그의 추방에 찬성투표를 하였다고 말한 사내는 아리스티데스의 탁월성을 부인했던 것이 아니라, 자기 자신에 관해서 무엇인가를 인정하였던 것이다. 그는 탁월성에 대한 자신의 관계가 찬양이라는 행복한 사랑의 관계가 아니라 질투라는 불행한 사랑의 관계였지만, 그렇다고 자신은 탁월한 존재를 얕잡아 보려고 한 것은 아니었다고 인정하였던 것이다.

이와는 반대로 반성이 우세해져서 사람들을 냉담하게 만들수록 질투는 더욱 위험해진다. 왜냐하면 질투는 자신의 의의를 자각할 만한 충분한 품격이 없기 때문이다. 이러한 품격을 상실하였기 때문에 질투라는 관계는 비겁하게 그리고 우유부단하게 주위환경에 따라서 동일한 사물을 갖가지로 해석한다. 질투는 그것을 농담으로 취급하려고 하고, 그것이 실패할 경우에는 그것을 모욕으로 간주하려고 하고, 또 그것도 실패할 경우에는 그것을 전혀 아무것도 아닌 것으로 잊어버리려고 한다. 아니면 질투는 사물을 기지(機智)로서 다루려고 할 것이고, 그것이 실패하면, 그때는 그것은 사람들이 유의할만한 윤리적인 풍자였다고 말하고, 그것도 성공하지 못하면, 그것은 신경 쓸 가치조차 없는 것이라고 덧붙인다.

이리하여 질투는 품격의 결여(缺如)라고 하는 구성원리가 된다. 질투는 비천한 신분으로부터 자기 자신이 어엿한 신분으로 기어오르려고 하고, 항상 그것은 아무것도 아니라고 양보하며 자기 자신을 안전하게 지키려고 한다. 품격의 결여에서 온 질투는 뛰어나게 탁월한 것을 참으로 탁월한 것으로 이해할 수가 없다. 또 질투는 탁월한 것을 소극적으로(패각추방에서처럼) 인정함으로써 자기 자신을 이해하려고 들지도 않는다. 오히려 그것을 끌어내려서 하찮은 것으로 만들어서 사실상 뛰어난 것이 아닌 것으로 만들려고 한다. 그리하여 질투는 **현존하는** 모든 뛰어난 것들뿐만 아니라, **앞으로 닥쳐올** 모든 뛰어난 것에 대하여도 자기 자신을 지킨다.

그 자체를 확립해 가고 있는 질투는 수평화하는 관점이다. 정열의 시대는 질풍처럼 내달리며 새로운 것을 세우고 낡은 것을 헐며, 가는 곳마다 일으키고 부숴버리는 반면에, 반성적이고 정열이 없는 시대는 그와는 정반대의 일을 한다. 질투는 질식시키고 방해하고 그리고는 수평화한다. 수평화한다는 것은 일체의 격동(激動)을 피하는, 말이 없는 수학적인 그리고 추상적인 작용을 말한다. 일시적인 감격이 폭발할 경우에는 삶의 힘을 느껴보기 위해서 홧김에 어떤 불행이라도 일어났으면 하고 바라는 수가 있다. 그러나 곧 뒤따르는 무감동은 땅덩어리를 수평화하는 기술자와 마찬가지로 어떤 교란에도 꼼작하지 않는다.

폭동이 절정에 이르면 화산의 폭발과도 같아서, 다른 일체의 소리는 들리지 않는다. 이와 마찬가지로 수평화의 과정이 그 절정에 달하면 그것은 죽음의 고요와도 같아서 자신의 심장의 고동 소리조차 들리지 않는다. 그것은 무엇을 갖고도 꿰뚫을 수 없는 고요이고, 일체가 그 고요 속으로 휘말려 들어가고, 그 고요 속에서는 일체가 저항할 힘을 잃는다. 폭동의 경우에는 한 사람이 선두에 설수도 있지만, 수평화의 과정에서는 어느 누구도 홀로 선두에 설 수가 없다. 왜냐하면 그 경우에 그는 지도자가 되는 셈이고, 그렇게 되면 그는 수평화된 존재에서 일탈해 버리게 되기 때문이다. 개개의 개인은 그들 자신의 작은 서클의 범위 내에서는 수평화 작업에 협동할 수 있지만, 그것은 어디까지나 추상적인 힘에 불과하고, 수평화의 과정은 곧 개인에 대한 추상의 승리다. 반성이라는 면에서 본다면 현대에 있어서의 수평화의 과정은 고대에 있어서의 운명과 상응하는 것이다.

고대의 변증법은 지도력을 지향하였다(위대한 개인과 군중 - 자유인과 노예). 그리스도교계의 변증법은 대표(代表)*를 지향하고 있다(다수파에 속한 사람들은 자신의 대표 속에서 자기 자신을 보고 있고, 그 대표자는 자신들을 대표하고 있다는 의식 때문에, 즉 일종의 자의식 때문에 자유를 누린다). 그리고 현대의 변증법은 평등을 지향한다. 비록 잘못된 것이기는 하지만 이 평등의 궁극적인 논리적 귀결은 수평화 그것이다. 이것은 곧 모든 개개인의 소극적인 상호의지관계

---

* 키르케고르는 "중세기의 이념은 대표다"라는 견해를 그의 저서 곳곳에서 피력하고 있다. 여기서 말하는 그리스도교계는 중세기의 그리스도교 세계를 말한다.

(相互依支關係)의 소극적인 통일이기도 하다.

수평화 과정의 깊은 의미는 개인이라는 범주보다는 세대라는 범주가 우위에 있다는 바로 그 사실에 있다. 고대에 있어서는 모든 개개인 전부가 이를테면 뛰어난 개인의 가치를 표현하기 위하여 존재하였다. 그런데 오늘날에 있어서는 가치의 기준이 일변하여 대체적으로 **평등하게** 일정한 사람의 수효가 어떤 개인에게 가면 그 인간의 가치는 결정되고 만다. 따라서 오늘날에 있어서는 중요성을 확보하기 위해서는 일정한 인원수만 확보하면 그만이다. 고대에 있어서는 군중 속에 끼어 있는 개인이란 아무런 중요성도 갖고 있지 못했다. 뛰어난 개인이 군중 모두를 의미하였다.

그러나 현대는 수학적인 평등성을 지향하고 있어서, 그 속에서는 대체적으로 일정한 수효만 확보되면 평등하게 일개의 인간으로 행세한다. 예전에는 뛰어난 개인은 어떤 일을 하여도 용납이 되었지만, 군중 속의 개인은 어떤 일도 용납이 되지 않았다. 오늘날에 있어서는 누구나가 일정한 인원수만 확보하면 어엿한 개인으로 행세할 수 있다는 것을 잘 알고 있고, 당연한 귀결이기는 하지만 가장 하찮은 목적을 위해서도 사람들은 모여서 숫자를 채운다(사람들은 그것을 단결이라고 부르고 있지만, 그것은 단순한 수사학적인 완곡한 표현에 불과하다). 단순히 일시적인 생각을 실천에 옮기기 위하여서도 몇몇 사람들이 모여서 인원을 채우고, 그러고 나서야 그 일을 실천한다. 다시 말해서 그러고 나서야 감히 그 일을 실천에 옮긴다는 말이다. 바로 이런 이유 때문에 나면서부터 뛰어난 천품을 가지고 있는 사람마저도 반성의 멍에서 자신을 해방할 수가 없다. 왜냐하면 그는 곧 자기 자신이 지극히 하찮은 일에 있어서도 독자적으로는 행세를 하지 못하는 하나의 부품임을 의식하게 되므로 종교의 무한한 자유를 쟁취하지 못하기 때문이다.

함께 단합한 몇몇 사람들이 죽음을 무릅쓸 용기가 있었다고 하더라도, 현대에 있어서는 개개인이 개별적으로 그만한 용기를 갖고 있다고 말할 수가 없다. 왜냐하면 개인이 죽음보다도 더 무서워하는 것은, 위험을 무릅쓰고 독자적으로 무엇인가를 감행하려는 그의 욕망에 가해지는 반성의 심판과 항의이기 때문이다.

개인은 이제 더는 하느님께, 자기 자신에게, 자신의 애인에게, 자신의 예술이나 자신의 과학에 속하지 않는다. 그는 매사에 있어서 어떤 추상적인 것에 속하고 있다고 의식하고 있다. 개인은 마치 노예가 재산에 속하고 있듯이 반성 때문에 추상적인 것에 예속하고 있다. 이것이 곧 한 사람 이상 모이는 것이 절대적인 모순일 경우에도 여럿이 모이게 되는 이유다. 신격화된 연합이라는 적극적인 원리도 오늘날에 있어서는 반성의 노예가 되어서 미덕(美德)마저도 빛나는 악덕(vitia splendida)으로 만드는 멸망과 퇴폐를 초래하는 원리가 되고 말았다. 이렇게 된 것은, 영원한 책임과 개인이 하느님 앞에서 종교적으로 외톨이로 서는 일을 무시하였기 때문에 야기되었다는 것 이외에 다른 이유를 찾아 볼 수 없다. 타락이 이쯤에 이르게 되면 사람들은 집단 속에서 위로를 찾는다. 그렇게 되면 반성이 개인을 일생동안 사로잡는다. 그리고 이런 위기의 시초를 한 번도 자각하지 못한 사람들은, 아무런 저항도 느끼지 않고 반성적인 관계로 빠져들어 간다.

수평화의 과정은 개인의 행동이 아니라 추상적인 힘의 손아귀에 들어 있는 반성의 작용이다. 따라서 사람들은 평행사각형의 대각선을 계산하는 것과 같은 방법으로 수평화를 다스리고 있는 법칙을 계산할 수 있다. 차원을 내려서 수평화하고 있는 개인은 자기 자신이 그 과정 속으로 빠져 들어가고, 그렇게 회를 거듭함에 따라서 자신이 하고 있는 바의 내용을 자기 본위를 알고 있는 듯이 생각하고 있는 동안에 집단으로서의 그 사람들 전체에 관해서는 그들은 그들이 하고 있는 바가 무엇인지를 모르고 있다고밖에는 말할 수 없다. 왜냐하면 집단적인 감격이 개개인이 생산해 낼 수 있는 이상의 것을 생산해 내듯이, 이 경우에도 역시 그 이상의 것이 있기 때문이다. 어떤 개인도 맥을 추지 못하는 어떤 악마가 출현하는 것이다.

비록 수평화라는 바로 그 추상적인 것이 개인에게 이중의 순간적이고 이기적인 쾌락을 주기는 하지만, 동시에 그는 자신의 사망신고서에 서명을 하고 있는 셈이다. 감격은 커다란 불행으로 종막을 고할 수 있을지도 모르지만, 수평화 그 자체는 개인의 파멸이다. 어떤 시대도, 즉 현대도 수평화의 과정이 지닌 악순환을 정지시킬 수가 없다. 왜냐하면 시대가 그것을 정지시키려고 애쓰는 순간부터, 수평화 과정의 법칙이 다시금 행동을 개시하기 때문이다. 따라서 이런 무한한 악순환은 개인이 자신의 개인적인 종교적 고립화에서 솟아나는 종교적 용기를 획득함으로써만 종식시킬 수가 있다.

예전에 나는 길거리에서 세 사람이 수치스럽게도 한 사람을 덮치는 광경을 목격한 적이 있다. 군중들은 의분을 느끼며 서서 바라보고 있었다. 혐오의 표정은 이윽고 행동으로 옮겨지기 시작하였다. 구경을 하고 있던 몇몇 사람이 공격하고 있는 세 사람 중의 하나를 붙잡아서 땅에 쓰러뜨리고는 그에게 매질을 하였다. 사실상 복수를 해주는 사람들은 공격을 한 사람들이 적용한 것과 똑같은 법칙을 적용하였던 것이다. 여러분이 허락해 주신다면, 내가 한 행동을 소개하고 이야기를 계속하겠다. 나는 복수해 주는 사람들 중의 한 사람에게로 다가가서 그의 행동이 얼마나 비논리적이었느냐 하는 점을 대화를 통하여 설명해 주려고 애썼다. 그러나 그와는 이런 문제를 토의하기가 불가능한 듯이 보였다. 그는 그런 악한은 세 사람이 달려들어 때려주는 것이 마땅하다고만 되풀이하고 있었다. 따라서 사건의 발단을 보지 못한 사람들에게는, 즉 단지 어떤 사람이 지금은 혼자가 된 사람에 관해서 그는 셋이서 한 사람을 때려 눕혔다고 하는 말만을 들은 사람들에게는, 그것도 사정이 정반대가 된 순간, 즉 이제는 혼자서 셋에게 매를 맞고 있는 순간에 그런 말을 들은 사람들에게는 사태는 더욱 우스꽝스러워질 것이다. 첫째는 그것은 마치 경찰관이 길에 혼자서 서 있는 사람에게 "제발 흩어지십시오" 하고 말하는 것과 같아서, 그 자체가 내포하고 있는 모순 때문에 우스꽝스럽다. 둘째로는 거기에는 온갖 자기모순이 깃들어 있어서 우스꽝스럽다. 그러나 그 사건에서 내가 배운 것은, 그런 모순된 악순환이 내게 닥치지 않도록 하기 위해, 그런 악순환에 종지부를 찍어 보려는 일체의 소망을 버리는 것이 상책이라는 사실이었다.

어떤 외톨이인 사람도(내 말은 지도력이 뛰어난 사람이 아니라, 변증법적인 범주인 운명에 따르고 있는 뛰어난 사람을 말한다) 수평화의 추상적인 진행과정을 멈출 수는 없을 것이다. 왜냐하면 그것은 소극적이긴 하지만 보다 차원이 높은 것이고, 기사도의 시대는 이미 지나갔기 때문이다. 또 어떤 협회나 연합회도 그런 추상적인 힘을 멈출 수가 없다. 이유는 간단하다 - 연합회라는 것은 그 자체가 수평화되는 과정에 봉사하고 있기 때문이다.

서로 특색이 다른 국가 중의 어느 국가도 그것을 멈출 수가 없다. 왜냐하면 수평화의 추상적인 과정은 고차원적인 차원에서 그야말로 **완전무결하게 순수한 인간성**의 소극적인 대표이기 때문이다. 추상적인 수평화의 과정은 개인이 종교에 의해서 외톨이화되는 것을 그만둘 때 일어나는 마찰 때문에 생겨나는 인류의 자기연소(自己燃燒)로서, 사람들이 무역풍(貿易風)에 관해서 말하듯이, 그것은 일체를 계속 묶어둔 채로 일체를 소모해 버린다. 그러나 개개의 개인은 그것을 통하여 각자가 다시 한 번 종교적인 교육을 받을 수가 있을 것이고, 가장 높은 의미에서 수평화 과정이라는 엄격한 시험을 통하여 본질적으로 종교적인 자세를 획득하게 될 것이다.

뛰어난 것이라고 해서 자신들이 찬양하는 것에 개인적으로 아무리 힘차게 매달려 있다고 해도, 애당초부터 수평화의 과정은 이기적인 개인에게 있어서나 이기적인 세대에 있어서나 한결같이 악이라는 사실을 알고 있는 젊은이들에게는, 그러나 또 만일 그들이 성심껏 그리고 하느님 앞에서 그것을 원한다면, 그것은 또 최고의 삶을 지향하는 출발점도 될 수 있다는 사실을 알고 있는 젊은이들에게는 - 그런 젊은이들에게는 그것이, 수평화의 시대에 살고 있다는 것이, 사실상 교육이 될 수도 있을 것이다. 그렇게 되면 그들이 살고 있는 시대가 그야말로 최고의 의미에서 그들을 종교적으로 발전시켜 줄 것이고, 동시에 그들에게 심미적으로, 지적으로도 교육을 베풀어 줄 것이다. 왜냐하면 이런 식으로 희극적인 것은 그 자체가 지닌 절대적인 표현을 갖게 될 것이기 때문이다.

희극적인 것의 최고의 형식은, 인간이 지닌 본래의 기질을 완화하고 인간의 파토스를 강화해 주는 어떠한 중간규정(中間規定)도 거치지 않고, 또 수평화의 과정을 파괴하는 어떠한 유기체의 구체적인 특색도 갖추지 않고, 개인이 직접적으로 '순수한 인간성'이라는 무한한 추상이라는 것 밑으로 들어올 때 나타난다. 그러나 이것은 다시 인간의 유일한 구원은 개개의 개인 속에 있는 종교성의 진실성을 통해서만 이루어진다는 사실의 또 다른 표현이기도 하다.

그리고 이 사실은 만일 그 개인이 용감하게 최고의 것을 욕구한다면, 사실상 오류를 통해서만 그 개인은 최고의 것에 접근하는 길이 열린다는 사실을 이해할 때, 그들의 감격은 한층 더할 것이다. 그러나 수평화의 과정은 계속될 것임에 틀림이 없고, 또 완성되고야 말 것이다 - 그것은 마치 '실족케 하는 것이 세상에 들어오지 않을 수는 없지만, 그것을 들어오게 하는 자에게는 화가 있으리라'* 하는 것과 마찬가지다.

흔히들 개혁(改革)이란 각자가 자기 자신을 개혁하는 일로써 시작해야 한다고들 말하고 있다. 그렇지만 실제로는 그렇게 진행되지 않았다. 왜냐하면 그 개혁은 한 사람의 영웅을 낳았고, 그 영웅은 영웅으로서의 자신의 지위에 대하여 값비싼 대가를 하느님께 지불하였기 때문이다. 그 영웅과 직접 합류함으로써 사람들은 그 영웅이 비싼 값을 치르고 얻은 것을 값싸게 사실상 떨이로 입수하였지만, 그들은

---

* 누가복음 17장 1절 참조.

모든 것 중에서도 가장 최고의 것을 입수한 것이 아니다. 반대로 수평화의 추상적인 원리는, 살을 에는 듯한 바람과도 같아서, 어떤 개인과도 개인적인 관계를 갖지 않고, 오로지 모든 사람들과 한결같은 추상적인 관계만을 갖는다. 거기에는 다른 사람들을 위하여 수고하거나 그들을 도와주는 영웅은 하나도 없다. 거기에서는 엄한 교사와 마찬가지로 수평화의 과정이 직접 교육에 임한다. 그리고 수평화로부터 대부분의 것을 배워서 그 자신이 가장 위대한 자가 된 사람은 뛰어난 사람이나 영웅이 되지는 못한다. 그렇게 되면 극도로 시종일관된 수평화 과정을 방해할 것이고, 또 그 사람 자신도 수평화의 의미를 잘 알고 있기 때문에 그런 일이 일어나는 것을 저지한다.

그는 완전한 평등이란 의미에서 하나의 사람이 될 뿐이고, 그 밖의 존재는 되지 못한다. 이것은 곧 종교의 이념이다. 그러나 이러한 조건 밑에서는 평등화의 질서가 너무나도 엄격하고 또 거기서 얻어지는 이득도 매우 적은 듯이 보일 것이다. 그렇게 보이는 것도 무리는 아니다. 왜냐하면 그 개인이 종교의 본질 앞에서, 그리고 하느님 앞에서 자기 자신에게 만족하는 것을 배우지 않는다면, 그리고 그가 남들을 지배하는 대신 자기 자신을 지배하는 것을 배우는 목사라면 자신의 설교의 청취자가 되고, 저술가라면 자신의 저서의 독자로 존재하는 것에 만족하는 것을 배우지 못한다면, 다시 말해서 만일 그가 수평화의 과정이 곧 하느님 앞에서의 만인의 평등과 우리 모두가 평등하다는 것의 표현이라고 해서, 이것을 최고의 것으로 만족하는 것을 배우려 하지 않는다면, 그때 그는 반성으로부터 헤어나지를 못할 것이다. 어쩌면 또 그는 자기에게 주어진 천품에 관하여 한 순간 속임수에 사로잡혀, 수평화하고 있는 것이 자기 자신이라고 착각할지도 모른다. 그러나 결국 그는 수평화 과정 밑으로 침몰하고 말 것이다. 그때서야 홀거 단스크여* 나오라, 마르틴 루터여 나오라고 외쳐 보았댔자 소용이 없다. 그런 사람들의 시대는 지나갔고, 이제와서 사람들이 그들을 다시 불러내게 만들고 있는 것은 근본적으로는 개인의 나태성 바로 그것이고, 또 모든 것 중에서 최고의 것을 신품으로 비싸게 사기보다는 한 번 쓰고 난 것을 값싸게 사기를 좋아하는 세속적인 조급성 바로 그것이다. 계속하여 협회를 설립해 보아도 아무런 소용이 없다. 왜냐하면 부정적으로 말해서, 비록 근시안적인 협회의 회원들은 그것을 볼 수 없을지라도, 거기에는 그들보다 차원이 높은 무엇인가가 있기 때문이다.

개인성(個人性)의 원리는 그것이 **직접적으로** 아름답게 형성될 경우에는 뛰어나고 우수한 개인에 의해서 세대를 상징한다. 즉 그것은 종속적인 개체들을 대표자 주위에 모은

---

* 홀거 단스크(Holger Danske)는 덴마크 사람들의 수호신으로서 덴마크에 재앙이 닥칠 때는 반드시 나타나서 덴마크를 구원해 준다고 전해 내려오는 전설적인 영웅이다.

다. 이 개인성의 원리는 그것이 지닌 **영원한** 진리 안에서 끌어내려서 수평화하기 위하여 추상이나 세대의 평등을 이용하고, 그렇게 함으로써 개인을 종교적으로 진정한 인간으로 발전시키는 데 협동한다. 왜냐하면 수평화의 과정은 시간적인 것에 관한 한에 있어서는 강력한 힘을 갖고 있지만, 영원한 것에 관한 한에 있어서는 완전히 무력하기 때문이다.

반성이란 사람이 말려들어가서 붙들리는 올가미다. 그러나 일단 종교적인 영감에 의해서 '비약'이 이루어지면, 그 관계는 별개의 것이 된다. 즉 그것은 사람을 영원 속으로 끌어넣는 올가미가 된다. 반성은 현존재에 있어서 가장 악착스러운 채권자이고 또 언제까지나 그럴 것이다. 지금까지 반성은 교활하게 온갖 가능한 인생관을 키워왔다. 그러나 반성은 본질적으로 종교적이고도 영원한 인생관만은 사들이지 못하고 있다. 그 대신 반성은 자신이 지닌 눈부시게 휘황찬란한 것으로써 사람들을 속여서 유혹할 수가 있고, 또 과거지사가 된 모든 것들을 상기시킴으로써 사람들에게 용기를 잃게 할 수 있다. 그러나 심연 속으로 비약해 들어감으로써, 사람들은 자기 자신을 구하는 법을 배우고, 다른 사람들을 자기 자신처럼 사랑하는 법을 배운다 - 비록 그가 남들의 도움을 받아들이려고 하지 않는다고 해서 거만하고 오만불손하다는 비방을 받고, 또 그가 남들을 도와서 즉 남들이 최고의 것을 얻지 못하게 그들을 도와서 교활하게 사람들을 속이려고 하지 않았다고 해서 이기주의적이라는 비방은 받는다 해도 말이다.

누군가가 내가 여기서 언급한 내용을 두고, 그것은 누구나가 다 알고 있는 것들이고, 또 누구나가 말할 수 있는 것들이라는 불평을 토로한다면, 나의 대답은 다음과 같다 - "그렇다면 더욱 좋다. 나는 구태여 어떤 특출한 위치에 서기를 요구하는 것이 아니고, 또 누구나가 다 알고 있고 누구나가 말할 수 있다는 바로 그것을 어떤 의미에서 만의 하나라도 내게서 빼앗아서 어떤 소극적인 공제조합에다 예치해 버리지 않는 한, 나는 누구나가 그것을 다 알고 있다는 점에 관해서 이의를 제기하지 않는다. 그런 위험성이 없는 한 나의 의견은 누구나가 다 알고 있다고 해서, 그 가치를 상실하지는 않는다."

허다한 변화를 겪었지만 현대는 계속 수평화의 경향을 유지하고 있다. 그러나 그러한 변화 자체는 그 모두가 다 수평화의 과정이었던 것은 아니다. 왜냐하면 그런 변화 전부가 그렇게까지는 추상적이 아니었고, 각기 어떤 구체적인 현실성을 가지고 있었기 때문이다. 하나의 위대한 인간이 다른 위대한 인간을 공격하여, 그 때문에 양쪽이 다 약화되었을 때, 혹은 한쪽이 다른 쪽 때문에 중립화될 때, 혹은 약한 자들이 모인 연합체가 특출한 사람보다 더 강해졌을 때, 어느 정도까지는 수평화가 진행되는 것도 사실이다. 혹은 또 어떤 단일 계급, 예컨대 승려계급이나 시민계급이나 농민계급 등 인민 그 자체에 의해서도 수평화는 이루어질 수 있다. 그러나 이런 모든 것은 개인성의 구체성 내부에 있어서의 추상력의 첫 운동에 불과한 것이다.

일체가 똑같은 수준으로 축소되기 위해서는 우선 하나의 환상을, 수평화의 유령을, 하나의 거창한 추상을, 일체를 포괄하지만 내용은 전혀 없는 무엇인가를, 하나의 신기루를 조달할 필요가 있다 - 이 환상이 곧 공공(公共)이라는 것이다. 이 환상은 정열은 없지만 반성적인 시대에 있어서만 나타날 수 있는 것이고, 그러한 환상은 그 자체가 추상적인 것이 될 수 있는 인쇄물의* 도움을 받아서 발전할 수 있다. 정열의 시대, 떠들썩하고 감격에 휩싸인 시대에 있어서는, 사람들이 알맹이가 없는 이념을 실현하려고 원할 때나 일체의 것을 황폐하게 하고 파괴하려고 할 때에 있어서 마저도, 그런 때에도 거기에는 공공(公共)이라고 하는 그런 것은 없다. 거기에 있는 것은 당파고, 그들은 구체적인 존재다.

그러한 시대에 있어서의 인쇄물은 파벌에 따라서 구체적인 성격을 띠게 된다. 그러나 조용이 앉아서 직업에 종사하고 있는 사람들이 공상적인 환상을 발전시키기에 안성맞춤격인 사람들인 것과 마찬가지로, 오로지 인쇄물만이 정체불명의 막연한 삶을 전시하고 있는, 그렇듯이 정열이 없고, 앉아서 뭉개고 반성에만 골몰하는 시대는 환상이라는 것을 마음속에 품어 키운다. 아닌게아니라 이 공공이라는 것이야

---

* press란 글자의 뜻 그대로 인쇄물이지만 오늘날에 있어서의 공공매체를 의미하는 매스컴 일반을 말하는 것으로 이해해야 한다.

현대의 비판 401

말로 실제로 수평화를 추진하는 존재라고 하기보다는 진정한 수평화의 괴수인 것이다. 왜냐하면 수평화의 과정이 달성될 경우에는 언제나 그 무엇인가에 의해서만 달성되지만, 그 공공이라는 것은 가공할 무(無)이기 때문이다.

이 공공이라고 하는 것은 고대에 있어서는 생각조차 할 수가 없었던 개념이다. 왜냐하면 고대에 있어서는 군중들이 합동하여 집단적으로 개인의 행동에 대하여 책임이 있거나 책임을 져야할 상황에는 직접 참여를 하였고, 더구나 그 개인은 직접 참석하여 자신의 결정에 대한 찬반의 결정에 대하여 즉석에서 복종해야만 하였기 때문이다. 사회에 있어서 공동체의 의식이 이제 더는 충분히 구체적인 현실에 생명을 불어넣을 수 없게 되었을 때야 비로소, 인쇄물이 이 '공공(公共)'이라는 추상물을 창조해 낼 수 있다. 그런데 그 공공이라는 것은 어떤 현실적인 상황이나 조직 속에서는 결코 하나로 묶이지도 않고, 또 묶일 수도 없는 비현실적인 개인으로 성립되어 있지만 그래도 역시 하나의 전체로서 확보되어 있다.

이 공공이란 것은 전체 인민을 합친 것보다 더 수효가 많은 하나의 군대지만, 결코 열병을 거치지 않는 조직체이고, 그 자체가 하나의 추상이기 때문에 그것을 대표하는 것이 없다. 그럼에도 불구하고 시대가 정열을 잃고 만성적이 되고 일체를 파괴할 때는, 이 공공이란 것이 일체가 되고 일체를 내포하는 것으로 간주된다. 그리고 이것은 다시금 개인이 어떻게 하면 자기 자신에게로 되돌아갈 수 있는가를 보여주기도 한다.

각자가 구체적인 개인으로 구성된 살아 있는 사람들과 동시적(同時的)으로 존재하고 있는 시간상의 살아 있는 시간과 살아 있는 상황 - 이것 없이는 개인이 자신을 지탱할 수 없다. 그러나 공공이라고 하는 존재는 어떠한 구체적인 상황이나 동시성도 빚어내지 못한다. 인쇄물을 읽은 개개의 독자도 공공이 아니고, 또 개인의 수효가 조금씩 늘어간다고 해도 혹은 모든 개인이 다 그것을 읽는다 해도, 거기에는 동시성이 결여되어 있다. 공공을 함께 모으려면 몇 해가 걸릴는지도 모른다. 그렇지만 여전히 거기에는 공공이란 존재하지 않는다.

개개인이 그렇듯이 비논리적으로 형성하는 이 추상물은 당연한 귀결이지만 개개인을 돕기는커녕 개인을 쫓아버린다. 어떤 사건에 관해서 아무런 의견도 갖지 않은 사람은 현실적인 순간에 다수파의 의견을 받아들이거나, 혹은 만일 그가 투쟁적인 사람이라면 소수파의 의견에 동조한다. 그러나 반드시 유의해야 할 것은 다수파건 소수파건 간에 양쪽이 모두 살아 있는 현실의 사람들이라는 사실이고, 이 사실이야말로 바로 개인이란 그들을 지지함으로써만 자신을 지탱할 수 있다는 이유이기도 하다. 이와는 반대로 공공이란 하나의 추상물이다. 특정한 이러저러한 사람들의 의견을 채택한다는 것은, 일이 잘못되면 그들도 자기 자신과 마찬가지로 같은 위험에 휩싸이게 될 것이라는 사실과, 또 만일 그 의견이 잘못되면 그들 역시 자기 자신과 더불어 잘못될 것이라는 사실을, 그가 알고 있다는 것을 의미한다.

그러나 공공과 똑같은 의견을 채택한다는 것은 속임수의 위안이다. 왜냐하면 거기에는 공공이란 추상적으로만 존재하고 있기 때문이다. 그러므로 일찍이 어떠한 다수파도 공공연히 그랬던 것처럼 그렇게까지 확고부동한 권리와 승리를 차지한 적이 없지만, 그렇다고 해서 그것은 개인에게 아무런 위안이 되지 못한다. 왜냐하면 공공이란 일체의 개인적인 접촉을 금하고 있는 하나의 환상이기 때문이다. 그러므로 만일 어느 누군가가 오늘 공공의 의견을 채택하고 내일 핀잔을 당한다면, 그는 공공에 의해서 핀잔을 당하는 것이다.

하나의 세대, 하나의 국민, 하나의 국민의 집단, 하나의 모임이나 사람은 만일 그들이 변덕스럽거나 불성실한 경우에는, 그들이 한 것에 대하여 책임을 지고 스스로 수치스럽게 생각할 수도 있다. 그러나 공공이란 것은 계속 공공 그대로 남는다. 하나의 국민과 하나의 단체나 사람은, 사람들이 "그들은 이제 더는 예전과 같지가 않다"고 말할 정도까지 변할 수가 있다. 그러나 공공은 정반대로 정반대의 것으로 변할 수가 있으면서도 여전히 본래의 것, 즉 공공으로 남아 있을 수 있다. 그러나 이런 추상과 이런 추상적인 훈련을 거쳐서 개인은(그가 이미 자신의 내면성에 의해서 자신을 형성해 놓고 있지 않는 한에 있어서) 자신을 형성하게 될 것이다. 만일 그가 그런 과정에서 굴복하지 않는다면 최고의 종교적인 의미에서 그는 자기 자신을, 그리고 하느님에 대한 자신의 관계에 만족하게 될 것이고, 또 삶에 있어서 상대적이고 구체적이고 개별적인 일체의 것을 파괴해 버리는 공공이란 것에 동조하는 존재가 되지 않고 자기 자신에게만 동조하는 존재가 될 것이고, 또 그는 손꼽아 기다리지 않고 하느님과 더불어 자기 자신 속에서 평안을 찾을 수 있도록 교육될 것이다.

현대를 고대와 절대적으로 구분해 주는 것은, 현대에 있어서는 전체성이 구체적인 것이 아니고, 따라서 개인을 지탱해 줄 수가 없고, 혹은 비록 그를 절대적으로 발전시키지는 못하더라도 구체적인 것이 그를 교육할 수 있듯이 그를 교육하지 못한다는 점이다. 현대에 있어서는 전체란 그것이 지닌 추상적인 평등으로 개인을 떨쳐버리는 하나의 추상물이지만, 그것은 또 그렇게 함으로써 개인이 그 과정에서 굴복하지만 않는다면 그가 절대적으로 교육을 받을 수 있게끔 돕는 것이기도 하다. 고대에 있어서는 뛰어난 개인이란 다른 사람들이 도저히 **그렇게 될 수가 없는** 존재라고 하는 사실 때문에 언제나 상황이 암담하였지만, 현대는 자기 자신을 발견한 사람이면 종교적으로 말해서 누구나가 다 **각자가 성취할 수 있는 것을** 성취하였을 뿐이라고 생각하고 고무될 것이다.

공공이란 하나의 민족도 아니려니와 하나의 세대도, 하나의 지역사회도, 하나의 단체도, 또 그것들에게 속해 있는 어떤 특정한 사람들도 아니다. 왜냐하면 그런 것들이란 모두가 구체적인 것을 통해서만 그들이 존재하고 있는 그런 존재로 존재하기 때문이다. 실상 공공이란 것에 속하고 있는 사람 중에서 실질적으로 그것에 참여하는 사람은 하나도 없다. 왜냐하면 아마도 하루의 몇 시간 동안 그가 공공에 속하고 있는지는 모르지만, 그가 현실적으로 존재하고 있는 자기 자신일 때는, 그는 공공의 일부를 형성하고 있는 것이 아니므로 그는 사실상 그가 무(無)로 존재하는 몇 초만 공공에 속하고 있기 때문이다.

이러한 개인들로 이룩된, 즉 그들이 무로 존재한 순간에 있어서의 개인들로 구성된 공공이란 것은 일종의 거창한 어떤 것이고, 일체일 수도 있지만 전무일 수도 있는 추상적이고 황폐한 진공(眞空)이다. 그러나 이런 이유 때문에 누구나가 자기 자신은 공공이라고 주장할 수가 있고, 또 로마 교회가 터무니없이 비신도지방(非信徒地方)에 주교들을 임명함으로써 자신의 변경을 확대하였듯이, 공공이란 누구나가 자기의 것이라고 주장할 수 있는 무엇인가이다. 그래서 요 지경을 자랑하는 술에 취한 수부(水夫)마저도 가장 위대한 사람과 마찬가지로 공공은 자기의 것이라고 주장할 수 있는 똑같은 권리를 변증법적으로, 그리고 절대적으로 갖고 있다 - 즉, 그도 역시 절대적으로 그런 모든 허다한 영(靈)들을 자신의 하나라는 숫자 앞에 가져다 놓을 수 있는 권리를 갖고 있는 것이다. 공공이란 일체인 동시에 전무이고, 모든 힘 중에서도 가장 위험한 힘이지만 또 가장 무의미한 것이다. 사람들은 공공이라는 이름을 빌려 전 국민에게 말을 할 수 있지만, 그래도 공공이란 여전히 하찮은 단 하나의 현실적인 인간보다도 못한 것이다.

'공공'이라고 하는 규정(規定)은 개개인에게 아첨하고 있는 듯이 보이게 만드는 반성의 시대의 속임수적인 요술이다. 이런 요술에 걸려서 개인은 이 거대한 괴물을 자기의 것으로 사칭(詐稱)할 수 있다. 이 괴물에 비하면 구체적인 현실은 지극히 초라하게 보이는 것이다. 공공이란 분별의 시대의 동화(童話)고, 이 동화는 상상력을 통하여 개인을 한 민족 위에 군림하고 있는 왕보다도 더 위대한 무엇으로 만든다.* 그러나 공공은 또 무서운 추상물로서, 그것을 통하여 개인은 자신이 종교적으로 단련될 수도 있을 것이지만, 그렇지 못할 경우에는 몰락하고 만다.

---

* 다행하게도 나는 저자로서 일찍이 공공이란 것을 추구한 적도 없거니와 가진 적도 없다. 오히려 나는 '저 외톨이'**로 만족하고 있다. 이 제한 때문에 나는 거의 속담(俗談)이 되고 말았다.
** 키르케고르는 자신의 저술 중의 많은 부분을 차지하고 있는 종교적인 강화를 '저 외톨이'들에게 바치고 있다 – "이 책을 내가 나의 독자라고 부르는 '저 외톨이'에게 기쁨과 감사한 마음으로 바친다. 왜냐하면 그는 저자를 생각하지 않고 하느님을 생각하고 읽어주기 때문이다."

인쇄물은 하나의 추상이다. 왜냐하면 잡지니 신문이니 하는 것은 한 국민의 구체적인 일부가 아니고, 추상적인 의미에 있어서만 하나의 개체이기 때문이다. 그런데 이것이 정열이 없고 반성적인 시대의 성격과 야합하여 바로 그 추상적인 환상, 즉 수평화를 추진하는 장본인인 공공이라는 것을 빚어낸다. 그래서 그것은 결과적으로는 그것이 지닌 소극적인 종교적 의의는 별개로 치고라도 그 자체의 중요성을 지니게 된다.

어떤 시대에 이념이 적으면 적을수록 감격의 폭발로 말미암아 그것은 더 나태해지고 쇠진해지고 말 것이다. 그런데도 만일 우리가 어떤 사건이나 이념도 시대를 지탱하지 못하기 때문에 인쇄물이 더욱더 나약해진다고 상상한다면 수평화의 과정은 그만큼 더 쉽게 해로운 쾌락이 될 것이고, 순간적으로 타오르는 관능적인 도취의 형태를 갖출 것이다. 그리하여 외골수로 더욱 악을 주장하고, 구원의 조건을 더욱 어렵게 하고, 멸망의 확률은 더 확실해질 것이다. 전제정치가 초래한 퇴폐풍조나 혁명시대의 부패에 관해서는 흔히 묘사되어 왔고, 정열이 없는 시대의 부패는 비록 그것이 지닌 모호성 때문에 뚜렷이 나타나 있지는 않지만, 그에 못지 않게 해로운 것이다.

그러므로 이 점에 관해서 고찰해 보는 것도 무익하지는 않을 것이다. 더욱더 많은 개인들이 그들의 혈기를 잃은 나태성 때문에, 공공이라는 존재가 되기 위하여 끝내는 무(無)

가 되려고 애쓸 것이다 - 즉 모든 참가자가 제3자(방관자)가 됨으로써 가장 우스꽝스러운 방법으로 형성된 저 추상적인 전체인 공공이라는 것이 되기 위해서 말이다.

  자기 자신은 아무것도 이해하지 않고 아무것도 실천하지 않는 이 나태한 군중, 즉 이 구경꾼들은 허구한 날 심심풀이가 될 대상만을 혈안이 되어 찾고 있다가, 이윽고는 누가 무엇을 하든 간에 그들이 하는 것은 그것(공중)에다가 가십(gossip)거리를 제공하기 위해서 그러는 것에 불과하다는 생각에 젖어버린다. 이 나태한 군중들은 잘난 체하고 다리를 포개고 도사리고 앉아 있다. 그래서 일을 하려고 하는 자는 누구나, 그가 국왕이든 공무원이든, 학교 교사나 유능한 저널리스트든, 시인이나 예술가이들 간에, 그 공공이라는 것을 끌고 가느라고 고생을 해야만 할 것이다. 그러고 있는 동안 그 공공은 거만하게 도사리고 앉아서 그들을 말(馬)이라고 생각할 것이다.

  만일 내가 이 공공을 하나의 특정한 인물에 견주어 생각한다면(왜냐하면 그래도 지금은 나은 개인들이란 비록 순간적으로 공공에 속하는 수가 있더라도, 그들이 고도의 종교적인 태도를 확보하고 있지는 않을망정, 그들은 그들을 지탱하고 있는 어떤 구체적인 것을 그들 주위에 확보하고 있기 때문이다), 나는 로마 황제들 중의 한 사람을 생각해 내야만 할 것이다. 그는 몸집이 크고 비대한 인간으로 권태에 시달린 끝에 웃음이라는 관능적인 도취만을 찾고 있다. 왜냐하면 하느님께서 주신 선물인 기지(機智)라는 것은 지상적인 것으로서는 만족스러운 것이 못 되기 때문이다. 그리하여 그는 변화를 찾아 두루 헤맨다 - 악의를 품고서가 아니라 권태에 지쳐서, 그러면서도 소극적인 지배욕을 지닌 채 말이다. 고전적인 작가들이 쓴 책을 읽은 사람이라면 누구나 한 황제가 시간을 보내기 위해서 얼마나 많은 것을 발명했는가를 잘 알 것이다. 마찬가지로 이제는 공공이 시간을 즐기기 위해서 한 마리의 개를 기르고 있다. 이 개야말로 문학적인 쓰레기다.*

이때 만일 다른 사람들보다 뛰어난 사람이(어쩌면 위대한 사람일 수도 있다) 나타나면, 그 개로 하여금 그를 덮치게 하고… 그러면 웃기는 장난이 시작된다. 그러면 그 개는 그에게 달려들어 그의 코트 자락을 물어뜯어서 찢어대며, 온갖 파렴치한 짓을 다한다 - 이윽고 공공이 지쳐버리면, 그때 공공은 그만하라고 한다. 이것이 바로 공공이 수평화를 수행하는 방법의 한 예다. 비교적 잘난 사람이나 힘이 강한 사람은 학대를 받는다 - 그런데 그 개는 여전히 하나의 개로 남아 있고, 또 그 개는 공공이 멸시하는 대상이다. 그러므로 수평화는 결국 제3자에 의해서 이루어진 셈이다.

제3자의 도움을 받아 수평화의 작업을 수행하고 있는 존재하고 있지 않은 공공이란, 그것이 지닌 무의미성에 있어

---

* 당시 코펜하겐에서 발행되는 풍자 전문의 잡지 「콜사르(The Corsair)」를 말함

서, 이미 수평화된 것 이상의 존재인 무(無)보다도 못한 것이다. 그러므로 그 공공은 뉘우칠 줄을 모른다. 왜냐하면 결국 행동을 한 것은 공공이 아니라 개이기 때문이다. 그것은 마치 사람들이 어린애들에게 그것은 고양이의 어미가 한 짓이야 라고 말하는 것과 같다. 공공은 뉘우칠 줄을 모른다. 왜냐하면 그것은 본질적으로 누구의 품위를 손상시킨 것도 아니기 때문이다. 그것은 약간의 오락적인 장난을 원했을 뿐이었기 때문이다. 수평화하는 도구가 놀라울 정도로 자질이 우수하였더라면, 그 도구 자체가 수평화를 파괴하였을 것이기 때문에, 게으른 공공은 오히려 우롱을 당하였을 것이지만, 하찮은 자가 잘난 자를 끌어내리고, 또 그 하찮은 자는 자기 자신을 끌어내린다면, 그때의 대차관계(貸借關係)는 상쇄되고 만다.

공공은 뉘우칠 줄을 모른다. 왜냐하면 개를 소유하고 있는 것은 그들이 아니기 때문이다 - 그들은 단지 예약을 하고 있을 뿐이다. 그들은 어떤 사람을 향해서도 개에게 덮치라고 부추기지도 않거니와, 그렇다고 해서 휘파람을 불어 개를 직접 떼어놓지도 않는다. 제소를 하면 공공은 다음과 같이 대답할 것이다 - "그 개는 내 것이 아니다. 그 개는 주인이 없다." 그리고 만일 그 개를 죽여야 할 경우가 생기면 그들은 다음과 같이 말할 것이다 - "질이 좋지 못한 개를 제거했다는 것은 잘한 일이다. 모두가 그 개를 죽이기를 바랐다 - 심지어는 예약자들까지도 그러기를 바랐다."

이러한 상황에 익숙한 사람들은 아마도 공공의 손에 의해서 시달리고 있는 뛰어난 개인에 이목을 집중시키고는, 그러한 호된 시련이란 매우 큰 불행이라고 생각할지도 모른다. 나는 그러한 의견에는 전적으로 동의할 수 없다. 왜냐하면 최고의 것을 얻는 일에 도움을 받기를 참으로 갈망하는 사람은 누구나 사실상 그러한 불행을 경험함으로써 득을 보게 될 것이므로, 비록 사람들은 그러한 불행이 닥치면 분개할지 몰라도, 그는 오히려 그것을 갈망해야만 할 것이기 때문이다.

　참으로 무서운 일은 안일하게 삶을 낭비하고 있거나 낭비할지도 모를 많은 인생들의 생각이다. 내가 말하는 사람들은, 타락한 사람이거나 혹은 금전을 위하여 개의 역할을 하는 사람, 즉 어느 정도까지 완전히 길을 잘못 들어 타락한 사람이 아니다. 내가 말하는 사람은 구제할 길이 없고 경박하고 관능적인 많은 사람들이고, 그리고 고상한 나태 속에서 삶을 유지하며 의미도 없이 이를 드러내고 있을 뿐 인생의 아무런 깊은 감명도 받고 있지 못하는 많은 사람들이고, 그리고 또 그러한 처지에 있어서는 공격을 받는 사람이야말로 항상 더 강한 사람이라는 것도 이해하지 못하고, 뿐만 아니라 이런 경우에야말로 "나를 위해서 울지 말고, 너 자신을 위해 울라"*고 한 무섭고 아이러니컬한 진리에 해당

---

* 누가복음 23장 28절 참조.

된다는 것을 이해하지 못하고, 비록 그들 자신이 어리석어서이긴 하지만, 공격을 받고 있는 사람에 대한 동정을 통하여 스스로는 잘난 체까지 하려고 듦으로써 더욱 고약한 유혹에 빠져 들어가는 모든 어리석은 사람들이다.

이상과 같은 관계는 최저 수준의 수평화 과정이다. 왜냐하면 이러한 수평화 과정은 항상 각자가 공통 분모의 선까지 축소된 약수(約數)와 동일한 것으로 생각되고 있기 때문이다. 영원한 생명도 역시 수평화의 일종이다. 그러나 이 경우에는 사정이 다르다. 왜냐하면 이 경우의 공약수는 그 단위가 각자는 종교적인 의미에서 본질적으로 그리고 현실적으로 하나의 사람이어야만 한다는 것이기 때문이다.

이상에서 나는 변증법적인 여러 범주와 여러 규정과 거기에서 파생된 여러 결과를, 어떤 주어진 순간에 실제로 있었느냐 없었느냐는 상관하지 않고 언급해 왔다. 이제 나는 현대의 변증법적인 분석은 제쳐놓고, 일상생활에 관련되어 있는 그런 것들의 구체적인 확증을 변증법적으로 추구해 보려고 한다. 오늘날 우리들의 일상생활에는 보다 어두운 면이 있다는 것은 잘 알려진 사실이지만, 또 거기에는 보다 밝은 면도 있다는 것은 부인할 수 없는 사실이다. 왜냐하면 반성이란 그 자체가 나쁜 것이 아닌 것과 마찬가지로, 매우 반성적인 시대 역시 보다 큰 반성은 직접적인 정열보다는 의의가 크다고 하는 단순한 이유만으로도 보다 좋은 면을 갖고 있다고 할 수 있기 때문이다. 그것이 지닌 보다 큰 의의는, 감격이 실제로 작용하기 시작하여 반성의 여러 힘을 결단으로 인도할 때 분명해진다. 그리고 많은 반성은 인간이란 존재에 있어서 평균적으로 실제행동을 앞서서 이끄는 여러 자질이 관계되는 곳에서는 보다 효율적으로 작용하는 결과를 가져오기 때문에, 반성이 지닌 보다 큰 의의는 종교가 개인 안으로 들어와서 그러한 자질들을 인수받을 때 분명해진다.

반성은 악이 아니다. 그러나 반성이 내포하고 있는 반성적인 조건과 정돈(停頓)은 퇴폐적이고 위험천만한 것으로서, 행동을 앞서서 이끄는 여러 자질을 행동을 회피하는 것으로 바꿔버림으로써 끝내는 후퇴하는 운동으로 이끌어간다. 현대는 본질적으로 정열이 결여된 분별의 시대다. 그러므로 **모순**(矛盾)의 원리를 파괴해 버리고 말았다. 정열적인 시대와의 비교를 통하여, 정열이 없는 시대는, **내포**(內包)에서 잃은 것을 외연(外延)에서 얻는다. 그러나 이 외연은 만일 그것에 상응하는 내포가 외연적으로 넓어진 행동반경을 임의로 통제할 수만 있다면 다시 한 번 예전보다 높은 형식의 조건이 된다. 모순의 원리가 파괴되었다고 하는 것은 실존(實存)이라는 관점에 본다면 자기 자신과의 모순 속에서 사는 것을 의미한다. 개인을 완전히 자기 자신과 하나로 만드는 정열의 절대적인 차별의 창조적인 전능성(全能性)은 반성적인 분별의 외연성으로 변모된다. 결과적으로 가능한 일체를 알고, 가능한 일체가 됨으로써 사람은 자기 자신과 모순되는 존재가 된다. 다시 말해서 전적으로 무가 된다.

모순의 원리는 자기 자신에 대한 개인의 충실도를 강화시키고 그 결과로 개인을 항구적인 숫자인 3*으로 만든다. 이 3에 대해서는 소크라테스가 다음과 같은 아름다운 말로 표현하고 있다 - "4나 그 이상의 더 큰 숫자가 되기보다는 3이 되기 위하여 어떤 일이라도 참겠다." 이런 식으로 개인도 역시 자기 자신과 모순되는 온갖 것으로 존재하느니 차라리 온갖 고통을 받더라도 자기 자신에 대하여 진실하려고 할 것이다.

수다(饒舌)란 무엇인가? 그것은 침묵을 지키는 것과 말을 하는 것 사이에 존재하는 생생한 차별을 폐기한 결과다. 본질적으로 침묵을 지킬 줄 아는 사람만이 본질적으로 말을 할 수가 있고 또 본질적으로 행동할 수 있다. 침묵은 내면(內面性)의 본질이고 내적인 삶의 본질이다. 한갓된 수다는 본질적으로 말을 하는 것을 선취(先取)하는 일이고, 아직도 생각만 하고 있는 것을 표명한다는 것은, 그것을 미리 말함으로써 행동을 약화시키는 일이다. 그러나 침묵을 지킬 줄 아는 사람이기 때문에 본질적으로 말을 할 수 있는 사람은, 잡다한 일에 관해서는 말을 안 할 것이고, 단지 하나의 일에 관해서만 말을 할 것이다. 그리고 그는 말을 해야 할 때

---

* 플라톤의 「파이돈」 참조. p104.

와 침묵을 지켜야 할 때를 알 것이다.* 지껄이는 외연이 커지면 커질수록 수다는 그 날개를 펴게 될 것이다. 그러나 그 수다는 쉴 새 없이 일체를 지껄이겠지만 아무것도 말하지 못한다. 사람들의 주의력이 이제 더는 내면으로 향하지 않을 때, 또 이제 더는 그들 자신의 내면적인 종교생활에 만족하지 않고 다른 것에 그리고 그들 자신의 외부에 있는 것들을 지향할 때, 관계가 지적인 것이 되고, 지적인 만족만을 추구하는 곳에 그리고 개개인의 운명의 줄거리를 결정적인 대단원(大團圓)으로 결합해 주는 어떤 중요한 사건도 일어나지 않을 때 - 바로 그때 수다가 뛰어든다.

정열적인 시대에 있어서는 커다란 사건들이(큰 사건과 정열의 시대는 서로 대응하고 있기 때문에) 사람들에게 수다를 떨 건더기를 제공한다. 반대로 전적으로 다른 의미에서이긴 하지만 수다는 떠벌릴 건더기를 많이 갖고 있다. 그리고 사건이 지나가고 침묵이 뒤따를 때도 사람들이 침묵을 지키고 있는 동안에도 거기에는 여전히 기억하고 생각할 만한 무엇인가가 남는다. 그러나 수다는 자신의 공허를 밝혀 주는 그러한 침묵을 두려워한다.

예술적인 작품을 지배하고 있는 법칙이 규모는 훨씬 작지만 일상생활에 있어서도 각자에게 적용된다. 본질적인 체험을 겪은 사람이라면 누구나 그 체험과 동시에 관념적인

---

* 구약성서 전도서 3장 7절 참조.

의미에서 반대의 가능성까지도 포함한 모든 가능성을 체험한다. 미학적으로 말해서 이러한 여러 가능성은 그의 합법적인 재산이다. 그러나 그의 사적(私的)이고 인격적인 현실은 그렇지가 못하다. 그러므로 그의 담화나 그의 제작물은 침묵에 의지한다. 그의 담화와 그의 제작물의 관념상의 완전성은 그의 침묵과 대응할 것이고, 관념은 질적으로 반대되는 가능성을 포함할 것이라고 하는 것이 이 침묵의 절대적인 표현일 것이다.

그러나 예술가가 자신의 현실성을 남용하자마자 그는 이제 더는 본질적으로 생산적이 되지 못한다. 그의 시초는 그의 종말이고, 바로 그의 첫 낱말은 그 관념의 중용성(中庸性)에 대한 죄가 될 것이다. 따라서 이런 유형의 예술적인 제작물은 미학적인 견지에서 말해 일종의 사적인 수다라고도 할 수 있다. 그런 사실은 그것이 반대되는 것과의 균형을 잡고 있지 못하기 때문에 쉽게 인지된다. 왜냐하면 관념이란 정반대되는 것들의 균형이기 때문이다. 예컨대 만일 고난을 겪었기 때문에 글을 쓰고 싶은 충동을 받은 사내가 실제로 잡다한 관념의 영역 속으로 들어가게 된다면, 그는 그가 겪은 체험의 고난과 마찬가지로 행복도 똑같은 애정을 지니고 재생할 것이다.

그가 이 관념을 획득하는 조건은 곧 침묵이고, 이 침묵으로 그는 그 자신의 본질적인 인격을 차단한다. 그렇지 않을 경우에는 장면을 아프리카로 옮기는 따위의 법석을 떨며 아무리 미리 조심을 한다 해도 그의 일면적인 편애는 모르는 사이에 인지되고 말 것이다. 왜냐하면 저술가라는 것은 다른 사람들과 마찬가지로 남이 모르는 인격을 가져야만 하지만, 그것은 남들이 넘볼 수 없는 자신만의 성소(聖所)여야만 하기 때문이다. 주택의 현관을 위병의 교차된 총검으로 막듯이, 인간의 인격에 대한 접근은 평형을 이루고 있는 관념 속에서 질적으로 대립하고 있는 관념의 변증법적인 교차로 막는다.

  보다 큰 관계에 있어서 타당한 것이고, 위에서의 결과로서 매우 분명해졌고, 그러기에 위에서 서술된 바이지만, 바로 그런 일들이 역시 소규모의 것에서도 소규모로 타당하다. 그리하여 다시금 침묵은 모든 교양 있는 사교에 있어서의 회화의 조건이 된다. 한 인간이 침묵 속에서 관념과 이념을 철저하게 파악하면 할수록, 그는 마치 먼 곳에서 벌어지고 있는 특정한 일들에 관해서 말하고 있을 뿐인 것처럼 보이듯이 인간의 일상생활을 재생할 능력을 갖게 될 것이다. 지니고 있는 관념이 적으면 적을수록 그의 말은 그만큼 피상적이 되고, 그의 대화는 아무런 의미도 없는 사람들의 이름의 되풀이가 될 것이다. 즉 그들의 이름을 일일이 나열하며 이 사람은 이렇게 저 사람은 저렇게 말했으니 '절대로 믿을 만하다'는 식의 사적인 정보의 전달이 되고 말 것이다. 그리고 대화의 내용 역시 누구는 무엇을 하고 있고, 누구는 무슨 일을 하려고 한다, 누구는 이러저러한 경우에는 이러저러하게 말할 것이다, 또 누구는 지금 이러저러한 처녀와 사랑을 하고 있지만, 결혼까지 할 생각은 없는 모양이다 하는 식의 수다스러운 비밀얘기가 될 것이다. 침묵의 자기반성은 모든 사교상의 교양 있는 대화의 조건이고, 내면성을 바깥으로 끄집어내서 회화화한다는 것은 야비한 짓이고 주책없는 수다에 불과하다.

내가 언급하고 있는 그런 유의 수다의 뛰어난 예를 이 소설(『두 개의 시대』) 속에서 발견할 수 있을 것이다. 수다의 내용인즉 전적으로 하찮은 것들뿐이다. 즉 항상 특정한 인물들의 이름이 거론되고, 그들의 하찮은 일상생활의 내용은 그들의 이름 때문에 흥미의 대상이 되는 것이다. 수다를 떨고 있는 사람들은 확실히 무엇인가에 관해서 지껄이고 있는 것이고, 실상 그들의 유일한 소망은 보다 많은 쑥덕공론을 위한 구실을 갖는 것이다. 그러나 화제의 내용은 곧 관념이라는 관점에서 본다면 무(無)나 다름이 없다. 그것은 항상 다음과 같은 하찮은 사실을 내용으로 하고 있다 - 즉, 마드센 씨는 약혼을 하였고 그의 약혼녀에게 페르시아 산의 숄을 선물로 주었다, 시인인 페터센 씨는 새로운 시집을 쓰려고 한다, 남자 배우인 마르쿠센 씨는 어젯밤 무대에서 어떤 낱말의 발음을 잘못했다는 등이다.

이제 잠시 다음과 같은 일이 있다고 상정해 보기로 하자. 여기에 한 법률이 있다. 이 법률은 사람들이 지껄이는 것을 금하고 있지는 않지만, 언급되는 일체는 그것이 마치 50년

전에 일어났던 것처럼 언급되어야만 한다. 그렇게 되면 일체의 쑥덕공론은 손을 들 것이고, 사람들은 절망에 빠질 것이다. 이와는 반대로 본질적으로 말을 할 수 있는 사람은 이런 일로 인해서는 본질적으로 아무런 방해도 받지 않을 것이다. 어떤 배우가 낱말 하나의 발음을 잘못하였다고 하는 것은 잘못된 발음 그 자체에 어떤 주목할 만한 일이 깃들어 있을 경우에만 본질적으로 관심을 끌 수 있을 뿐이고, 그 경우에 50년이라고 하는 세월은 문제가 되지 않는다. 그러나 예를 들어 구스타 양, 즉 바로 그날 저녁에 그 극장에 있었고 상업 고문관 왈렐 씨의 부인과 같은 지정 관람석에 있었던 구스타 양은 실망할 것이다. 왜냐하면 배우의 잘못을 알아차리고 또 합창단의 일원이 웃기까지 하였다는 등의 사건을 알아차린 것이 바로 그녀가 아니었기 때문이다. 이런 일이란 모두가 똑같이 살도록 허용되어야만 하는 쑥덕공론으로 소일하는 이런 인간들에게는 수치스러운 일이고 잔인한 일일 것이다. 그렇기에 이 법률은 단지 가정한 것에 불과하다고 할 것이다.

그러므로 쑥덕공론 때문에 사적인 것과 공적인 것 사이의 뚜렷한 구별은 말살되었고, 일체가 일종의 사적·공적인 쑥덕공론으로 축소되었다. 이 사적·공적인 쑥덕공론은 많든 적든 공공과 대응하는 것으로, 공공 자체가 그 일부를 형성하고 있다. 공공이란 가장 사적인 것에 관심을 갖는 공적인 의견이다. 아무도 모인 사람들에게 감히 말하고 싶어하지 않는 것, 아무도 그것에 관해서 **말할 수 없는 것**, 쑥덕공론을 일삼는 사람들까지도 그것에 관해서 그들이 쑥덕거렸다는 사실을 인정하기를 원치 않는 것, 그런 것들이 공공을 위해서는 완전무결하게 글로 공표될 수 있고, 그리하여 공공의 일원으로서 사람들은 그것에 관해서 자초지종을 알게 될 것이다.

무형성(無形成)이란 무엇인가? 그것은 형식과 내용 사이에 있는 뚜렷한 구별을 말살해 버린 결과의 산물이다. 따라서 무형성은 광기(狂氣)나 바보와는 다르고, 참된 것을 내용으로 가지고 있기는 하지만, 그것이 간직한 진실은 결코 본질적으로 진실이 될 수 없는 것이다. 그것은 일체를 내포하고 일체를 건드릴 수 있을 만큼 확대된 존재가 될 수 있지만, 반면에 본질적인 내용은 그 자체가 지닌 강도와 자기 몰두 때문에 - 원한다면 비참하게라고 해도 좋다 - 비참하게 제한을 받는다.

무형성의 일반성은, 정열이 없고 반성적인 시대에 있어서는, 동일한 성향을 지닌 사람들 사이에서 가장 다양한 관념들이 희롱되고 있다는 사실로써도 나타나 있을 뿐만 아니라, 그와는 정반대로 사람들이 '원리에 따라서 행동하기를' 열렬히 갈망하고, 또 거기에서 기쁨을 찾고 있다고 하는 사실에서도 잘 나타나 있다. 원리(原理)란 그 낱말이 의미하고 있듯이 첫째의 것, 즉 실체(實體)이고, 감정과 감격이 아직은 개발되지 않은 형태 속에 있는 이념(理念)이고,

이 이념이야말로 그 자체가 지닌 내적인 힘으로써 개인을 밀고 나가는 것이다. 바로 이런 것이 정열이 없는 개인에게는 전적으로 결여되어 있다.

정열이 없는 자에게는 원리란, 그가 어떤 일을 하고 동시에 다른 일도 그만큼 기꺼이 할 뿐만 아니라, 상반되는 것과 흥정하기 위한 순전히 외적인 무엇이다. 정열이 없는 인간의 생활은 스스로 자신을 개진하는 원리의 발전이 아니다. 반대로 그의 내적인 생활은 야단법석을 떨고 있는 무엇이고, 즉 항상 '원리에 따라서' 무엇인가를 하려고 우왕좌왕하고 야단법석을 하고 있는 무엇이다. 이런 의미에서의 원리는 기괴한 무엇이 될 수밖에 없고, 아니면 공공과 마찬가지로 하나의 추상물이 되고 만다. 이렇듯이 공공이란 그 전체가 하도 기괴한 것이어서, 전 세계의 모든 국민들과 영원한 세계에 가 있는 모든 영혼을 다 합친다 해도 그 수호에 있어서 공공에는 미치지 못할 지경인데도, 누구나가 심지어는 술에 취한 수부(水夫)마저도 이 공공을 소유하고 있다고 한다.

그런데 '원리'에 관해서도 사정은 꼭 마찬가지이다. 이제 원리는 가장 하찮은 인간까지도 가장 하찮은 행동을 첨가할 수 있고, 그래서 가공할 정도로 자기 자신을 중요한 것으로 만들게 하는 거대한 무엇이 되었다. 정직하기는 하지만 하찮은 인간이 돌연 원리 때문에 영웅이 되었다고 한다면, 그것이 초래하는 효과는, 비록 유행의 결과라고는 하지만, 모든 사람들이 30자나 되는 챙이 달린 모자를 쓰고 다니는 것만큼이나 우스꽝스러운 것이 될 것이다. 만일 어떤 사람이 '원리에 따라' 그의 코트 안주머니 위에다 작은 단추를 달고 있다고 한다면, 그의 이 대단치는 않지만 매우 편리한 착안이 결국 중요한 의미를 갖게 될 것이다 - 그리하여 이것을 기회로 하여 하나의 협회가 형성되지 말라는 법도 없다.

예절을 구성하고 있는 뚜렷한 구별을 말살하는 것도 바로 '원리에 따라' 한다는 이 행동이다. 왜냐하면 예절이란 직접적인 것이고(그 직접성이 선천적인 것이든 후천적인 것이든 문제가 아니다), 그것은 감정 속에, 충동 속에, 그리고 내적인 감각의 일관성 속에 자리 잡고 있기 때문이다. '원리에 따라' 사람들은 무슨 일이든 할 수가 있고, 무엇을 하든 그가 하는 일은 근원적으로 동일한 것이고, 그것은 마치 어떤 사람이 '원리에 따라' '시대의 요구'라고 하는 모든 것을 지지한다고 해도, 또 무언극 배우의 역할을 맡아 '여론의 기수'라는 자격으로 사람들 앞에 나서서 손에는 접시를 들고 왔다갔다하며 굽실거리는 아코디언을 켜는 광대처럼 유명해졌다고 해도, 그 인간의 생활이 하찮은 것에 지나지 않는다는 것은 사실임에 틀림이 없다.

'원리에 따라' 사람들은 무슨 일이든 할 수가 있고, 또 무슨 일에나 참여할 수가 있지만, 그 자신은 여전히 비인간적이고 막연한 존재로 남아 있을 것이다. '원리를 위하여' 사람들은 윤락가를 창설하는 일에 관심을 표명할 수 있고(이 문제에 관해서는 보건 당국이 작성한 많은 연구 보고서가 있다), 또 같은 사람이 '원리에 따라' 시대가 절대적으로 요구하고 있다는 이유를 들어 새로운 찬송가의 발행을 도울 수도 있다. 그러나 첫째 사실로 미루어 보아 그가 타락한 인간이라고 결론짓는 것이 부당한 것과 마찬가지로, 둘째 사실로 미루어 보아 그가 찬송가를 읽거나 노래 부를 생각이 있다고 결론짓는 것도 부당한 일일 것이다. 이렇듯이 만일 '원리에 따라서' 하기만 한다면 무슨 일이든 용납을 받게 된다. 경찰관은 직권에 따라서 다른 사람들은 들어갈 수가 없는 일정한 장소에도 들어갈 수가 있다. 그러나 그들이 그 현장에 있었다고 해서 그 사실로부터 무엇인가를 추론한다는 것은 부당하다.

마찬가지로 사람들은 '원리에 따라' 무슨 일이든 할 수가 있고, 또 그러면서도 모든 개인적인 책임을 면할 수가 있다. 사람들은 자신들이 개인적으로는 찬양하는 것을 '원리에 따라' 훼방하는 따위의 어리석은 일을 저지른다. 왜냐하면 창조적인 일체의 것은 그것이 세상에 들어오기 위해서는 새로운 것을 위한 장소가 만들어져야만 하기 때문에 필연적으로 논쟁을 불러일으키게 마련이지만, 순수하게 파괴적인 과정은 무(無)이고, 그것이 지닌 원리는 공(空)이기 때문이다 - 그러니 무이고 공인 것을 놓기 위한 공간이 무슨 필요가 있단 말인가. 그러니 일체가 '원리에 따라' 이루어지는 곳에서는 염치니 후회니 책임이니 하는 따위의 것들이 뿌리를 내리기란 좀처럼 쉽지가 않다.

천박(淺薄)이란 무엇이며 과시하려는 욕망은 무엇인가? 천박이란 감추어두는 것과 드러내는 것 사이에 있는 뚜렷한 차이를 말살해 버린 결과로 생긴 산물이다. 그것은 공허를 드러내는 것이지만, 그것은 그것이 지닌 찬란한 겉치레로 사람들을 어리둥절하게 하는 이점을 갖고 있기 때문에, 그 범위로만 본다면 본질적인 자기 개현(開顯)보다 우월하다. 본질적인 개현은 본질적으로 깊이가 있는 것이기 때문에 동질적(同質的)이지만, 반면에 천박은 다양한 갖가지 외모를 가지고 있다. 그것이 지닌 과시(誇示)에 대한 사랑은 반성의 과정에서 생긴 자만의 자기 찬양이다. 내면성이 지닌 간직하고 감추어두는 성향은 자신이 지닌 본질적인 비밀을 자각하고 자신을 드러낼 수 있는 시간이 여간해서는 주어지지 않고, 오히려 그때가 올 때까지는 상당히 오랜 시간을 시달려야 한다. 그래서 그동안 그 대가로 반성은 이기적인 시선을 가늠할 때면 언제나 그 자체의 다양한 거짓 외모에 집중시킨다.

바람을 피운다는 것은 무엇인가? 그것은 본질적인 사랑과 본질적인 방탕 사이에 뚜렷한 구별을 말살한 결과로 생긴 산물이다. 본질적인 사랑이나 본질적인 방탕은 다 같이 바람을 피우는 것이라고는 말할 수가 없다. 바람을 피우는 것은 가능성과의 희롱이고, 따라서 감히 악과 접촉하고 선을 실현하는 것을 꺼리는 방종의 한 형태다. '원리에 따라서' 행동한다는 것 역시 일종의 바람을 피우는 일이다. 왜냐하면 그것은 윤리적인 행동을 하나의 추상으로 감축해 버리기 때문이다. 그러나 단순한 범위만을 따지면 바람을 피우는 것에도 그 나름대로 이점이 없는 것은 아니다. 왜냐하면 사람들은 어떤 것과도 놀아날 수 있기 때문이다. 그러나 인간은 오로지 본질적으로 **단 한 사람의** 처녀만을 사랑할 수 있다. 사랑이라는 관점에서 본다면 본래적인 의미에서 이해할 때 어떤 보탬도 본질적으로 감소에 불과하다(혼란된 시대에 있어서 바람기가 많은 사내가 아무리 쾌락에 눈이 먼다 해도 말이다). 그러므로 사랑에 있어서는 사랑에 무엇인가를 더하면 더할수록 그만큼 사랑은 감소된다.

구실을 붙인다는 것은 무엇일까? 그것은 주체성과 객체성을 갈라놓는 뚜렷한 구별을 말살해 버린 결과로 생긴 산물이다. 추상적인 사고의 한 형태라고 본다면 구실을 붙인다는 것은 변증법적인 충분한 깊이를 갖고 있지 못하다. 또 하나의 의견이나 확신으로 본다면 그것은 개인성을 결여하고 있다. 그러나 그것이 적용되는 범위로만 본다면 구실을 붙인다는 것은 그것 나름대로 전적으로 분명한 이점을 갖고 있다. 왜냐하면 사상가라는 사람들은 그로 말미암아 자신의 학문의 범위를 넓힐 수 있고, 일반 사람들은 특정한 문제에 관해서 의견을 가질 수가 있고, 또 특정한 인생관에서 유래한 신념을 가질 수가 있기 때문이다. 하여간에 인간이 한 어떤 일에도 구실을 붙일 수는 있다.

  우리 시대에 있어서 무명(無名)씨라는 것은 아마도 우리가 생각하고 있는 것보다는 훨씬 더 함축성 있는 의의를 가지고 있을 것이다. 그것은 거의 풍자시적인 의의를 가지고 있을 정도다. 사람들은 이름을 밝히지 않고 글을 쓸 뿐만 아니라, 그들의 이름을 밝히지 않을 저서에 서명도 하고, 심지어는 이름을 밝히지 않고 담화문을 발표하기까지 한다. 글을 쓰는 사람은 자신의 영혼을 문장 속에 침투시켜야만 하고, 사람은 본질적으로 자신의 전 인격을 자신의 담화의 스타일 속에 침투시킨다. 물론 예외 때문에 제한을 받기도 한다. 이에 관해서는 마티아스 크라우디우스가 다음과 같이 언급하고 있다 - "사람이 한 권의 책에 집중하면, 거기에는 반드시 그것이 지닌 정신이 나타나야만 한다. 정신이 집중되지 않으면 거기에는 정신이 있을 리 만무하다."

  오늘날에 있어서는 사실상 사람들은 어느 누구와도 말을 나눌 수 있고, 또 사람들의 의견이 매우 그럴 듯하다는 것을 인정하지 않을 수 없다. 그렇지만 그러면서도 그 대화가 마치 이름도 없는 사람과의 대화와 같은 인상을 남기는 것도 숨길 수 없는 사실이다. 동일한 인물이 가장 모순되는 말을 할 수가 있고, 지극히 태연하게 자신의 입에서 나온 말로 자기 자신의 생활을 매섭게 풍자하기도 한다. 사실상 그의 말 자체는 그런대로 충분히 수긍이 가고, 모임에 가서도 그럴 듯하게 들릴 그런 것이어서, 예비 토론에서도 끝내는 결정에까지 몰고 갈 수 있는 그런 내용의 것이다 - 마치 누더기에서 종이를 만들어 내듯이 말이다. 그러나 그러한 모든 의견을 한데 뭉쳐보았댔자 하나의 인간적이고 인격적인 의견은 만들어지지 않는다. 우리는 그런 인간적이고 인격적인 의견을 비록 말의 수는 적지만 본질적으로 말을 하는 지극히 소박한 사람으로부터 만들 수가 있다.

사람들이 하는 말들은 하도 객관적이고 일체를 포괄하는 내용의 것이어서 그것을 말하는 사람은 문제가 되지 않는다. 따라서 인간의 말에 관한 한, 그것은 '원리에 따라서' 행동하는 경우와 피장파장이다. 그리하여 우리들의 대화도 공공과 비슷해진다. 즉 순수한 추상이 되고 만다. 따라서 이제 더는 대화의 방법을 알고 있는 자는 아무도 없고, 그 대신 객관적인 생각이 하나의 분위기를 자아내고 하나의 추상적인 음향(音響)을 자아낸다. 그리고 그 추상적인 음향이 마치 기계가 인간을 쓸모없는 것으로 만들어 버리듯이, 인간의 말을 쓸모없는 것으로 만들어 버린다. 독일에는 사랑하는 애인들이 사용하는 참고서까지도 있다고 한다. 그 참고서는 결국 이름도 없는 애인들끼리 마주앉아 서로 얘기를 나누는 장면으로 끝을 맺을 것이리라. 사실 요즘 세상에는 만사에 참고서를 갖고 있고, 머지않아 이런 참고서에 나와 있는 요령을 많건 적건 간에 명기하고만 있으면 전 세계에 통용되는 교양을 몸에 지니게 될 것이다. 그리하여 사람들은 마치 식자공이 활자를 골라내듯이 각양각색의 사실을 골라내는 그들의 능력에 따라서 그들의 우수성 여부가 결정될 것이다. 그러나 사람들은 그 무엇에 있어서도 전적으로 그것의 의미는 터득하지 못할 것이다.

    이렇듯이 우리들 자신의 시대는 하나의 분별의 시대고, 아마도 평균적으로 본다면 앞선 어떤 세대보다도 더 유식한 세대일지는 모르나, 정열은 없는 시대다. 우리 모두가 대단히 많은 것을 알고 있다. 우리는 모두가 우리가 어느 길을 가야만 하는가를 잘 알고 있고, 우리는 모두가 각기 다른 길을 갈 수가 있지만, 그러나 움직이려는 사람은 아무도 없다. 만일 끝내 어떤 사람이 자기 자신 속에 있는 반성을 극복하고 행동으로 옮아가야 할 경우가 생긴다면, 그 즉석에서 수천의 반성이 그의 주위에 장벽을 구축할 것이다. 어떤 계획을 신중히 고려해 보자고 하는 제안만이 감격적인 환영을 받을 뿐이고, 행동은 냉대를 받는다. 고위층에 있거나 자기만족에 젖어 있는 사람들은 우스꽝스러운 행동을 하는 사람을 보고 감격에 젖을 것이지만, 다른 사람들은 그들도 그와 못지않게 무엇을 해야만 하는가를 잘 알고 있었지만, 결국 그들은 그것을 하지 않았는데 그가 그것을 시작하였기 때문에 그에게 질투를 한다. 또 다른 사람들은 온갖 비판적인 의견을 만들어 내기 위하여 어떤 사람이 어떤 행동을 한 사실을 활용하여, 어떻게 했으면 보다 수긍이 갈 수 있도록 일을 해치웠을 것이라고 방법론을 제시하며 온갖 주장을 다 털어놓을 것이다. 다시 또 다른 사람들은 그 행동의 결과를 추측하느라고 바쁠 것이고, 가능하면 그들 자신이 예측한 방향으로 갈 수 있도록 조금이라도 그 일에 영향을 주려고 애쓸 것이다.

다음과 같은 이야기가 있다. 두 영국의 귀족이 말을 타고 가고 있었다. 그때 그들은 달리는 말에 매달려 거의 떨어질 위험한 상태에서 구원을 외치고 있는 사람을 만났다. 두 영국사람 중의 하나가 다른 한 사람을 돌아보며 말했다. "그가 말에서 떨어지면 100기니다." 그러자 상대방이 "좋다"고 대답하였다. 그래서 그들은 말에다 박차를 가하고는 닫혀 있는 관문을 열어서 달리는 말이 아무런 방해도 받지 않도록 하기 위하여 쏜살같이 말을 앞으로 달렸다. 이와 마찬가지로 비록 그렇듯이 영웅적이지도 못하거니와, 백만장자 같은 심술도 없기는 하지만, 우리 자신들의 반성적이고 분별적인 시대는 고작해야 노름에다 내기를 걸기에 충분한 활력밖에 갖지 못한, 호기심이 많고 비판적이고 처세에 능한 사람과도 같다.

인생의 실존적인 제반 과제는 이제 현실에 관한 관심을 잃었다. 환상은 결단으로까지 성숙할 수 있는 내면성의 거룩한 성장을 보장하는 지성소(至聖所)를 세우지 못한다. 그리하여 이 사람은 저 사람에게 호기심을 갖고, 모든 사람이 결단을 하지 못하고 엉거주춤한 채로, 어떤 사람이 나타나서 그 사람이 무엇인가를 해 줄 것이라는 그들의 도피의 구실을 찾고 있다. 그래서 그가 나타나기만 하면 그들은 그에게 내기를 건다.

　공동사회나 공동체의 이념으로써는 우리들의 시대를 구원하기란 전적으로 불가능하다. 반대로 공동체란 개인의 발전이 균형 있게 진행되기 위하여서도 필요불가결한 부정적 계기이고, 이것에 부딪혀야만 '개인은 망하든가 아니면 그러한 추상을 통하여 단련된 결과로 종교적으로 자기 자신을 발견하든가 한다. 오늘날 연합의 원리는(이것은 고작해야 물질적인 이해관계가 성립되는 곳에서만 타당하다) 적극적인 것이 못 되고 소극적인 것이다. 그것은 하나의 도피이고 기분전환제이고 착각이다.

　그것이 차지하는 변증법적인 위치는 다음과 같다 - 즉 연합의 원리는 개인을 강화함으로써 개인을 쇠약하게 만든다. 그것은 수적으로는 강화해 주지만, 윤리적으로는 약화하는 작용을 한다. 개인이 전 세계를 앞에 놓고도 꼼짝도 하지 않을 만한 확고한 윤리적인 확신을 획득하고 나서야 비로소 본질적으로 하나로 뭉쳤다고 할 수 있다. 그렇지 않다면 그들 자체가 약자에 불과한 개인들이 연합한다는 것은 마치 어린애가 어린애와 결혼을 한다는 것과 마찬가지로 어쩐지 추하고 해롭다.

　옛날에는 군주와 위인은 각기 자신들의 의견을 갖고 있었지만, 여타의 사람들은 그들 자신은 감히 의견을 가질 생각도 못했거니와 가질 수도 없다는 것을 알고, 마음을 정하고 만족하고 있었다. 오늘날에 있어서는 모든 사람이 각자

의견을 가질 수 있다. 그런데도 불구하고 그들은 하나의 의견을 갖기 위하여 많은 수효가 하나로 뭉쳐야만 한다. 지극히 엉터리에 불과한 것도 25개의 서명만 있으면 하나의 어엿한 의견이 되지만, 아무리 제일급에 속하는 두뇌의 소유자가 궁리 끝에 짜낸 의견이라고 해도 하나에 불과하면, 그것은 패러독스에 지나지 않는다. 그러나 문맥이 무의미할 경우에는 아무리 방대한 조사활동을 벌인다 해도 소용이 없다. 차라리 취해야 할 최선의 방법은 연설에 포함된 개별적인 부분을 면밀히 검토하는 일일 것이다. 그리고 만일 사람의 입에서 튀어나오는 말이 무의미한 것에 불과하다면 그것을 종합해서 하나의 연설문으로 만들려고 애써 보아도 헛된 일이다. 차라리 낱말 하나하나를 분리시켜서 따져보는 것이 나을 것이다. 개인들의 관계에 있어서도 사정은 마찬가지다.

앞으로 닥쳐올 변혁은 다음과 같다. 구체제 아래에서는 (이 구체제는 개인과 세대 사이의 관계에서 나타난 산물이다), 사관들과 장군들과 영웅들이란(즉 특출한 사람이나 각기 자기 분야에서의 지도자) 눈에 띄는 존재들이었다. 그리고 그들 각자는(자신의 권위에 비례하여) 회화적(繪畵的)으로 그리고 유기적으로 전체 속에 배치되어 자기에게 예속되고 있는 부대를 인솔하고 전체를 지탱하고 또 전체에 의해서 지탱되고 있었다. 그러나 이제부터는 위대한 사람이라고 할 수 있는 지도자는(각기 자신이 점하고 있는 지위에 따른 지도 자는), 그가 수평화 과정이라고 하는 악마적인 원리를 하늘의 뜻인 양 이해하고 있기 때문에 권위를 갖지 못할 것이다. 그는 눈에 띄지 않기를 원할 것이다. 그는 평복을 입은 경찰관처럼 자신의 뛰어난 점을 숨기려고 할 것이고, 자신이 지지하는 대상에 대해서도 소극적으로만, 즉 사람들을 물리치는 자세로 지지하려고 한다. 그러는 한편 추상이 지닌 무한한 평등성이 개개의 모든 개인을 재판하고, 개인을 고립시켜 놓고 검문한다.

이러한 체제는 옛날의 예언자나 사사(士師)들의 체제와는 변증법적으로 대립되는 체제이다. 그들의 시대에는 그들의 권위가 제대로 인정되지 않는 데 그들의 위험이 있었던 것처럼, 오늘날에 있어서는 그 눈에 띄지 않는 존재가 눈에 띄게 되는 존재가 되어 권위로서의 명성과 신망을 수락하지 않을 수 없도록 설득된다는 점에 위험이 도사리고 있는 것이다. 이런 위험에 봉착하면 개개인은 자신의 최고의 발전을 저해당하기 마련이다. 그들이 눈에 띄지 않는 존재로 있으면서 마치 비밀첩보원처럼 자신의 일을 수행하고 있는 것은 그들이 하느님으로부터 어떤 비밀스러운 비밀지령을 받고 있기 때문이 아니라(그런 일이란 예언자나 사사들에게나 해당된다), 그들이 눈에 띄지 않는 존재로(권위 없이) 있는 것은, 그들이 하느님 앞에서는 만민이 평등하다는 사실을 이해하고 있기 때문이고, 또 그들이 이 사실을 알고 어떤 순간에 있어서도 그들 자신의 책임은 이러한 일관성 있는 견해를 일관성이 없는 형식으로 실현함으로써 자각 없는 범죄를 저지르는 존재가 되지 않으려고 온 힘을 다해 노력하고 있기 때문인 것이다.

이 체제는 뛰어난 인격 속에서 상징적으로 존재하고 있는 유기체의 체제와는 변증법적으로 반대되는 체제인 것이다. 유기체의 체제는 세대로 하여금 개인을 지지하게 만든다. 반면에 오늘날에 있어서는 추상처럼 세대가 눈에 띄지 않는 사람들에 의해서 소극적으로 지지를 받고 있으면서도, 세대는 개인을 반박하는 태도로 대하고 있다 - 그것은 개개의 모든 외톨이를 종교적으로 구원하기 위해서다.

그러므로 그 자체가 수평화를 갈망하고, 해방되기를 갈망하고, 권위를 파괴하고, 동시에 자기 자신마저도 파괴하기를 갈망하고 있는 이 세대가, 연합이라는 원리의 부정적인 계기를 통하여, 추상이라는 절망적인 산불(山火)을 지를 때, 또 이 연합이라는 부정적인 계기로써 수평화를 단행한 결과로써 이 세대가 개인과 유기적이고 구체적인 일체를 제거하고, 대신 그 자리에다 인류와 사람과 사람 사이의 수(數)적인 평등이라는 것을 가져다 놓을 때, 뿐만 아니라 또 이 세대가 약간 두드러진 존재나 사소한 이해관계 따위에는 위로를 받거나 방해를 받지도 않고, 사막의 바다에 불과한 무한대의 추상이 펼치는 한없는 파노라마에 잠시나마 탐닉할 때, 그때야말로 개개의 개인은 자기 힘으로 각자가 자기 혼자서 일을 해야만 하기 때문에, 일을 할 때가 시작된다.

    옛날 같으면 개인이 혼란에 빠지면 옆에 있는 위대한 사람을 돌아보고 구원을 청할 수도 있었지만, 이제 개인은 더는 그럴 수도 없다. 그러한 시대는 이미 지나가 버렸다. 이제 개인은 무한대로 벌어진 추상 때문에 눈이 어지러워 자신을 망치고 말든가, 아니면 종교의 본질 안에서 영원히 구원을 받든가 둘 중에 하나를 택할 수밖에 없다. 어쩌면 지극히 많은 사람들이 절망 속에서 비명을 지를 것이지만, 그런 비명도 아무런 도움이 되지 못할 것이다 - 이미 때가 너무 늦은 것이다.

    앞선 여러 시대에 있어서 권위와 권력이 잘못 사용되어 혁명이라는 복수의 신을 자신들에게로 불러왔다고 하는 것이 진실이라면, 홀로서서 견디기를 갈망하면서도 혁명이라는 이 마지막 복수의 신을 자신들에게로 불러들인 것은 다름 아닌 나약과 무력 바로 그것이었다. 이제 눈에 띄지 않는 사람은 아무도, 자신의 소극적인 지지를 부여함으로써 개인 자신이 도달한 결정을 내리게끔 개인을 돕는 대신 민중들의 결정을 유도하기 위하여 직접적으로 도움을 주려고 하거나, 직접적으로 말을 하려고 하거나, 직접적으로 민중의 선두에 서서 가르치려고 하지를 않는다. 그 밖의 다른 어떤 수단을 쓴다고 하더라도 결국 파국을 면치 못할 것이다. 왜냐하면 그는 하느님의, 즉 진노하는 하느님인 동시에 자비로우신 하느님의 명령에 순종하지 않고 근시안적인 인간

현대의 비판

의 동정 속에서 만족하고 있기 때문이다. 그래도 역시 발전이라는 것은 하나의 진보다. 왜냐하면 구원을 받은 모든 개인은 종교가 지닌 특별한 의미를, 즉 종교의 본질적인 것을 하느님으로부터 직접 받았을 것이기 때문이다.

그렇다면 다음과 같이 말할 수 있을 것이다 - "보라, 모든 준비는 갖추어 졌다. 보라, 추상의 잔인성은 세속적인 것의 참모습을 너무나도 뚜렷이 보여 주고 있다. 보라, 영원의 심연이 그대 앞에서 입을 벌리고 있다. 보라, 수평화하는 자가 날카로운 낫을 들고 서서, 각각의 개인이 개별적으로 그 낫을 뛰어 넘으라고 하고 있다. 그리고 눈여겨보라. 거기에 기다리고 있는 분은 하느님이시다. 그러니 이제는 뛰어 넘어서 하느님의 품에 안기라."

그러나 '눈에 띄지 않는 사람'은 인간을 도울 수도 없거니와 또 감히 도와주려고도 하지 않는다. 자신의 가장 믿음직한 제자마저도 그렇고, 그의 어머니마저도 그렇고, 또 그가 기꺼이 자신의 생명을 줄 처녀까지도 그렇다. 그들은 그들 자신이 비약을 감행할 수밖에 없다. 왜냐하면 하느님의 사랑은 간접적인 선물이 아니기 때문이다. 그렇지만 '눈에 띄지 않는 사람은' (그의 분수에 따라) '뛰어난 사람' (물론 그도 역시 자신의 분수에 따라)과 비교하여 본다면 이중적인 일을 할 것이다. 왜냐하면 그는 계속하여 일을 할 뿐만 아니라, 동시에 자신의 일을 숨기느라고 애를 쓸 것이기 때문이다.

그러나 수평화 과정이라고 하는 이 황량한 추상은, 그것이 구체제로의 복귀로 끝나는 일이 없도록 하기 위하여, 그것에 봉사하는 자들에 의하여 항상 지속될 것이다. 수평화 과정에 대한 이런 봉사자들은 악의 세력에 대한 봉사자들이다. 왜냐하면 수평화라고 하는 그 자체가 하느님으로부터 나온 것이 아니기 때문이다.

모든 선량한 사람들은 가끔 수평화의 황량한 모습을 보고 슬퍼할 것이지만, 하느님께서는 그것을 방치해 두시고는, 최고의 것이 개인과, 즉 개인 각자와 그리고 모든 개인과 관계를 맺게 되기를 갈망하신다. 수평화 과정을 받들고 있는 봉사자들은 '눈에 띄지 않는' 사람에게도 잘 알려져 있지만, 그는 그 봉사자들에게 대항하여 권력이나 권위를 사용하지 않는다. 왜냐하면 그것은 곧 발전을 역행시키는 결과를 가져올 것이기 때문이다. 그도 그럴 것이 그렇게 되면 '눈에 띄지 않는' 사람의 권위였다는 사실이 제3자에게 당장에 분명해져서, 제3자가 최고의 것을 획득하는 일을 방해할 것이기 때문이다.

'눈에 띄지 않는 사람'은 오로지 수난(受難)의 행동을 통하여서만 수평화 과정을 도울 수 있고, 또 오로지 같은 수난의 행동을 통하여서만 수평화를 도구로 사용할 수 있다. 그는 감히 수평화의 과정을 직접적으로 극복하려고 하지 않는다. 그렇게 되면 그는 파멸할 것이다. 왜냐하면 그런 일이란 권위를 등에 지고 행동하는 것과 다름이 없기 때문이다. 그러나 그는 수난 속에서 수평화를 극복할 것이고, 수난을 통하여 다시금 자신의 실존의 법칙을 표현할 것이다. 그의 법칙은 지배하는 것이 인도하는 것을 지도하는 것이 아니라, 수난 속에서 봉사하는 것이고 간접적으로 돕는 것이다. 앞서 말한 그 비약을 하지 못한 사람들은 눈에 띄지 않는 사람의 수난의 행동을 실패작이라고 간주할 것이다. 그 비약을 감행한 사람들은 그것이 승리였다고 생각할 것이다. 그러나 그들은 아무런 확신도 가질 수가 없다. 왜냐하면 그들이 확신을 갖게 되는 것은 그가 그 확신을 부여해 주어야만 가질 수가 있기 때문이다.

그러나 만일 그가 단 한 사람에게라도 그 확신을 주었다면, 그것 자체가 그를 파멸로 몰고 갈 것이다. 왜냐하면 그것은 곧 그가 권위 있는 자로 행세하려고 생각한 나머지 하느님께 불충을 저지르는 결과를 초래하게 되기 때문이고, 또 그가 하느님의 명령에 복종하지 않았고, 자기 자신을 강요하여 인간들에게 무한히 가르치지 않았기 때문이다. 그런 일이란 사람들이 간청을 한다고 해도 그들의 말을 들어줄 것이 아니라, 강압적으로라도 그들을 속여서 그들에게 강요하여 그들을 가르쳐 주어야만 한다.

그러나 이제 그런 이야기는 그만하기로 하자. 이런 모든 것은 어리석은 일에 불과하다. 왜냐하면 만일 모든 사람이 각자 자기 자신의 구원을 위하여 일해야 한다는 것이 진실이라면, 그때는 세계의 미래에 관한 모든 예언이라는 것도 볼링이나 카드놀이와 마찬가지로 단지 하나의 레크리에이션이나 농담으로서나 가치가 있을 수 있고, 용납될 수 있는 것이기 때문이다.

그러나 항상 기억해 두어야만 할 사실은 반성이란 그 자체는 해로운 것이 아니고, 반대로 인간의 행동이 보다 밀도를 갖기 위해서는 보다 철저한 반성이 필요하다는 것이다. 감격에서 우러나와 수행되는 모든 행동의 단계는 다음과 같다.

즉 우선 즉각적인 감격이 오고, 다음으로 분별의 단계가 뒤따른다. 즉각적인 감격은 계산을 하지 않기 때문에, 이 분별의 단계는 그것이 지닌 능숙한 계산 때문에, 보다 차원이 높은 것 같은 외모를 지닌다. 마지막으로 최고의 것이고 가장 강도가 높은 감격이 분별의 단계에 뒤이어 나타난다.

그렇기 때문에 이것은 가장 슬기로운 행동이 무엇인가를 알 수 있다. 그러나 이것을 경멸하고, 그렇게 함으로써 영원한 감격의 밀도 짙은 내포성을 획득한다. 그렇게 함으로써 이 본질적으로 밀도 짙은 감격은 현재에 있어서나 닥쳐올 시대에 있어서나 완전히 오해된 채로 남을 것이고, 또 그것이 언젠가는 대중적인 것이 될 것인지 아닌지는 의문이다. 다시 말해서 분별이라는 것이 이제 더는 그를 유혹하여 매료시키지 못할 것이라고 생각할 정도로 평균치적인 인간들이 슬기롭게 생각하게 될 것인지, 또 그가 감격의 최고의 형태를 획득함으로써 그것을 지배할 수 있을 것인지는 의문이다. 그러나 이런 얘기는 이를테면 시간의 낭비에 불과하다. 왜냐하면 항상 슬기와는 정반대의 존재인 감격에서 우러나온 행동은 결코 눈에 찰 만큼 분명한 것이 될 수 없기 때문이다.

소크라테스의 감격은 직접적인 것이 아니었다. 반대로 그는 그가 무죄판결을 받기 위해서는 어떻게 행동해야만 하는가를 알고 있을 정도로 충분히 슬기로웠다. 그러나 그는 그런 슬기로운 의견에 따라 행동하는 것을 멸시하였다. 그것은 그가 변호를 거절한 것과 똑같은 일이다. 이것이 바로 그의 영웅적인 죽음에는 눈에 띄게 분명한 것이 아무것도 없는 이유다. 그는 자신이 죽음에 임해서마저도 슬기롭고 지혜로운 사람들에게, 그는 슬기와는 정반대의 행동을 하였으니, 그래도 그가 슬기로웠다고 할 수 있을까 하는 의문을 남겨놓음으로써 끝까지 아이러니컬한 존재로 남았다.

이것이 곧 슬기라는 것이 자신의 반성적인 판단과 그것에 관한 세상의 판단을 놓고, 슬기에 역행하여 저지른 행동이 슬기를 결여한 행동과 혼동되지나 않을까 두려워한 나머지, 이러지도 저러지도 못하고 공중에 매달려 있는 모습이다. 직접적인 감격은 그런 의구심을 모른다. 따라서 이 직접적인 감격은 목숨을 내걸기 위해서 가장 강도 높은 감격의 충격을 필요로 한다. 이러한 감격은 '높은 진지성'이니 '보다 높은 진지성'이니 혹은 '최고의 진지성'이니 하는 따위에 관한 한낱 수사학적인 재담에 속하는 것이 아니다. 그것은 그것이 속하고 있는 범주로 보아서 알아볼 수 있는 것이고, 그것이 오성에 반대하여 행동하는 것으로 보아서 알아볼 수 있다.

이와 마찬가지로 직접적인 친절심도, 친절성과 나약성이 오해를 받아 혼동되지나 않을까 싶어하는 반성의 위구심(危懼心)을 모른다. 이것이 바로 반성 뒤에는 다시 친절함을 떠오르게 하기 위하여 종교적인 충격이 필요한 이유다.

해놓은 일이란 거의 없는듯한 우리들의 시대에 있어서는 미래에 관한 예언과 묵시(默示)와 관찰과 연구가 매우 많이 나타나 있지만, 그런 것들과 합세하여 하나가 되는 수밖에 없다. 그러나 나에게는 사람들이 예언을 하거나 경고를 하는 동안에 무거운 책임을 져야하는 많은 사람들보다는 그런 책임을 지지 않아도 된다는 이점이 있다. 왜냐하면 나는 내가 하는 말을 믿으려고 생각하는 사람은 하나도 없을 것이라는 완전무결한 확신을 갖고 있기 때문이다. 그러므로 나는 어느 누구에게도 달력 위에다 X표를 해달라고 요구하지도 않거니와, 또 나의 말이 성취되었는지의 여부를 알아보기 위해 수고해 달라고도 요구하지 않는다. 만일 나의 말들이 성취된다면, 그때의 사람들은 나의 우연적인 존재보다는 오히려 다른 무엇에 관해 골똘히 생각하고 있을 것이다.

또 만일 내가 한 말들이 성취되지 않으면, 그렇다, 그때는 나는 현대적인 의미에서 하나의 예언자가 될 뿐이리라. 왜냐하면 오늘날에 있어서는 예언자란 예언을 한다 뿐이지 그 이상의 의미는 없는 존재이기 때문이다. 하기야 예언자란 그 밖의 다른 일을 할 수가 없는 것도 확실한 사실이다. 그도 그럴 것이 옛날의 예언자들의 말을 성취시킨 것이 하느님의 섭리였으니, 하느님의 섭리로부터 오는 다른 첨가물을 가지고 있지 않은 우리 현대의 예언자들은, 어쩌면 탈레스처럼 다음과 같이 말할 수밖에 없을 것이다 - "우리가 예언한 것은 일어날지도 모르고 일어나지 않을지도 모른다. 왜냐하면 하느님께서는 우리들에게도 역시 예언할 수 있는 선물을 주셨으니까."

역자 후기

이 논문은 1846년 3월 코펜하겐에서 키르케고르의 실명으로 출판된 『문학평론』의 마지막 부분이다. 이 『문학평론』은 1845년에 출판된 『두 개의 시대』라는 소설에 대한 평론으로서, 여기에 번역한 부분은 이 『문학평론』의 제3장에 수록된 'A. 혁명시대'와 'B. 현대' 중의 B에 해당되는 부분이다.

이 부분은 분량으로 보아서도 『문학평론』의 거의 절반에 필적할 만한 분량이고, 또 『두 개의 시대』라는 소설에 대한 평론의 범위를 넘어서, 20세기 후반의 '현대'에 대한 비판으로도 여전히 우리의 심금을 울려 줄 뿐만 아니라, 우리들 자신이 우리의 현대를 관찰하는 데 많은 시사점을 던져 주고 있다. 그것은 아마도 백여 년 전인, 키르케고르가 살고 있던 그의 현대나 우리가 몸을 담고 있는 우리의 현대가 거의 비슷한 상황인 탓인지도 모르겠다. 그래서인지는 몰라도, 완전한 키르케고르의 전집을 발행하는 경우를 제외하고는, 영어와 독일어 등 여러 말로도 이 부분만을 번역, 독립하여 출판하고 있다.

그는 이 논문에서 자신이 살고 있던 그의 '현대'를 프랑스

혁명 당시의 '혁명시대'와 대비해 가면서 자신의 '현대'에 대하여 통렬한 비판을 퍼붓고 있다. 그는 이 논문에서 다음과 같이 큰 소리로 꾸짖고 있다. 즉, 혁명의 시대에는 정열이 있었다. 그러나 현대는 정열이 없는 반성의 시대고, 분별의 시대고, 잠깐 동안 감격에 사로잡혔다가도 속절없이 식어 버리는 시대라고 단정한다.

직접적인 감격은 가끔 과오를 저지르지만 감격이 없는 반성에서는 아무것도 생산되지 않는다. 현실적으로 아무것도 생산하지 못하는 분별과 반성은, 결국 어떤 창조적인 행위도 자신의 책임 아래 수행하지 못하고, 끝내는 모든 인간이 방관자가 되고 만다. 구체적인 인간이 개인의 책임 아래 주체적으로 일하기를 포기하면, 추상성이 활개를 치고, 공공이 일체를 지배하고, 개인은 공공이란 것에 억눌려서 꼼짝을 못한다. 그러면서도 사람들은 허깨비에 불과한 공공을 떠받들고 다니며 비열하고 파렴치한 짓을 자행한다. 이런 온갖 고약한 짓을 앞장서서 저지르고 다니는 것이 저널리즘(오늘날의 매스컴)이다. 그리고 그것은 인간의 평등이라는 대의명분을 내세우고 수평화의 작업을 집행하지만, 이런 수평화의 운동은 대개의 경우 뛰어난 자를 끌어내려서 똑같이 저급한 것으로 만드는 과정이다. 이때 인간은 단지 숫자의 다소에 의해서만 평가를 받고, 허깨비 같은 공공성 여부가 사회성의 범주가 되고, 실존적인 개체의 내면성은 헌신짝처럼 버림을 받는다.

그러나 키르케고르는 반성이란 것을 일률적으로 무시하지

는 않는다. 정열을 밑바닥에 깔고, 거기에 반성이 튼튼한 터전을 닦으면, 그때 인간은 비로소 인간을 인간으로 살게 하는 내면성이 생기고, 자신의 주체성을 획득하게 된다. 그러나 이런 일이 가능하게 되는 것은 인간이, 즉 실존적인 개인이, 개개의 외톨이가 각자의 내면성을 확보할 때고, 이것이 또 종교의 알맹이이기도 하다.

키르케고르가 이 논문에서 특히 역점을 두고 날카롭게 자신의 현대를 비판하고 있는 대목은, 근대가 발전시켜 놓은 수평화라는 작업이다. 이 과정은 키르케고르가 가고 나서 백년이 훨씬 넘은 오늘날에 있어서도 여전히 진행되고 있다. 그렇기에 그의 비판은 우리의 현대인 오늘날에도 꼭 들어맞고 있다. 다시 말해서, 백 년이 지난 오늘날에도 그의 비판은, 마치 어제 적어진 것처럼 우리를 찌른다. 그가 지적한 문제는 오늘날 점점 첨예화되고 있고, 더욱 악화되어 더욱 고약한 양상을 띠고 있다. 이제는 인간성의 회복을 아무리 소리 높여 외쳐보아도 모두가 쇠귀에 경 읽기 식이 되어가고 있는 것을 우리는 절감하고 있다.

끝으로, 이 『현대의 비판』이 나온 것이 1846년이고 마르크스의 『공산당 선언』이 나온 것이 1848년이었다는 점을 독자 여러분께서는 기억하시고, 키르케고르의 실존과 마르크스의 유물론적인 계급투쟁의 이론을 대조하여 살펴보면, 인간이라는 존재가 그 가치를 유지하고 구원을 받기 위하여서는 어느 편이 보탬이 되겠는가를 판단할 수 있을 것이다.

이 『현대의 비판』은 영역본을 원본으로 하여 옮겼음을 첨언해 둔다. 따라서 여기에는 원전이나 독일어 번역판과 비교하면, 많은 부분이 빠져 있다. 이 점을 유의해 주었으면 한다. 이 책이 출판되기까지 많은 도움을 주시고, 수고를 아끼시지 않은 분들께 감사를 드린다.

임춘갑

순간 / 현대의 비판

저자 · 쇠얀 키르케고르
역자 · 임춘갑

1판 1쇄 발행 2007년 8월 26일

발행인 · 방성열
발행처 · 다산글방

출판등록 · 313-2003-00328호
주소 · 서울특별시 마포구 합정동 441-23 동암빌딩
전화 · 02 338 3630 / 팩스 · 02 338 3690
dasangulbang@paran.com
www.dasanbook.com
값 18,000원

ISBN 978-89-85061-50-6